차밍시티,

사람을
연결하여
매력적인
도시를
만듭니다.

호황과 불황에서 모두 살아남은 디벨로퍼의 이야기
부동산 디벨로퍼와 투자자로 사는 법
CREATING TRINITY

Creting Trinity: Blueprints of a Real Estate Entrepreneur & Investor

Copyright © 2022 by Gary Chesson

Korean Translation Copyright © 2024 by SeoulPropertyInsight(CharmingCity)

Korean edition is published by arrangement with Gary Chesson
through Duran Kim Agency.

이 책의 한국어판 저작권은 듀란킴 에이전시를 통한 Gary Chesson과의
독점 계약으로 서울프라퍼티인사이트(차밍시티)에 있습니다.
저작권법에 의해 한국 내에서 보호를 받는 저작물이므로 무단 전재와 복제를 금합니다.

호황과 불황에서 모두 살아남은 디벨로퍼의 이야기
부동산 디벨로퍼와 투자자로 사는 법
CREATING TRINITY

게리 체슨 지음
박완희 옮김

차밍시티

데이비드와 피터, 그리고 우리의 완벽한 파트너십,

항상 나를 믿어주는 아내 킴,

그리고 제게 모든 것을 주시고 계속 베풀어 주신

부모님께 이 책을 바칩니다.

저자 서문

상업용 부동산 전문가, 특히 부동산 에이전트 네 명 중 세 명은 부를 축적하기 위해 부동산을 소유한다. 이를 일찍 깨닫고 준비하는 사람이 있는가 하면, 커리어 후반에 이르러서야 은퇴 자금을 충분히 모으지 못했음을 깨닫고 "부동산에 투자했어야 했다"라고 생각하는 사람들도 있다. 부동산 에이전트들 중에 "부동산 소유는 나하고 맞지 않아"라고 말하는 사람은 많지 않으며, 사업가가 될 거라 생각하는 이도 많지는 않다. 아마도 네 명 중 한 명 정도가 창업을 꿈꾼다. 어쨌든, 나는 이 두 가지를 모두 해 봤다. 내가 어떻게 경력을 잘 만들고 예상을 뛰어넘는 부를 쌓았는지 그 과정을 이 책을 통해 여러분에게 말씀드리고 싶다.

두 사업 파트너와 다양한 상업용 부동산 사업을 시작하고 운영한 것은 정말 특별한 경험이었다. 첫 번째 회사인 트리니티파트너스Trinity Partners는 캐롤라이나 전역의 4개 도시에 사무실을 둔 지역 내 풀 서비스 상업용 부동산 회사로 성장했다. 자매 회사인 트리니티캐피털어드바이저스Trinity Capital

Advisors는 사모펀드 부동산 플랫폼으로 샬럿Charlotte과 롤리Raleigh 지역에 사무실을 두고 있다. 우리는 7개 주에서 오피스 빌딩과 산업용 건물을 인수하고 개발했으며, 대부분의 투자는 남동부 지역에서 이루어졌다.

우리는 부동산 외의 일에는 서툰 점이 많지만, 부동산과 관련된 일에 있어서는 수없이 많은 일을 제대로 해 왔다. 결국 업계에서 가장 뛰어나고 명석한 인재들이 모여서 일하는 문화를 가진 독특한 두 회사를 만들었다. 다른 많은 상업용 부동산 회사들이 달성한 성과와 비교해서 우리의 업적이 엄청나게 대단하지는 않지만, 그래도 일을 하는 데 있어 보기 드문 회사임에는 틀림없다.

우리 회사 문화의 가장 중요한 특징은 투명성이다. 우리는 배우고자 하는 모든 사람과 무엇이든 공유한다. 나는 부동산 업계의 젊은이들을 지도하고 그들의 진로를 돕는 일을 했다. 부동산이라는 매력적인 분야에서 새로운 진로를 탐색하는 이들을 인도하는 데 많은 시간을 보내고 있으며, 이것은 참으로 보람 있는 일이다. 나는 이러한 일들을 사랑하며, 이것이 내가 이 책을 쓰게 된 계기이기도 하다.

부동산 에이전트로 일하다 상업용 부동산 소유주가 되는 것이 쉬운 일은 아니다. 나는 두 파트너와 무작정 첫 번째 개발 거래를 구상하고 나서 1년에 수억 달러를 투자했고, 트리니티에서 파트너들과 함께 시간을 보내면서 수십억 달러를 투자하는 것으로 발전했다. 이 책에서 그 과정을 독자 여러분들과 공유할 것이다. 우리가 성사시킨 개별 거래의 기본 사항을 지루하게 설명하려는 게 아니다. 어떻게 특별한 회사를 만들었는지 그리고 우리가 꿈꾸던 콘셉트의 회사를 실제로 만들기까지 어떻게 나아갔는지에 초점을 맞추고 싶다. 또한 우리가 저지른 실수와 그것을 극복한 내용도 이야기할 것이다. 이상하게 들릴지 모르겠지만, NFL의 돔 케이퍼스$^{Dom\ Capers}$ 감독은 "내 인생에서 패배를 감당할 수 있는 사람을 10명 중 7명 만났다면, 성공을 감당할 수 있는 사람은 10명 중 1명 밖에 보지 못했다"라고 말했다.

또한 우리 인생 여정을 경제적으로 더 윤택하게 만들어 준 몇 가지 장점들을 공유할 것이다. 여기에는 운도 큰 역할을 했다. 그동안의 커리어를 돌이켜보면 모든 부분에서 운이 따랐다. 나는 항상 "행운은 능률적인 것에 매료된다"라는 페르시아 속담을 마음에 새기고 있었다. 지금 돌이켜보면 우리의 노력과 결단이 뒷받침되었고 덩달아 행운도 따랐다고 생각한다. 때론 지엽적인 사고에 빠졌던 적이 있었는가 하면, 추진력 및 결단력과 함께 행운이 따라 주어서 기하급수적인 성장과 이익을 이루었던 때도 있었다. 그리고 이루어 놓은 모든 것이 무너질 것이라고 생각했던 때도 있었다. 하지만 되돌아보면 암울했던 기간을 견딘 후 몇 년 동안 회사는 역대 최고 실적을 내기도 했다.

나의 커리어에서 대부분의 시간은 사업가로 살았다. 22살의 평범한 대학 졸업생에서 누군가의 기준으로는 크게 성공한 사업가가 되기까지의 과정을 이 책에서 얘기하려고 한다. 여러분이 여기까지 오려면 많은 일들을 제대로 해야 한다. 여기에는 일 외적인 것에서의 끊임없는 노력도 포함된다. 즉, 가족과 함께하는 시간을 항상 가지며, 맑은 정신을 유지할 수 있는 취미를 찾고, 지역 사회 봉사를 통해 다른 사람들의 삶에 변화를 주는 시간도 가져야 한다. 이러한 일들은 여러분의 중심을 바로잡는 데에 도움이 될 것이다.

나는 이 책이 젊은 부동산 전문가들에게 자신감과 비전을 심고, 그들의 경력을 향상시키는 데 도움이 되기를 희망한다. 오늘날 상업용 부동산 산업에는 많은 기회가 있다. 나 역시 마찬가지였다. 큰 꿈을 꾸길 바란다. 모든 것은 준비되어 있다!

역자 서문
CREATING TRINITY, 한국어 출간을 축하하며

　20대 때부터 미국 부동산 대학원을 가고 싶었으나 여러 가지 제약으로 인해 실현하지 못하고 언젠가 이룰 꿈으로 간직하고 있었습니다. 그 꿈 곁에는 부동산에 대한 열정이 계속 활활 타오르고 있었습니다.
　17년 동안 1군 건설사에서 부동산 개발, 금융사에서 부동산 개발 자금조달, 자산운용사에서 부동산 펀드매니저로 일하면서 언젠가는 부동산을 직접 개발해 보겠다는 꿈도 가지고 있었습니다.
　40대 중반에 미국 위스콘신 매디슨 부동산대학원에 합격하게 되었습니다. 안정적인 직장과 아내와 두 자녀가 있는 가족을 뒤로 하고, 과감하게 미국 유학길에 오르기로 했습니다.
　위스콘신 부동산학과는 세계적으로 가장 오래된 부동산 프로그램으로, *U.S. News & World Report*가 발표하는 대학 평가에서 부동산 분야 1위를 차지하는 자타가 인정하는 미국의 대표 부동산학과입니다. 저명한 제임스 그래스캠프 James A. Graaskamp 교수가 후학을 양성했던 곳이기도 합니다.

저는 유학을 가면 많은 기회가 있으리라는 단순한 희망을 가졌지만 당시 주어진 여건 및 제반 사항을 고려하여 많은 분들이 유학 계획을 만류하는 조언을 해 주셨습니다. '나이가 너무 많다', '가족을 놔두고 갈 수 없다', '실패할 위험이 있다', '40대에 다녀와서 무슨 계획이 있냐' 등 많은 걱정을 해 주셨습니다. 그러나 저는 주변을 설득하면서 포기하지 않았습니다.

환경이 낯설고 학업량도 엄청 많았고 젊은 학생들과 경쟁해야 하는 3중고에 시달렸습니다. 매일 같이 외로움과 좌절감에 시달려야 했습니다. 하지만 좌절하지 않고 밤낮없이 학업에 매진하면서 노력했습니다. 낯선 영어 환경에서도 적극적으로 질문하고 토론하며 조금씩 앞으로 나아가면서 학업을 이어갔습니다.

그러던 중 위스콘신대학교 부동산대학원에서 강연을 한 게리 체슨을 알게 되었고, 그의 저서인 『Creating Trinity』를 읽으며 큰 감명을 받았습니다. 이 책에는 제가 머릿속으로 꿈꿔왔던 직업의 여정이 그대로 들어 있었습니다.

책을 읽으면서 '이 책을 한국에 소개해야겠다'라는 생각을 했습니다. 그리고 무모해 보였지만 게리 체슨에게 링크드인 메시지를 보냈고 메일도 썼습니다. 며칠이 지나도 연락이 오지 않아서 어떻게 할까 생각하던 터에, 2주가 지난 시점에 게리 체슨에게 연락이 왔습니다. 그는 본인의 책을 한국에 소개해도 된다는 허락을 흔쾌히 했습니다.

하지만 출판 문외한인 저는 번역서 출간 방법을 몰랐고 누구와 상의해야 할지도 알 수 없었습니다. 번역도 생각보다 쉽지 않았고, 전문 번역가가 아닌지라 많은 어려움을 겪었습니다. 하지만 포기하지 않았습니다. 끊임없이 노력하고 주변 사람들의 도움을 받으며 번역을 완성해 나갔습니다.

한국으로 돌아온 후 책을 어떻게 출간할까 고민하면서 여의도 거리를 거닐다가 SPI(서울프라퍼티인사이트) 김정은 대표님을 우연히 만났고 제 고민을 털어 놓았습니다. SPI는 차밍시티라는 출판사를 운영하고 있었기에 김정은 대표님이 출간을 돕겠다고 했습니다. 제작 과정 중에 출판사 담당자들의 많은 지원이 있었고, 오랜 산고 끝에 한국어판을 출간하게 되었습니다. 지면을 빌어 SPI 김정은 대표님과 출판 담당자분들에게 감사의 말씀을 전합니다.

이 책은 단순한 성공 스토리 그 이상으로, 꿈을 향해 끊임없이 노력하는 한 사람의 열정과 희망을 담고 있습니다. 부동산 시장 참여자, 부동산 전문가, 부동산 디벨로퍼, 부동산 분야에서 삶의 방향을 찾고 성공을 꿈꾸는 이들에게 훌륭한 가이드가 될 것입니다.

저자인 게리 체슨은 은행가로 3년, 부동산 디벨로퍼 회사에서 7년을 보냈습니다. 그리고 1998년부터 24년 동안 사업가로 부동산 풀 서비스 회사인 트리니티파트너스와 사모펀드 부동산 투자 회사인 트리니티캐피털어드바이저스를 공동 창업해서 미국 남동부의 유력한 기업으로 성장시켰습니다.

그는 몇 번의 불황과 몇 번의 호황을 겪으며 부동산 시장의 흐름을 보는 안목을 길렀으며, 적절한 시점에 투자하고 위기 관리 능력을 발휘하여 성공을 이루었습니다. 특히 2008년 금융 위기 속에서 부실채권(NPL)을 매입하여 부동산 개발에 성공한 스토리는 많은 사람들에게 놀라움을 선사합니다. 그의 성공 스토리는 어려움 속에서도 희망을 잃지 않고 끊임없이 노력하는 사람들에게 귀감이 될 것입니다.

저자는 미국 부동산 시장과 부동산 자본 시장을 정확하게 파악하고 있는데, 책 전반에서 채무불이행, 기한이익상실, 금리 상승, 공사비 증가 등 다양한 문제를 지적하고 있습니다. 이것들은 미국만의 문제가 아니라 한국 부동산 시장과 부동산 자본 시장이 겪고 있는 문제이기도 합니다. 저자가 미국 부동산 시장의 각종 위기 속에서도 희망을 찾고 새로운 기회를 발굴한 것처럼 이 책을 통해 한국의 부동산 관계자들도 부동산 시장에 대한 불안감을 해소하고 새로운 방향을 모색할 수 있기를 바랍니다.

저자가 이 책을 쓴 주된 이유는 자신의 이야기를 통해 젊은 후배들에게 꿈과 희망을 주는 것이라고 했습니다. 이 책은 부동산 업계 진출을 꿈꾸는 젊은 세대에게 현실적인 지침이 될 것입니다. 또한 그의 열정과 긍정적인 마인드와 탁월한 네트워킹 능력은 부동산 업계의 주니어들에게 자극이 될 것입니다. 혹시 사업을 생각하고 있는 이들이라면 그의 기업가 정신과 업계 최고라는 슬로건과 가족 우선주의, 재미, 삶의 균형 유지라는 기업 문화를 본받는 것도 도움이 될 것입니다. 더불어 그의 문제 해결 능력과 위기 관리 능력도 사업 성공의 밑거름이 될 것입니다.

부디 이 책을 통해 어려움 속에서도 꿈을 향해 나아가는 용기를 얻고, 새로운 기회를 발견하기를 바랍니다.

마지막으로, 사랑하는 소희, 재인, 시윤이에게 이 책을 헌정합니다.

박완희 드림

목차

저자 서문		5
역자 서문		8
1	데이비드, 집으로 돌아가다	15
2	부동산 업계에 입문하다	23
3	이직 전, 신혼여행을 가다	31
4	임차 대행과 임대 대행을 모두 경험하다	39
5	사업 파트너를 찾다	47
6	트리니티파트너스를 창업하다	53
7	기업 문화를 디자인하다	63
8	글로벌 기업들과의 경쟁에서 이기다	69
9	슬럼프를 극복하고 앞으로 계속 나가다	77

10	트리니티파트너스 탄탄하게 자리잡다	83
11	투자 플랫폼을 시작하다	97
12	트리니티캐피털 안착하다(2001~2006년)	107
13	금융위기, 해고 없이 도약을 준비하다(2004~2008년)	117
14	비즈니스가 전부가 아니다 - 일과 개인 생활의 균형	133
15	스트레스에서 벗어나야 한다	147
16	추진력이 성패를 결정짓는다	157
17	직원은 부하가 아니라 동료이자 파트너이다	179
18	상업용 부동산 시장의 겨울왕국을 넘어 도약하다	187
19	불황기에 지사를 세우다	205
20	불확실성에 휩싸인 한 해, 비극이 닥치다	219
21	전략적 사고와 비전을 공유하다	231
22	2014: 상실의 한 해를 떠나보내다	239
23	개발 플랫폼 + 인수 플랫폼 = 마법이 시작되다	247
24	비즈니스가 전부가 아니다 - 노숙자를 위한 자원봉사	261
25	트리니티파트너스, 성장하다(2016~2019년)	277
26	트리니티캐피털, 도약하다(2016~2019년)	289
27	절반의 은퇴를 준비하다(2020~2021년)	309
28	은퇴하다	319
여러분 부탁 하나 들어주실래요		327

1

데이비드, 집으로 돌아가다

다시는 오지 않을 것이라는 사실은 인생을 달콤하게 만든다

- 에밀리 디킨슨

2014년 4월 21일, 나는 보스턴 마라톤이 시작되기를 기다리며 매사추세츠주 홉킨톤의 긴 줄에 서 있었다. 45분 후에 경주가 시작된다는 생각에 긴장된 마음으로 음악을 듣고 있었다. 마라톤 참가는 쉬운 일이 아니었다. 아내와 어린 두 딸이 관중석에 오도록 설득해야 했다. 그날은 결혼 24주년 기념일이었지만 아내의 참가를 가로막는 가장 큰 장애물은 두려움이었다.

아내와 나는 작년 보스턴 마라톤에 참석했었다. 나는 마라톤 주자였고 아내는 관중석에 있었다. 관중석에 있던 사람 세 명이 죽고 260명 이상의 부상자를 낸 그 폭탄과 우리는 아주 가까운 거리에 있었다. 아내는 가까스로 아비규환 상황에서 벗어났지만, 그 후 1년 넘게 군중이 모인 곳에 가는 것을 불편해 했다. 나는 2014년 보스턴 마라톤 경주가 지금까지 개최된 경기 중 가장 안전한 경기일 거라고 그녀를 설득했고, 그것은 사실이었다.

경주가 시작되기 전 갑자기 핸드폰이 울렸다. 지난 16년간 나와 함께한 두 사업 파트너 중 한 명인 피터 콘웨이Peter Conway의 전화였다. "저기 게리, 바

쁜데 전화해서 미안합니다! 오늘 아침에 데이비드를 호스피스 병동으로 옮겼어요. 알려줘야 할 거 같아서... 이제 그를 보내야 할 때가 온 것 같습니다." 데이비드 앨런David Allen은 나의 두 파트너 중 다른 한 명으로, 53세의 나이에 16개월 동안 췌장암과 싸우고 있었다. 내가 보스턴에 오기 일주일 전만 해도 그는 아내와 세 아이들과 함께 친구들을 방문하고 가족 농장에서 시간을 보내고 있었다. 그래서 그의 상태가 그렇게 급속도로 나빠졌다는 소식은 매우 충격적이었다.

피터에게 어떻게 해야 하는지 물었지만 그도 어찌할 바를 몰랐다. 이런 상황은 우리 모두 처음 겪는 일이었다. 경기 전 느꼈던 흥분이 모두 사라진 상태에서 나는 그냥 이렇게 말했다. "알겠습니다. 알려줘서 고맙고. 또 무슨 일 있으면 알려 주세요." 나는 마라톤 경주를 계속하기로 결심했다. 어쨌든 다음 날 아침 샬럿으로 돌아갈 예정이었고, 경주를 하지 않는다면 보스턴까지 42킬로미터를 운전해 줄 사람을 찾아야 했기 때문이었다.

나는 과거 데이비드의 투병 소식을 되새기며 달렸다. 우리는 데이비드의 암 투병 기간 동안 수술이 잘 되었다는 소식과, 화학 요법과 방사선 치료를 통해 호전되었다는 희망적인 소식, 암 진단과 관련된 나쁜 소식을 동시에 들으며 감정의 롤러코스터를 타고 있었다. 16킬로미터쯤 달렸을 때 핸드폰을 꺼내 피터에게 다시 전화를 걸었다. "혹시 다른 소식 있나요?" 피터는 더 이상 아무 소식도 듣지 못했다고 대답했다. "그런데 왜 그렇게 목소리가 숨이 찬가요?"라고 그가 물었고, 나는 그에게 내가 어디에 있는지 알려 주었다. 피터와 그의 아내 산드라는 내가 마라톤을 뛰면서 전화한다는 얘기에 크게 웃었다.

마라톤을 마치고 집에 오자마자, 피터와 나는 바로 호스피스 병동에 있는 데이비드를 보러 갔다. 상업 지구 외곽에 있는 평범한 단층 건물에 도착한 후, 대기실에서 데이비드의 형제자매 및 친척들과 인사했다. 그리고 먼저 온 손님들의 병문안이 끝나기를 잠시 기다렸다.

데이비드는 진통제와 고통을 덜어주는 많은 약들에 취해 정신이 맑지 않았다. 우리는 눈물을 흘리며 말했다. "많이 그리울 겁니다." 데이비드는 눈을 뜨지 않고 "내가 어디 가나요?"라고만 대답했다. 그의 무표정한 반응에 우리는 웃음을 보이며 밖으로 나갔고, 그의 아내 마리 앤과 몇 마디 나누었다. 그런 다음 집으로 돌아왔으며 우리가 할 수 있는 일이라곤 소식을 기다리는 것뿐이었다.

그 주 후반에 데이비드의 아내에게서 걸려온 전화를 받았다. "데이비드는 집에 갈 거예요." 마리 앤이 말했다. 나는 데이비드가 죽었다는 것을 그녀가 최대한 예의 있게 표현한 것이라고 생각했다. 그래서 그녀에게 장례식이 언제인지 물었다. 그러자 그녀는 이렇게 말했다. "아니, 데이비드는 실제로 집에 갈 거예요. 약을 모두 끊었더니 그가 깨어나서 말하기를 '여기가 도대체 어디지?'라고 하는 거예요. 그래서 호스피스 병동이라고 알려 주었더니 '나는 여기서 죽고 싶지 않아. 집에 데려다 줘!'라고 했어요."

다음 날, 데이비드는 사우스 샬럿 교외에 있는 자신의 집으로 돌아왔다. 그는 샤워를 하고, 옷을 갈아 입고, 무려 4주 동안 기운을 차려 병문안을 오는 방문객들과 작별 인사를 했다. 매일매일이 선물 같았다. 우리는 이 놀라운 선물이 언제까지 갈지 알 수 없었다. 그는 아내와 딸, 두 아들과 시간을 많이 보냈다. 50킬로그램 정도로 야위었지만 목소리는 예전 그대로였다.

그의 가족들이 모두 방문하고 난 후 우리 차례가 되자, 아내와 나는 데이비드와 마리를 만나기 위해 차를 몰고 갔고, 그들은 집 뒤편 베란다에서 우리를 맞았다. 데이비드는 카키색 격자무늬 셔츠를 입고 있었고, 머리는 언제

나처럼 완벽하게 정돈되어 있었다. 평소 몸무게보다 36킬로그램이나 빠진 터라 옷걸이에 옷이 걸린 것처럼 셔츠가 헐렁했다. 그는 자신이 받은 편지와 전화에 대해 말했고, 그 하나하나가 얼마나 감사한지 모르겠다는 말도 했다. 나는 왠지 이번 방문이 어색하게 느껴졌다. 내가 그토록 아끼던 형제이자 사업 파트너인 데이비드가 죽음을 앞두고 있는데, 그에게 무슨 말을 해야 할지 아무 생각도 나지 않았다. 한참 시간이 지난 후, 하고 싶었던 말이 많이 떠올랐지만 그때는 아무 말을 할 수 없었다.

집에 돌아갈 무렵 데이비드는 나를 보며 이렇게 말했다. "당신과 피터가 부럽습니다. 두 분은 트리니티를 더욱더 성공시킬 겁니다."

우리는 16년 동안 함께 사업을 해 오면서 진짜 형제들보다 더 가까운 사이가 되었다. 물론 우리 세 사람의 파트너십이 완벽한 것은 아니었지만, 우리가 굉장히 가까운 사이인 것은 확실했다. 사업은 번창했고 아직도 성장하고 있는 두 개의 훌륭한 회사를 만들었다. 그리고 이제 그는 그 끈을 놓을 시간이 되었다.

그날 그 순간에 적절한 말이 떠오르진 않았지만 나는 이렇게 말했다. "데이비드, 당신은 아무것도 잃지 않을 겁니다. 당신이 우리 곁을 떠나면 우리의 완벽한 파트너십도 당신이 모두 가져가는 거예요."

우리 셋은 창업주로 시작해 2014년 초까지 트리니티파트너스와 트리니티캐피털을 3개의 사무실에 9개의 파트너를 보유한 회사로 성장시켰다. 눈부신 성장과 함께 파트너십을 둘러싼 관계는 더 복잡해졌고 우리의 관계는 더이상 초창기 때처럼 간단하지 않았다. 개인적으로 그리고 사업상으로도 데이비드를 보내야 할 시간이었다. 그가 없이 사업을 운영한다는 것은 상상도 할 수 없는 일이었고, 심지어 두려운 일이었다. 지금까지 우리 셋이 했던 것과 달리 회사에는 더 복잡하고, 매끄럽지 않으며, 좋지 않은 일들이 생길 것이라는 사실을 나는 잘 알고 있었다. 우리는 서로 부둥켜 안았고 다시는 데이비드를 볼 수 없다는 사실을 마주한 채 차를 몰고 떠났다.

2

부동산 업계에
입문하다

여행의 목적지가 있는 것은 좋지만, 결국 중요한 것은 여행 그 자체이다

- 어니스트 헤밍웨이

나는 운전하는 동안 차 안에서 팟캐스트를 즐겨 듣는다. 가이 라즈^{Guy Raz}가 진행하는 *How I Built This*(성공 비결)에서는 성공한 사업가들을 인터뷰하고 스타트업 성공 뒤에 숨은 비밀을 심층적으로 살펴본다. 라즈는 인스타그램, 젯블루^{JetBlue}, 로빈후드^{Robinhood}, 벤앤제리스^{Ben & Jerry's}, 링^{Ring}, 슈퍼굽^{Super Goop} 등 이름만 대면 알만한 수십 개 기업의 창업자들과 인터뷰했다. 이들 기업이 지닌 공통점은 대단한 아이디어를 가졌거나 사람들이 해결하지 못한 몇 가지 문제를 해결하여 사업화했다는 것이다. 팟캐스트에 참석한 이들은 나와 많은 공감대가 형성되었다. 사업가들이 사업을 시작할 때 고민했던 회의감, 용기와 결단 그리고 원대한 아이디어가 깊이 다루어졌기 때문이다.

 이 팟캐스트에서는 전통적인 방식으로 기업을 일군 사업가들에 관한 내용은 거의 다루지 않는다. 물론 로컬 사모펀드가 전국적으로 두각을 드러내는 회사를 만들어 가는 얘기나, 4백 명의 직원으로 성장한 HVAC^{Heating, Ventilation and Air Conditioning} 서비스 회사에 관한 이야기를 듣는 것은 아마도 그

렇게 재미있지 않을 것이다. 우리의 경우 기존 산업에서 두 개의 상호 보완적인 상업용 부동산 회사를 어떻게 시작했는지, 우리보다 수백 배나 규모가 더 크고 탄탄하게 자리잡은 전국 단위 기업 및 글로벌 기업들과 어떻게 성공적으로 경쟁할 수 있었는지에 더 관심이 있었다. 여러분이 부동산 업계에 있지 않다면 이 책은 가이 라즈의 팟캐스트에서 다루는 이야기만큼 흥미롭지 않을 것이다.

대부분의 사업가들은 줌Zoom이나 펠로톤Peloton을 출시하지 않을 것이다. 그들은 내가 그랬던 것처럼 보다 전통적인 길을 택할 것이다. 보통은 몇 년 동안 회사에서 일하다가, 업무에 능숙해진 후 작은 사업을 시작하는 경우가 일반적일 것이다.

많은 사람들이 그렇듯, 나 역시 대학교를 졸업하고 나서도 내가 무엇을 하고 싶은지, 심지어 무엇을 잘하는지조차 몰랐다. 나는 노스캐롤라이나주 중북부에 있는 도시 더럼Durham에서 성장하고 노스캐롤라이나대학교에서 경영학 학사로 졸업한 후, 익숙한 일을 하면서 아버지가 걸었던 길을 따랐다. 아버지께서 25년 전에 그랬던 것처럼 남동부 지역의 큰 은행인 와코비아Wachovia에서 은행원으로 일했다. 기업 대출 담당자로 일하면서 다양한 사업들을 보면서 그중에서 나에게 의미 있는 일을 찾아보자 생각했다.

1987년, 노스캐롤라이나주 윈스턴 세일럼Winston-Salem에서 기업 연수 프로그램을 수료한 후 첫 번째 행운의 기회를 얻었다. 연수 프로그램이 끝날 무렵, 내가 가고 싶은 도시 세 곳을 적어 냈고, 세 번째 선택지였던 샬럿으로 배치받았다. 당시 샬럿은 NFL이나 NBA 팀도 없었고, 인구 기준으로 상위 50위권에 드는 도시들 중 하나에 불과한 따분한 도시였다. 남동부 전체, 특히 샬럿이 수십 년간 폭발적으로 성장할 것이라는 사실을 예측한 사람은 거의 없었다. 샬럿 지역의 경제 성장은 지금도 계속 진행 중이다.

은행에서 근무하는 3년 동안 생산적인 역할이 마음에 들었다. 가령 신규 대출 기업 고객을 확보하는 일이 좋았다. 대학교에서 배우기는 했지만 절대적으로 부족했던 재무 분석과 언더라이팅 능력을 은행에서 많이 키워서 나의 강점이 되었는데 거의 육감에 가까울 정도로 좋아졌다. 나는 수학에 뛰어난 소질이 있었고, 여기에 더해 은행에서의 기업 대출 경험은 재무 및 영업 기술 향상에 도움이 되었다. 기업 대출 업무가 만족스러웠지만 연말마다 이루어지는 기본 2% 연봉 인상이 마음에 들지 않았다. 그래서 이직을 고민하기 시작했다. 다소 정체되는 느낌은 있었지만 안정적인 은행 환경에서 3년을 보낸 시점에 큰 변화를 맞이할 준비가 되어 있었다.

부동산은 이직 목표 분야 목록에서 첫 번째였는데, 그 이유는 두 가지였다. 첫째, 내가 와코비아에서 상업 대출 업무를 하는 동안 많은 CFO와 CEO를 만났던 경험이 상업용 부동산 분야와 잘 맞다는 생각을 했다. 위치가 달라지기는 하지만 은행에 있을 때 만났던 사람들과 같은 부류의 사람들을 만날 것이기 때문에 전혀 낯설지 않을 것으로 생각했다.

둘째, 부동산업에 종사했던 아버지 덕분에 부동산을 어깨너머로 보고 배우며 자랐다. 아버지는 1970년대에 은행에서 퇴사한 후 부동산업으로 뛰어들었는데, 주거용 부동산을 시작으로 나중에는 상업용 부동산도 다루기 시작했다. 파트너와 함께 주거용 부동산 회사를 시작했고, 나중에는 두 번째 주거용 부동산 회사를 홀로 세웠다.

이처럼 오랜 세월 동안 부동산 업계 주변에 있었음에도 불구하고, 부동산은 여전히 낯설고 새로운 분야였다. 나는 25살에 결혼하였고 결혼하자마자 안정적인 은행을 떠나 미지의 부동산 업계로 들어섰다. 그 당시 나는 다소 위험이 따르더라도 금전적 보상 가능성이 높은 부동산 업계에 있다는 사실이 너무 좋았다. 하지만 샬럿 지역의 부동산 업계에 대해서는 잘 몰랐기 때문에 계획을 수립할 필요가 있었다.

먼저 샬럿에 있는 모든 상업용 부동산 회사 목록을 만들었다. 이 회사들에서 영향력 있는 사람들을 최대한 많이 찾아서 목록으로 만들었다. 젊은 사람, 특히 임원급 사람들이 주 대상이었다. 당시 목표는 업계를 더 많이 알기 위해 가능한 한 많은 사람들과의 인터뷰를 잡는 것이었다. 인터뷰를 하면서 그들이 맡은 역할과 관련된 위험 및 보상 체계를 모두 평가했다. 수수료만 받는 역할인지, 아니면 고정된 급여와 일종의 수수료를 추가로 받는 역할인지를 물었다. 그리고 했던 일들 중에 무엇이 마음에 드는지 그리고 부동산 산업 영역에서 가장 유망하다고 생각하는 분야가 무엇인지 물었다. 그들의 이야기를 듣고 배우면서 인터뷰 질문 수준은 점점 높아졌고 나는 점차 부동산 업계에서 쓰는 용어에도 익숙해지기 시작했다.

또한 누군가와 미팅을 할 때마다 추천할 만한 사람 2~3명의 연락처를 요청했다. 그리고 가능한 한 많은 사람들을 만나 네트워킹하는 시간을 가졌다. 나는 샬럿에서 부동산 업계 경험이 없었기 때문에 처음에는 크게 의미 있는 연결로 이어지진 않았다. 그러나 사람을 만날 의지가 중요하지, 만나기 위한 연결에 너무 집착할 필요는 없다는 사실을 배웠다.

일단 회사 명단을 좁힌 뒤, 내가 집중하고 싶은 구체적인 업무들을 선별하기 시작했다. 나는 급여와 수수료가 혼합된 업무를 원했다. 불행하게도, 내가 1990년에 인터뷰를 했던 몇 달 동안, 경제가 침체되어 있었고 많은 회사들이 감원을 시작했다. 이 때문에 급여가 일정하게 지급되는 일자리 중에서 불필요한 인력들은 거의 하룻밤 사이에 사라졌다. 그래서 나는 부동산 업계에서 안정성이 전혀 없고 리스크가 가장 높은 수수료에만 의존하는 부동산 중개업에 집중할 수밖에 없었다.

수십 명의 사람들과 이야기를 나눈 후 마침내 나는 구체적으로 어떤 업무 영역에 집중하고 싶은지 결정했다. 그리고 대화를 나눴던 모든 사람들에게 다시 전화를 걸었다. "안녕하세요? 제가 이제서야 결정을 내렸습니다. 지금부터 두 분야에 집중할 예정이니 혹시라도 해당 분야에서 어떤 일이 일어나는지 알게 된다면 꼭 저를 염두에 두시면 좋겠습니다"라고 말했다. 그리고 지나가는 말로 "저는 지금 이 부동산 산업에 꽂혀 있습니다. 제가 당신을 위해 일할 수도 있지만, 당신과 경쟁할 수도 있단 얘기죠. 하지만 저는 정말로 당신을 위해 일하고 싶습니다!"라고 말했다.

몇 주 후, 지역 부동산 회사의 젊은 대표와 점심을 먹게 되었다. 점심은 순조로웠지만, 그는 나에게 기회가 없다고 말했다. 그러나 그날 늦게, 자신이 다른 중개업체 대표와 이야기를 나누고 있었는데 그 대표가 "공격적인 젊은 부동산 에이전트를 찾고 있는데 혹시 적합한 사람이 있을까요?"라고 물었다고 했다. 며칠 후 나는 전화를 한 통 받았고, 그것이 내가 상업용 부동산 업계에 처음으로 입문하는 계기가 되었다.

그 일자리를 얻기까지의 과정은 나를 완벽하게 매료시켰다. 본격적으로 부동산 업계에서 일을 시작하기 앞서 나는 특별한 여행을 떠날 준비를 하고 있었다.

3

이직 전, 신혼여행을 가다

널 보자마자 모험이 시작될 거란 걸 알았어

- 곰돌이 푸

나는 1990년 4월에 결혼할 예정이었다. 나는 월급 없이 수수료만 받기로 한 새 직장에 7월부터 출근하기로 결정했고, 아내와 3개월간 신혼여행을 다녀왔다. 대학교 다닐 때 유럽 여행을 다녀온 적이 있었는데 결혼 생활을 시작하기 전에 아내와 함께 비슷한 모험을 하고 싶었다. 그리고 신혼여행이 가장 적기라고 생각했다.

약사인 장인에게 신혼여행에 대해 말씀드렸더니 그는 이마를 찌푸리고 나를 보면서 이렇게 말씀하셨다. "이렇게 긴 시간 동안 신혼여행을 간다면 자네는 동료들보다 많이 뒤처질 걸세. 그리고 그걸 따라잡기는 쉽지 않을 것이네."

당시 나는 나이가 어리고 경험이 없음에도 불구하고 이렇게 대답했다. "장인 어르신, 저는 괜찮을 것 같습니다."

3개월 동안 신혼여행을 가겠다는 것은 매우 쉬운 결정이었다. 결혼하고 나면 얼마 지나지 않아 담보 대출과 각종 청구서, 애완동물, 직장 그리고 아이들로 인해 자유가 없어질 것을 알았기 때문이었다. 아내는 규칙적인 삶을 살고 있었고 은행원으로서도 성공적인 위치에 있었지만, 나는 그녀에게 일을 그만두기를 설득했고, 나와 함께 믿음의 도약을 하자고 말했다. 다행히 그녀는 나의 열정과 자신감을 믿었고 결국 우린 한 배를 탔다.

우리는 각자 아파트에 있는 몇 안 되는 가구들을 모두 빼서 이삿짐 보관 창고에 넣었다. 그리고 잊지 못할 여행을 만들기 위해 그때까지 짊어지고 있던 인생의 짐들을 잠깐 내려놓기로 했다. 항공료와 7주 여행 비용으로 5천 달러가 있었지만, 기차로 배낭 여행을 할 것이기 때문에 돈이 모자라지 않을 것으로 생각했다.

지금 돌이켜보면 신혼여행 계획이 처음부터 무모했던 것처럼 느껴지지만 당시에는 자연스러운 결정이었다. 여행 내내 기차나 호텔을 예약하지 않았는데 아내는 두 가지 전제 조건을 달았다. 첫째, 파리에서 첫 번째 밤은 무조건 호텔에서 지낸다는 것, 둘째, 호스텔에는 절대 머무르지 않는다는 것이었다. 우리에게 유레일 패스가 있어서 유럽 전역을 무제한으로 여행할 수 있었지만 여행 일정을 대략적으로 세웠다. 그 계획에서 여행 종착지는 그리스 섬이었고, 아테네에서 비행기를 타고 집으로 돌아오기로 했다. 아내와 함께한 이 배낭여행이 우리의 신혼 생활에 역경으로 다가올 수도, 반대로 평생 우리 두 사람을 끈끈하게 이어줄 수도 있었다. 다행히도 우리는 후자를 경험했다.

여행의 첫 번째 방문지는 파리였으며 아내에게 약속한 대로 호텔을 이용했다. 물론 특급 호텔은 아니었다. 며칠 후 기차를 타고 디종에서 프로농구 선수로 활동하고 있는 친구 집을 방문했다. 그 다음에 웨스턴 리비에라로 알려진 비아리츠로 갔다. 그 다음에는 남쪽으로 방향을 잡고 포르투갈, 스페인, 지브롤터, 모로코로 여행했다.

도시를 방문해서 며칠씩 여행하는 동안 아침 식사가 나오는 작은 침대방에 머물렀다. 다음 도시로 이동할 때는 밤 기차 접이식 침대칸을 예약해서 다음 날 일찍 다음 목적지에 도착하는 일정으로 계획을 짰다. 항상 개인 침대칸을 예약할 여유가 없었기 때문에 2~4명의 다른 여행객과 침대칸을 함께 사용하는 경우도 종종 있었다. 포르투갈에서는 야간 침대칸에 한 가족과 같이 탔는데 그 가족은 4명이었고 애완용 새들로 가득 찬 새장도 몇 개 더 있었다. 덕분에 꽤 즐거운 저녁 시간을 보냈다.

지브롤터에서는 돈이 거의 바닥났다. 아내와의 두 번째 약속을 어기고, Toc H호스텔을 예약하자고 졸랐다. 숙박 요금은 하루에 약 5달러 정도였다. 우리는 하루에 70달러만 쓰려고 했지만 지브롤터 도착 후 남은 돈이 1,260달러밖에 없다는 사실을 알았다. 결국 며칠 동안 예산을 줄여서 생활했고 남은 여행 기간 동안 하루에 55달러 밖에 쓸 수가 없었다. 호스텔에서 지낸 시간은 여행을 더 다채롭게 해 주었으며, 특히 주인과 이야기하며 보낸 시간은 새로운 경험이었다.

Toc H호스텔의 골조는 1704년에 지어졌으며, 두 차례의 세계 대전 동안 병사들의 막사로 사용되던 장소였다. 안뜰에는 레몬, 오렌지, 체리, 바나나, 포도나무 같은 과일나무가 가득했고, 이들 나무에 매달려 있는 새장의 새들은 온종일 짹짹거렸다. 작은 웅덩이에는 금붕어가 있었고, 안쪽 뜰 구석에는 앙상한 길고양이들과 새끼 고양이들이 웅크리고 앉아서 다음 식사를 기다리고 있었다.

호스텔의 주인은 영국과 프랑스 사이에 있는 저지 섬 출신이었는데 안달루시아 스페인 출신인 그의 아내가 어머니와 가까이 있기를 원했기 때문에 깁Gib이라는 곳으로 이사했다. 다양한 사람들이 수년 동안 그의 호텔에 머물렀고 누군가 상황이 좋지 않아 돈이 없으면 그곳에 있으면서 일자리를 찾도록 도왔다고 말했다. 사정이 좋아지면 돈을 낼 것이라고 믿었다고 했으며, 90%는 그렇게 되었다고 했다.

지브롤터의 물가가 저렴한 것을 고려해, 아내와 나는 Toc H호스텔에서 며칠 더 머물렀고 그 다음에 고속 페리를 타고 모로코 탕헤르로 가기로 했다. 여행 가이드와 함께하는 저렴한 단체 관광을 신청했지만 모로코에 도착하면 단체 관광에서 빠져나와서 주말 동안 우리끼리 여행을 즐기면 어떨지 이야기했다. 단체 관광 그룹을 떠나 탕헤르에서 1시간쯤 떨어진 대서양 연안의 작은 어촌 아실라로 가는 버스를 탈 계획이었다.

그 당시, 유일한 여행 가이드는 작은 문고판인 『Let's Go Europe』이라는 책이었다. 우리는 가는 곳마다 이 책을 가지고 다녔다. 이 책에는 유용한 문화 정보와 추천 숙박 정보가 가득했지만 탕헤르의 경우에는 달랐다. 사막에 사는 베두인족 남자들이 금발의 여자를 아내로 맞이하고 싶어한다는 소문이 있었고, 지난 몇 년간 유럽 여성 몇 명이 납치당하는 사고가 있었다는 경고 문구가 있었다. 아내는 타고난 금발이었기 때문에 단체 관광에서 빠져나오는 계획을 한 번 더 고민했다. 탕헤르 도착 후 주말 동안 우리만 따로 여행하는 것이 너무 위험하다는 생각에 계획을 포기하고 단체 관광을 즐기기로 했다.

탕헤르에서의 일일 투어 중에 메디나, 즉 구시가지로 가는 길에 영국인과 미국인들이 거주하고 있는 호화로운 동네를 지나갔다. 왕이 머무는 정교한 여름 궁전과 숨 멎을 듯한 사우디 별장을 몇 개 보았다. 이어서 도시를 벗어나, 대서양 해안선과 때묻지 않은 육지, 바다, 수 킬로미터에 걸쳐 펼쳐진 산들을 볼 수 있는 산 정상까지 올라갔다. 경치를 감상하고 있을 때 한 노인과 그의 낙타가 시장으로 가는 모습도 눈에 들어왔다.

구시가지는 낡고 더러웠지만 숨이 막힐 정도로 아름다웠다. 모로코 각지에서 온 제품을 판매하는 상점들이 많았지만 예산이 빠듯한 관계로 쇼핑을 하기는 어려웠다. 게다가 무언가를 사면 3주 동안 배낭에 넣고 다녀야 했고, 심지어 깨뜨리지 않고 집으로 가져가야 했다. 거리는 관광객들로 북적였으며 모로코의 어린 소년들은 가는 곳마다 호객 행위로 우리를 괴롭혔다. 그들은 자신의 가게에서 물건을 사거나, 그들의 패밀리 레스토랑에서 먹거나, 모로코 디르함(모로코의 통화) 몇 개를 주기를 원했다.

탕헤르 여행을 마친 후, 페리를 타고 지브롤터로 돌아오는 길은 험난했지만 여행은 매우 즐거웠다. 90분간의 페리 여행이 시작되자 또 다른 모험이 시작되었다. 기상 전선 유입으로 인해 지브롤터 해협의 파고가 2미터 이상 높아졌다. 안전한 탕웨이 항구를 떠난 후 얼마 되지 않아 나는 이리저리 뒤척이고 있었다. 나는 소문날 정도로 위장이 약한 사람이었기에 오래 버티지 못할 것을 알았다. 여행하는 내내 컨디션이 좋았기 때문에 어떻게든 버티려 애썼지만 또 다른 큰 파도가 나의 희망을 날려버렸다. 나는 화장실을 향해 달려갔지만 제때에 볼일은 보지 못했다.

탕헤르에서의 당일치기 여행 후 바르셀로나, 니스, 로마, 피렌체로 이어지는 기차 여행을 계속하기에 앞서 지브롤터에서 하룻밤을 더 보냈다. 그런 다음 그리스로 가는 페리를 타고, 아테네를 경유해 내가 세상에서 가장 좋아하는 섬인 산토리니로 이동했다. 나는 대학교 시절 어느 여름에 산토리니에 가본 적이 있었는데, 함께 여행 온 대학교 친구와 낙원 같은 티라 마을의 오래된 호텔에 머물면서 여행의 마지막 주를 보냈었다. 루카스 호텔은 에게해에 둘러싸인 휴화산인 칼데라가 내려다보이는 절벽 옆에 자리잡고 있었다. 스무 살이었던 나는 발코니에서 친구와 아침을 먹으면서 "결혼하면 아내와 함께 여기로 신혼여행을 올 거야"라고 말했다.

아내와 나는 산토리니에 야간 페리를 타고 도착했고, 첫 번째 목적지는 루카스 호텔이었다. 나는 아내에게 호텔에서 내려다보이는 여러 곳들을 설명했고, 물 위 약 8백 미터 높이 호텔에서 어떻게 화산을 바라볼 수 있게 되었는지를 설명했지만 나의 표현력으로는 숨막힐 정도로 웅장한 그곳을 제대로 전달하기가 역부족이었다. 호텔 주변에는 새벽 2시까지 매우 시끄러운 음악을 쾅쾅 틀어주는 나이트클럽이 있었지만 주변의 아름다운 풍광에 비하면 아주 사소한 불편이었다. 우리는 신혼여행의 마지막 2주를 산토리니에서 보냈다. 처음에는 호텔 루카스에서, 그 다음에는 섬 건너편의 카마리^{Kamari} 해변 마을에서 시간을 보냈다.

집으로 돌아오는 길에 아테네를 지나던 중에 USA 투데이 신문을 봤는데, "미국은 더 깊은 불황에 빠지고 있다"라는 헤드라인이 눈에 띠었다. 신혼여행 중에 읽을 베스트 뉴스는 아니었다. 특히 내가 부동산 업계에서 새롭게 일을 시작해야 했기에 더 그랬다. 다행히 나는 젊고 순수했기 때문에 크게 걱정하진 않았다.

비행기를 타고 집으로 돌아온 후, 부모님과 해변에서 몇 주를 보내고 부동산 시험 공부를 하는 동안 새 아파트를 꾸미는 것으로 신혼여행을 마무리했다. 그런 다음 부동산 업계에 발을 들여놓게 되었다.

4

임차 대행과 임대 대행을 모두 경험하다

> 나는 내가 어떤 일을 하든 열심히 하고, 일확천금을 벌수 있는
> 어리석은 프로젝트로 인해 내 마음을 딴 데로 돌리지 않기로 결심했다.
> 노력과 인내는 풍요의 가장 확실한 수단이기 때문이다
>
> - 벤자민 프랭클린

그 후 7년 동안 샬럿 지역 상업용 부동산 회사 세 곳에서 일했다. 그 7년 동안 여러 가지 특화된 일들을 배웠다. 보험, 자금 관리, 사모펀드 등 다양한 분야를 경험했다. 그러나 나는 결국 부동산을 선택했다.

부동산 업계 첫 직장에서 사무실 임차 대행 역할에 전념했다. 내가 구체적으로 한 일은 사무실을 임차한 회사들(사무실 수요자의 95%가 사무실 공간을 소유하는 것이 아니라 임차함)에게 연락하여 새로운 사무실을 찾든, 기존 계약을 갱신하든 간에 내가 그들의 이익을 대변할 것을 제안하는 것이었다. 기존 임대차 계약 갱신이나 새로운 임대차 계약 체결에 성공하면 나는 총 임대료의 일정 부분을 수수료로 받는다.

이 역할은 부동산 매매가 아닌 사무실 임대를 취급한다는 점을 제외하면 주거용 부동산의 매수 중개인이 하는 역할과 비슷하다. 이러한 임차 대행의 경우 기본급은 없지만 받을 수 있는 수수료에 제한이 없기 때문에 매력적이었다. 나는 달성한 목표에 따라 직접 수수료를 받았다.

임차 대행 분야에서 3년 동안 일하면서 나보다 연륜이 있고 경험이 풍부한 상대가 협상 테이블 반대편에서 일한다는 사실을 알게 되었다. 그들은 건물주를 대리하여 오피스 임대 에이전시로 일하면서 경력을 쌓았다. 그들은 자신을 찾아온 테넌트 고객에게 "나는 예전에 건물주들을 위해 오랫동안 일했기 때문에 그들의 생각을 모두 예측할 수 있습니다. 건물주들은 계약을 할 때 테넌트의 권리를 제한하려고 할텐데 제가 그 모든 것을 알고 있습니다. 저에게 이 계약을 맡기시면 당신을 위해 임대인과 공정한 레벨에서 계약을 진행할 것입니다"라고 고객들을 설득했다. 내가 이 도시에서 최고의 에이전트가 되려면 이 사업에 대해 더 많이 배워야 하고, 사무실 임대 에이전트로 일하는 것이 더욱더 전문적으로 성장할 수 있는 좋은 방법인 것 같았다.

임대 대행 분야로 갈지 더 깊게 고민하기도 전에, 새로운 사무실 임대 에이전트를 찾고 있던 지역의 유명한 오피스 및 산업용 부동산 디벨로퍼에게 채용되었다. 그 회사에서 나는 그 전까지 했던 임차 분야가 아닌 반대편인 임대 분야에 관한 거의 모든 것을 배웠다. 그 회사에 있는 동안 그 회사는 교외에서 오피스 빌딩 세 곳을 개발했기 때문에 나는 새 자산에 대한 건물 설계, 부동산 개발, 임대 전략을 경험할 수 있었다. 또한 오피스 빌딩의 개발 및 운영과 관련해 금융적인 측면을 배우는 것도 흥미로웠다. 그것은 나의 수학적 관심사와 맞아떨어지기도 했다. 그 회사에 있으면서 당시 샬럿의 가장 높은 오피스 타워 중 하나인 42층짜리 원퍼스트유니온센터 One First Union Center의 임대 업무에 참여할 수 있는 기회도 얻었다.

그 부동산 디벨로퍼와 3년 동안 일한 후에 나는 다시 원래 했던 임차 대행 분야로 돌아가기로 결심했다. 그래서 몇 년 전에 같은 부동산 디벨로퍼에서 일하다가 먼저 퇴사해서 회사를 이미 차린 세 명의 친구들과 함께 일하기로 했다. 나는 내부 정치가 없는 작은 사무실 환경이 좋았다. 그렇게 임차 대행 업무를 다시 시작할 수 있었고 그 일을 하면서 시내 오피스 타워들의 임대 업무도 병행했다.

전반적으로 상업용 부동산은 너무 재미있는 사업 분야였다. 특히 고객과의 상호작용, 관계 구축, 분석 작업 그리고 다양한 거래의 파이낸셜 언더라이팅이 복합적으로 연결되어 있는 것이 좋았다. 나는 부동산 산업이 유형 자산과 재무 분석 및 판매 같은 무형 자산이 결합된 산업이라는 것을 발견했다. 게다가 은행에서와 달리 열심히 일하고 성과가 좋으면 성과만큼 수수료 형태로 돈을 직접 벌 수 있는 점이 제일 좋았다. 업계에서 3년차가 되었을 때 나는 이미 억대 연봉이 되었고, 부동산 업계에서 일을 시작한 7년 동안 매년 수입이 증가했다. 하지만 무언가 부족하다는 느낌이 들었다. 나는 단순히 더 나은 세일즈맨이 되는 것 이상으로 성취할 게 있다는 것을 알게 되었고 다음 단계가 무엇일지 생각하기 시작했다.

상업용 부동산 분야 전문가가 되는 법을 배우는 것 외에도 일이 어떻게 진행되는지도 매우 궁금했다. 오피스 빌딩을 임대할 때 그 빌딩이 어떻게 지어졌는지 알고 싶었다. 빌딩을 지을 때 자금을 어떻게 조달할까? 신규 빌딩 개발 준비 시점을 어떻게 가늠할 수 있을까? 빌딩 입지를 어떻게 알 수 있을까? 불행하게도 내가 일했던 회사들에서는 어리고 젊은, 업계의 신입이 품은 그런 호기심들을 모두 채워 주지 못했다. 결과적으로, 내가 품은 대부분의 호기심은 업무 중 우연히 충족시킬 수밖에 없었다.

다른 많은 산업들과 마찬가지로 상업용 부동산 산업도 스타트업 비중이 상당히 높다. 내가 이 업계에 진입했을 때 이 지역에 있는 회사들 중 일부는 수십 년 동안 있었던 반면, 다른 회사들은 몇 년밖에 되지 않았다. 나는 그 회사들이 어떻게 운영되고, 어떤 산업 분야에 집중하고 있으며, 내외부 파트너십을 어떻게 구성하는지 지켜보는 것에 매료되었다. 어떤 프로젝트는 고군분투하는 반면, 어떤 프로젝트는 왜 성공할까? 남들보다 돋보일 수 있게 만드는 원천은 무엇이었을까? 나는 성공한 회사들을 정기적으로 연구했고, 기회가 있을 때마다 많은 질문을 던졌다.

7년 동안 나는 내가 할 수 있는 최고가 되기 위해 노력했다. 이 도시에서 최고의 에이전트가 되고 싶었다. 많은 전문가들을 알고 싶은 것은 물론, 실적도 많이 내고 싶었다. 나는 80/20 판매의 법칙을 받아들였다. 상위 전문가 20%는 일반적으로 시장 점유율 80%를 가지고 있고, 나머지 80%는 남아 있는 20%를 두고 싸운다. 그래서 나는 상위 20% 그룹에 들어가고 싶었다. 게다가 이 당시에 두 딸(1994년 매디슨, 1997년 엠마)이 태어났기 때문에 재정적으로 성공해야 할 동기도 충분했다.

1997년 여름, 나는 본격적으로 회사를 차릴 준비를 시작했다. 부동산 중개업을 마스터해서라기보다는, 어린 가족을 부양할 충분한 돈을 벌기 위해 창업을 준비했다. 사실 창업 초창기는 우리가 가장 부유하다고 느꼈던 때이기도 하다. 작은 규모의 거래가 예상치 못하게 빠르게 이루어져서 2천 달러의 수수료가 발생한 적이 있었는데, 나는 그 돈을 집에 가져와서 이렇게 말했다. "오늘 내가 얼마 벌었는지 봐봐!" 아내와 나는 그 돈을 들고 동네 주택 수리점에 가서 주택 수리에 필요한 자재들과 가전제품을 구입했다. 너무나 예상치 못한 수입이었기 때문에 마치 공짜처럼 느껴졌다.

나는 직감적으로 내가 무엇을 하고 싶은지 알 수 있었다. 하지만 나는 겨우 32살이었고, 상업용 부동산에서 성공하는 데 필요한 전문 기술은 갖추고 있었지만 창업 경험이 없었다. 그때부터 나는 새로운 회사가 어떤 모습일

까를 그린 로드맵을 연구하기 시작했다.

5

사업 파트너를 찾다

나는 찾고 있고, 노력하고 있으며, 온 마음을 다해 그 안에 있다

- 빈센트 반 고흐

나는 몇 년 동안 다른 부동산 회사들의 고유한 운영 방식과 구조화 방식을 보고 듣고 관찰했다. 결과적으로, 1인 창업이 좋지 않다는 것을 금방 깨달았다. 한 친구는 말하길 "회사를 차리고 혼자 있어 보니 할 일이 너무 많고 시간이 거의 없더라. 항상 시간에 쫓겨 일해야 했다"라고 했다. 그 말은 나에게 경종을 울렸다.

    그래서 사업 파트너(들)을 찾고 같은 생각을 가진 이들로 팀을 꾸려 그들과 함께 비즈니스를 시작하는 것이 좋을 것 같단 생각이 들었다. 스포츠를 보면 팀으로 구성되어 있고, 부동산 사업 역시 고객들은 거의 혼자 움직이는 전문가보다 여러 전문가로 구성된 팀을 고용했다. 또한 재능 있는 파트너를 얻으면 위험 부담이 줄 것이고 솔직히 더 재밌을 것 같았다.

    1997년 여름, 사업을 시작하기 위한 초기 단계들을 밟아 나가기로 결정했다. 초기 단계들 중 가장 먼저 '파트너 찾기'라는 스프레드시트를 만들었다. 첫 단계가 잘 진행되면 사업 실행 계획은 뒤따라올 것이라 생각했다. 샬럿 부

동산 업계에서 내가 좋아했던, 매우 성공한, 사업 파트너가 되기에 좋은 사람들, 수십 명을 이 스프레드시트에 나열했다. 그런 다음에 그들에게 바로 전화를 걸기 시작했다.

나와 같은 모험을 할 수 있는 사람이 많지 않다는 것을 아는 데 많은 시간이 걸리지 않았다. 당시 경제는 호황이었고, 사업에 소질 있는 사람이라면 누구나 큰 돈을 벌고 있었기 때문에 굳이 수입이 줄어들 것이 거의 확실한 창업이나 동업을 꺼리는 분위기였다. 그러던 중에 한 사람이 자신의 의지와 무관하게 변화에 직면해 있다는 것을 알게 되었다. 라살파트너스LaSalle Partners는 샬럿에 있는 랜드마크 오피스 타워를 매각하고 있었고, 피터 콘웨이Peter Conway라는 오피스 임대 에이전트가 탬파로 가야 한다는 소식을 들었다.

피터는 나보다 5살 많았지만 나와 마찬가지로 업계에 몸 담은지 7~8년밖에 되지 않았다. 그는 샬럿에 계속 머물기를 원했다. 피터가 뉴올리언스 출신이고, 밴더빌트Vanderbilt대학교를 졸업하고, UNC MBA를 나왔다는 것을 알고 있었다. 하지만 내가 아는 것은 거기까지였다. 우리가 본격적으로 의사소통을 하고 있을 때 나는 그와 함께 있는 것이 그저 좋았다.

1997년 7월에 나는 피터에게 점심을 먹자고 했다. 샬럿 시내에 있는 아이리시펍인 리라RiRa에서 새로운 상업용 부동산 회사가 어떤 모습일지에 대한 청사진을 제시하는 데 한 시간을 보냈다. 그때가 24년 전이라는 것을 감안할 때 솔직히 그 자리에서 내가 흥분하고 열광했다는 것 외에는 기억에 남는 것이 없다. 그리고 피터도 나와 같은 흥분을 느끼고 헤어졌던 것 같다.

그 만남 후 몇 달 동안, 우리는 계속 만났고 새로운 회사에 대한 계획을 논의했다. 나는 오피스 임차 에이전트였고, 피터는 오피스 임대 에이전트였다. 그래서 우리의 주력 상품은 업계의 세 가지 주요 자산 중 하나인 오피스 빌딩이 될 수밖에 없었다. 의욕이 넘치는 A형 성격 type-A personality 유형인 나는 즉시 출사표를 던질 준비가 되어 있었지만 피터는 제3의 파트너를 찾고 우리가 취급할 부동산 상품 유형과 서비스를 다양화하는 것이 현명할 것 같다며 버텼다. 마지못해 나는 동의했고 새로운 파트너를 계속 찾았다.

그해 가을 우리는 CBRE의 한 투자 매매 에이전트가 이직하고 싶어한다는 것을 알게 되었다. 우리 둘 다 데이비드 앨런 David Allen의 평판을 들어 알고 있었지만 그를 만난 적은 없었다. 데이비드는 산업용 부동산 에이전트로서 창고를 임대하고 매각하면서 산업용 부동산 분야에서 업계 초년 시절을 보냈다. 데이비드는 노스캐롤라이나주 콩코드 근처의 가축 목장에서 유년 시절을 보냈고 피터와 같은 시기에 웨이크포레스트대학교 Wake Forest University에 다녔다. 피터나 나와는 달리, 데이비드는 부동산 업계에서 13년 동안 있었는데 CBRE 한 곳에만 있었다. 산업용 부동산과 관련된 그의 다양한 경험은 우리 플랫폼에 매우 필요했고 깊이감을 줄 수 있었다.

우리는 데이비드에게 연락을 했고, 그해 가을 초에 시내의 외딴 식당에서 만나기로 약속했다. 데이비드는 CBRE의 쳇바퀴 굴러가는 삶에 싫증이 나 있던 상태였다. 그는 다른 동료들이 회사를 떠나 성공적인 사업을 시작하는 것을 보고, 자신도 그럴 준비가 되어 있었다고 했다. 첫 만남에서 우리는 공동 비전을 제시했고, 식사가 끝나기도 전에 불꽃이 튀었다. 우리는 각자 샬럿에서 사회적으로 다른 분야에서 활동했고, 지역적으로나 전국적으로 수십 개의 의미 있는 직업적 관계를 가지고 있었다. 그리고 그들 중에서 겹치는 사람은 거의 없었다. 이러한 다양성과 그것이 만들어낸 에너지는 향후 몇 년 동안 우리 사업의 원동력이 되었다. 우리는 1 + 1 + 1의 시너지 효과가 단지 3이 아니라 7과 같다고 생각했다.

첫 만남은 2시간이 넘게 계속되었고, 피터와 나는 매우 흥분해서 떠났다. 우리는 세 번째 동업자를 찾았고 드디어 새로운 사업을 시작할 준비가 완료되었다. 일주일 후, 우리 셋은 두 번째 회의를 가졌다. 그리고 11월쯤 되었을 때 의사소통이 바로바로 잘 되지 않는다고 느꼈다. 왜 데이비드가 빨리 전화를 하지 않는지 그리고 왜 그의 열정이 사라진 것처럼 보이는지 궁금했다.

우리는 뒤늦게야 답을 찾았다. 데이비드는 무언가를 결정할 때 과정을 중시하고 오래 깊이 생각하는 사람이었다. 나는 무언가에 대해 짧게 생각하고 거의 충동적으로 "가자!"라고 결정하는 성격이었지만, 데이비드는 큰 결정을 내리는 데 시간이 걸렸다. 하지만 일단 마음을 정하고 나면 상대방을 신뢰하고 기분 좋게 자신 있게 앞으로 나아갔다.

나중에 알게 되었는데, 크리스마스 휴일에 떠난 주말 여행에서 데이비드가 유난히 조용했고, 그의 아내인 마리 앤은 이직에 대한 데이비드의 생각이 어떤지 물었다. 데이비드는 이직하고 싶다고 말했고, 아내는 그에게 "당신이 진짜로 원하는 게 뭔가요"라고 물었다. 그러자 데이비드는 '나와 피터와 함께 사업을 시작하는 것'이라고 대답했다. 마리 앤이 말했다. "그럼 마음 가는 대로 하세요!"

그 다음 주 월요일, 데이비드가 우리에게 전화를 걸어 "나도 동참하겠습니다"라고 말했다. 그렇게 우리는 우리의 사업을 시작하게 되었다.

6

트리니티파트너스를 창업하다

지혜를 얻는 것이 금을 얻는 것보다 얼마나 나은고
명철을 얻는 것이 은을 얻는 것보다 더욱 나으니라

- 잠언 16장 16절

사업 시작에 관련된 사소한 계획들을 지루하게 적지 않겠다. 확실히 말할 수 있는 것은 우리 셋이 가진 실무 경험은 이미 사업을 순조롭게 시작하는 데 충분했다는 점이었다.

 우리가 갖지 못한 것이 있었는데 그건 노련한 사업가가 갖춰야 할 지혜와 경험이었다. 1998년 초 창업을 하기도 전에 한 회사로부터 저녁 초대를 받았다. 우리는 창업에 대한 고민을 하고 있었는데 우리를 초대한 회사는 애틀란타에 본사를 둔 10년 업력의 상업용 부동산 회사인 불럭테렐앤매넬리 Bullock, Terrel & Mannelly였다. 이 회사는 10년 만에 50명이 되었는데, 우리가 지향하는 회사의 모습과 정확히 일치했다. 즉, 성공한 스타트업으로, 업계 거인들과 경쟁하고 있었다. 나는 그 친구들에게 우리의 계획을 말했고, 세 대표는 다음 주에 애틀랜타에서 저녁을 먹자고 했다. 아마도 그들은 우리가 샬럿에 그들의 지사를 여는 것에 관심이 있을 것이라고 생각했을 것이다. 아니면 그들이 그저 친절하게 대하는 것이라고 생각했겠지만 그들의 의도와는 상관없이 우리는 그들과 시간을 보낼 기회를 얻은 셈이었다.

저녁 식사를 하면서 불럭과 테렐과 매넬리는 자신들이 어떻게 사업을 시작했는지 그리고 첫 10년 동안 겪었던 많은 성공과 어려움에 대해 이야기했다. 우리가 사업 계획을 대략적으로 설명하는 동안 그들은 참을성 있게 경청했고 "그것에 대해 생각해 본 적은 있나요?", "정확히 어떻게 할 건데요?" 등 몇 가지 질문을 던졌다. 덕분에 우리는 최대한 많은 교훈을 얻을 수 있었다.

저녁 식사를 마칠 무렵 제이 매넬리는 고개를 들어 느린 남부 억양으로 말했다. "간단한 질문 하나 할게요. 당신들은 조합^{Union}이 될 건가요, 연합^{Confederacy}이 될 건가요?"

우리는 테이블 건너편에 있는 서로를 바라보았다. 우리 중 아무도 그가 무슨 말을 하는지 전혀 이해하지 못한 눈치였다.

그는 "우리는 사업을 시작했을 때 하나의 연합이었어요. 단지 비용을 분담했고 각자 이익 중심으로 움직였죠. 가끔 부동산 수수료를 나누어 가졌으며, 수수료 분할 규칙도 미리 신경써서 정해 두었죠. 그러나 각자 자신만 생각했어요. 수수료를 분담했음에도 불구하고 거래가 끝난 후 누군가는 "내가 당신보다 일을 더 많이 했다. 그러니 수수료 분배 방식을 재협상해야 맞지 않겠냐"라고 주장했습니다. 우리는 1년 동안 그렇게 했고 그 다음 9년 동안 우리의 사업을 발전시키는 데 결정적인 역할을 할 중요한 결정을 내렸어요. 우리는 하나의 조합이 되기로 결정했습니다. 수입 주체가 누구인지, 사업 실행 주체가 누구인지에 관계없이 벌어들이는 모든 이익은 3등분 하기로 했습니다"라고 말했다. 그는 "일단 그 구조가 정착되자, 누가 더 많은 돈을 받을지 걱정하는 데 에너지를 전혀 쓸 필요가 없었어요. 모든 에너지는 우리가 할 수 있는 한 많은 프로젝트를 하는 데 쏟으면 되었죠. 그렇게 진행해 보니, 사업은 순조롭게 진행되었습니다"라고 말했다.

내가 샬럿에서 연구했던 대부분의 상업용 부동산 사업은 단순히 파트너들이 간접비를 분담하면서도 기본적으로 독립적인 에이전트들이 모인 연합이었다. 우리는 이 대화를 나누기 전에 이미 그런 방향으로 가려던 참이었다. 그날 저녁 식사는 한 걸음 더 나아가 우리가 진정한 조합이 될 필요가 있음을 더욱 확신시켜 주었다. 이 결정은 성공적인 파트너십의 기반을 형성했고, 이기심과 개인의 성공보다 팀워크와 관대함을 우선시하는 단단한 기업 문화를 만들 기틀을 형성케 했다. 가히 우리가 받은 최고의 조언이었다.

그날 밤 집으로 가는 네 시간 동안 자정이 훨씬 넘은 시간임에도 불구하고 차 안에서 불꽃 튀는 아이디어들을 흩날리며 빛나는 시간을 보냈다. 우리가 들었던 조언들을 다시 이야기했고, 그 와중에 우리가 조만간 무언가 매우 특별한 일을 할 것 같은 확신이 더 굳건해졌다.

계획이 진행됨에 따라, 회사 이름은 무엇으로 할지, 자주 만나 논의하면서 즐거운 시간을 보냈다. 예를 들어 국내 및 다른 나라의 경쟁사들 중 일부는 창업자의 이름을 사용했는데 트램멜크로우$^{\text{Trammell Crow}}$의 경우 전설적인 창업자의 이름을 따서 명명되었다. 우리와 친구가 된 불럭테렐앤매넬리도 같은 선택을 했다. HFF$^{\text{Holiday, Fenoglio \& Fowler}}$는 세 명의 파트너가 창업한 회사였다. 그래서 우리도 각자 자신의 성을 알파벳 순서로 사용할까 잠시 고민했었다. 하지만 장차 입사할 직원들도 받아들이기 쉬운 이름이면 더 좋을 것 같았다. Meridian이나 Granite Partners 같은 일반적인 이름도 고려했지만 썩 내

키지 않았다.

어느 날 피터는 '트리니티'라는 이름을 생각해 냈다. 그는 뉴올리언스에서 사는 동안 트리니티에피스코팔$^{Trinity\ Episcopal}$ 학교에 다녔고, 나의 아버지는 트리니티빌더스$^{Trinity\ Builders}$라는 부동산과 무관한 회사를 운영하고 계셨다. 우리 모두는 그 이름이 마음에 들었고 트리니티파트너스$^{Trinity\ Partners}$라는 이름을 짓고 매우 좋아했다. 삼위일체를 뜻하는 트리니티가 3이라는 숫자를 가리킨다는 점이 마음에 들었지만, 초기 몇 년 동안에는 우리 중 누가 아버지(하나님)이고, 누가 아들(예수님)이고, 누가 성령인지 묻지 않기로 했다. 부동산 업계는 로컬, 지역, 전국 단위 기업이 있었기 때문에 우리가 생각한 이름을 가진 다른 미국 부동산 회사들이 없는지 확인해야 했고, 자세히 조사한 끝에 노스캐롤라이나주에 사업자 등록을 냈다.

회사 이름을 정한 후 우리의 전문 역량을 발휘할 수 있는 분야에서만 서비스를 제공하기로 결정했다. 이 말인 즉, 우리 회사의 주된 사업 분야가 오피스 빌딩과 산업용 부동산 혹은 물류센터에 집중된다는 것을 의미했다. 의도적으로 리테일, 레지덴셜 또는 호텔 산업과 관련된 어떠한 사업도 서비스를 제공하지 않기로 했다. 넓고 얕은 서비스보다 깊이 있는 서비스가 더 좋다고 생각했다.

사무실로 사용할 공간을 찾은 후 여러 가지 일을 담당할 총무 매니저를 첫 번째 직원으로 뽑기로 했다. 처음이자 유일한 면접자는 데비 칼드웰$^{Debi\ Caldwell}$이라는 여성이었다. 그녀는 경쟁 업체에서 일하고 있었는데 그 회사 문화가 마음에 들지 않는 상태였다. 데비는 우리가 첫 번째로 고용한 훌륭한 직원이었고 지금까지도 우리와 함께 일하고 있다. 1998년 초, 데비의 합류와 함께 사무실을 사용할 준비를 마쳤다. 창업일은 1998년 2월 16일이었다.

보 도 자 료

세 명의 베테랑 부동산 전문가가 모여
트리니티파트너스를 창업하다!

연락: 데이비드 T 앨런, 게리 체슨, 피터 J. 콘웨이
전화번호: (704)372-8822 (1998년 2월 16일 이후)

세 명의 샬럿 부동산 전문가가 샬럿에 기반을 둔 풀 서비스 상업용 부동산 회사인 트리니티파트너스, LLC를 창업하기로 결정했습니다. 데이비드 앨런, 게리 체슨, 피터 콘웨이는 각각 CB커머셜, 트리벡프라퍼티즈, 라살파트너스에서 퇴사했으며 1998년 2월 16일에 새로운 사무실을 오픈할 예정입니다.

트리니티파트너스는 상업용 부동산 업계의 세 분야에 집중할 예정입니다. 데이비드 앨런은 캐롤나이나주 전역에 있는 오피스와 산업용 건물을 기관 고객과 기타 투자자들에게 판매하는 인베스트먼트 세일즈 그룹을 이끌 것입니다.

피터 콘웨이는 샬럿과 그 주변 지역에 있는 오피스와 산업용 건물의 기관 소유주들에게 프로젝트 임대를 제공하는 임대 및 관리 그룹을 운영할 것입니다.

게리 체슨은 샬럿 지역과 캐롤나이나주 전역의 오피스 및 산업용 부동산 고객에게 임차 대행 업무 서비스를 제공하는 기업 서비스

그룹을 이끌 것입니다.

트리니티의 사무실 위치는 애디슨 831 E. Morehead Street에 있는 The Addison의 5층입니다. 트리니티는 현재 필요한 것보다 더 많은 공간을 임대했는데 임대 및 관리, 기업 서비스 및 인베스트먼트 세일즈 그룹에서 경험 많은 부동산 에이전트를 고용할 계획이기 때문입니다.

데이비드 앨런은 CB커머셜에서 13년간 근무했으며, 산업용 부동산 판매 및 임대를 전문으로 했습니다. 그는 지난 10년 동안 오피스, 산업 및 비즈니스 파크 부동산의 판매에 집중했습니다. 최근 고객으로 차일드레스클라인$^{Childress\ Klein}$이 있었는데 이 고객이 샬럿에 보유하고 있던 다수의 산업용 건물을 판매했습니다. 또 다른 고객으로 애트나^{Aetna}가 있었으며 애트나가 윈스톤 살렘$^{Winston\ Salem}$에 보유하고 있던 비즈니스 파크 매각을 성사시킨 바 있습니다. 또한 스탠리펜션플랜$^{Stanley\ Pension\ Plan}$ 소유의 건물 포트폴리오를 판매했습니다.

게리 체슨은 지난 8년 동안 상업용 부동산 사업에 종사했으며, 최근 2년 동안 트리벡^{Tribek}의 기업 서비스 그룹을 이끌었습니다. 트리벡으로 오기 전에는 차일드레스클라인프라퍼티즈$^{Childress\ Klein\ Properties}$에서 원퍼스트유니온센터$^{One\ First\ Union\ Center}$와 레이크포인트오피스파크$^{LakePointe\ Office\ Park}$의 사무실 임대를 담당했습니다. 체슨은 1995년에 샬럿의 상업용부동산위원회가 선정하는 '올해의 오피스 에이전트'로 선정되기도 했습니다.

피터 콘웨이는 라살파트너스^{LaSalle Partners}에서 8년 동안 근무하면서 캐롤나이나주의 총괄 관리자 및 임대 이사로 재직했습니다. 라살에 근무하는 동안 피터는 네이션스뱅크플라자^{NationsBank Plaza}, 112트라이온플라자^{112 Tryon Plaza}, 77 사우스의 아트리움^{Atrium}을 포함하여 샬럿 시내와 교외의 몇몇 중요한 건물들에서 임대 비즈니스를 성공적으로 수행했습니다.

7

기업 문화를 디자인하다

> 직원이 먼저 회사를 사랑하지 않는 한
> 고객은 결코 회사를 사랑하지 않을 것이다
> - 사이먼 시넥

기업 문화는 사업에 활력을 제공하는 로켓 연료가 될 수도 있고, 창의성, 에너지, 추진력을 억누르는 무거운 부담이 될 수도 있다.

초기 사업 계획서를 작성하면서 초안 첫 문단에 우리가 만들고자 하는 기업 문화를 요약 형식으로 명시했다. 우리 셋은 규모가 큰 기업에서 일하는 동안 관료적이고 건강하지 않은 기업 문화를 경험하고 실망한 사람들이었다. 회사의 오너로써 우리가 바라던 대로 신선하고 활기찬 기업 문화를 만들고자 했다.

기업 문화를 디자인할 때 첫 번째로 고려한 것은 '가족 우선주의'였다. 우리가 하는 일은 출장이 잦기에 매일 출장을 다니는 회사로 만들고 싶지 않았다. 가능한 한 저녁 6시 30분에 가족들과 집에서 저녁 식사하기를 원했다. 축구 경기, 야구 경기, 생일 파티 등 배우자 및 자녀들과 함께할 수 있는 정례적인 모든 자리에 참석하고 싶었다. 그리고 모두 행복한 결혼 생활을 유지하길 원했다. 주변의 많은 동료들이 가족보다 일을 우선시하는 사람들이 많았는데 결국 그들은 안타까운 결과를 피할 수 없었다.

우리가 정한 두 번째 기업 문화 아이템은 '재미'였다. 진부하게 들릴지 모르겠지만 어쩌면 너무 비현실적인 이야기이기도 하다. 하지만 없어서는 안 될 중요한 요소이기도 하다. 우리는 재미가 문화 공식의 일부가 되어야 한다고 생각했다. 심각하기보다는 경쾌하고 긍정적인 문화를 유지하고 싶었다. 재미 추구라는 목표를 달성할 수 있다면 매사가 일처럼 느껴지지 않을 것이 아닌가!

'개인적인 삶과 직업적인 삶의 균형을 유지하는 것'이 기업 문화의 세 번째 항목이었다. 의욕적인 사업가 입장에서 봤을 때 이것은 달성하기 가장 어려운 것이었다. 그러나 균형이 없다면 모든 것이 무너질 수 있다는 것을 우리는 알았다. 균형을 유지하는 것은 잘 자고, 잘 먹고, 규칙적으로 운동하고, 가능한 한 오랫동안 건강하고 행복한 상태를 유지하는 것을 의미한다. 한 친구는 종종 자신의 커리어에 대해 이렇게 말했다. "이것은 마라톤이지 스프린트가 아니다. 본인 스스로 긴장을 풀고, 생각하고, 페이스를 유지해야 한다."

우리 셋 중 그 누구도 트리니티에서 23년 동안 주당 50시간 이상 일한 사람은 없을 것이다. 이것이 가능했던 이유는 균형을 유지하자는 약속이 있었기 때문이었다. 내가 주말에 회사 일을 한 것은 평균적으로 1년에 1주일 정도였다. 규모가 큰 신규 사업을 준비하거나, 큰 거래가 있거나, 지사를 새로 열려고 하는 것과 같이 무언가 흥미로운 프로젝트가 생길 때 정도만 주말에 일을 했다. 이외에 나머지 51번의 주말에는 사무실을 떠나 친구나 가족과 시간을 보냈다.

가족 우선주의, 재미, 삶의 균형 유지, 이 세 가지가 우리 사업 계획에서 가장 중요한 항목이었다. 이 세 가지를 지킬 수 있다면 우리가 하려는 사업의 많은 기술적인 문제들은 자연스럽게 해결될 것이라고 생각했다. 흥미로운 점은, 우리 각자 개인에게 무엇이 중요한지 스스로 돌아보기 위해 이 규정을 사규에 기록했는데 시간이 지나면서 점차 이 규정은 회사의 문화적 기반이 되었고, 개인적으로 이 기조에 동의하는 많은 직원들이 우리 회사를 선택하는 매력적인 요인이 되었다.

처음에는 몰랐는데 나중에야 초기 사업 계획에서 무엇을 빠뜨렸는지 확실히 알게 되었다. 만약 우리가 그것을 문구로 표현할 수 있다면 사규의 우선순위 목록에서 네 번째 자리를 차지했을 것이다. 그것은 사업가이자 전직 운동선수로서의 치열한 승부 근성을 반영하는 것으로, 우리는 이기는 것을 간절히, 그것도 매우 간절히 원했다. 지는 것이라면 정말 너무나 싫었다. 우리 셋 모두 이런 점은 같다고 느꼈으며 그래서 그런지 세월이 흐르면서 우리가 채용하는 직원들도 우리와 같이 이기려는 승부 근성을 가진 이들이 뽑혔다.

누군가는 승리에 대한 열망과 치열한 경쟁적 성격이 우리가 처음 세운 세 가지 조직 문화 원칙과 상반된다고 생각할 수도 있다. 하지만 사실, 우리 셋은 모두 본능적으로 경쟁적이었으며, '세 가지 원칙에만 위배되지 않으면 어떤 대가를 치르더라도 이기고 싶다'는 것이 우리의 본심이었다. 그러나 우리가 세운 원칙은 경쟁하고 싶어하는 우리의 자아를 눌렀고, 일상의 삶에서 무엇이 가장 중요한지 상기시켜 주었다.

채용하려는 지원자들에게 이런 것들을 설명했다. 우리는 회사 외부의 상대들과 치열한 경쟁을 하는 일이 많기 때문에 새로운 프로젝트를 시작하거나 고객의 건물을 채울 테넌트를 찾을 때 가능한 한 내부 갈등을 피하려고 노력했다. 우리는 건강하고 행복한 문화를 장려함으로써 매일매일 좋은 팀 내 분위기를 만들고 싶었다.

또한 우리는 가능한 한 하나의 팀으로 일할 수 있는 환경을 만들기를 원했다. 이를 위해 의도적으로 매년 수익의 10%를 직원들의 연말 보너스로 지급하기 위해 적립했다. 지급 대상에는 지원 부서 직원들도 포함하였는데, 조직 내 구성원 모두가 승리하는 환경을 만들고 싶었다. 처음에는 성과급을 공평하게 지급했다. 즉, 수익 10%를 직원 수로 나눠 성과급을 비례 분배했다. 관리 직원은 고액의 보수를 받는 임대 대행 부서와 동일한 연말 성과급을 받았다. 나중에 우리는 보너스의 절반을 직원의 재직 기간에 가중치를 두고 나머지는 균등하게 분배하는 이익 분배 공식에 재직 기간을 추가했다.

트리니티의 후반부에 마케팅팀은 길고 긴 신규 에이전트 채용 절차를 효율적으로 줄일 아이디어를 제안했다. 신규 채용에 사용할 소셜 미디어 게시물을 만들었다. 이 게시물들 중에서 개인적으로 가장 좋아하는 것은 "일을 하면서 당신이 마지막으로 열정적이었던 때가 언제였나요?"였다. 나는 그 메시지가 거대한 글로벌 경쟁사들에서 일하는 많은 동료들에게 전달된다고 생각했다. 트리니티 입장에서 이 글이 단순히 마케팅 전략에 그치는 것이 아니었기에 더욱 마음에 들었다.

우리의 독특한 기업 문화는 우리가 가진 가장 큰 강점일지도 모른다. 이러한 문화가 없었다면 우리는 다른 모든 회사와 차별성이 없는 하나의 상업용 부동산 회사에 불과했을 것이다.

8

글로벌 기업들과의 경쟁에서 이기다

> 큰 일에 도전하지 않고,
> 가능성을 외면한 채 타협하며 살아간다면 열정이 존재할 수 없다
>
> - 넬슨 만델라

회사를 처음 시작했을 때 CBRE, JLL, 쿠시먼앤드웨이크필드^{Cushman & Wakefield} 같은 글로벌 기업들과 경쟁을 해야 했다. 또한 상당한 시장 점유율을 가진 매우 강력한 지역 회사뿐만 아니라 특정 산업 틈새 시장에서 상당한 존재감을 가지고 샬럿에서만 주로 활동하는 로컬 기업들과도 경쟁해야 했다.

우리는 샬럿에 기반을 둔 로컬 기업이었지만 업계에서 가장 큰 비중을 차지하는 글로벌 및 지역 단위 기업들과 경쟁하기를 열망했다. 부동산 시장에서 대규모 상업용 부동산 자산의 소유주는 대부분 기관 투자자이다. 즉 오피스 빌딩이나 물류센터의 소유주는 연기금, 보험 회사, 사모 부동산 펀드 또는 사모 유한회사 중 하나일 것이고, 이들은 미국 전역 다양한 곳에 부동산 자산을 가지고 있다. 지역 단위나 전국 단위 기업들이 기관 투자자에게 부동산 투자를 제안할 때 동일한 기업을 통해서 부동산을 매입하면 여러 시장에서 자산을 임대하고 관리하기가 용이하고 비즈니스 실행이 단순하다는 이점이 있다고 이야기한다. 1998년 기준으로, 기관 투자자가 소유한 오피스 빌딩과 물

류센터는 부동산 산업에서 80~85% 이상을 차지했다. 더 중요한 것은, 데이비드와 피터 그리고 나는 모두 이쪽 분야에서 일했었다는 점이었다.

우리가 직면한 과제는 만만치 않았다. 테넌트와 소유주에게 아무리 거래를 제안하더라도 우리는 평판이 없는 신생 로컬 회사일 뿐이었다. 유의미한 시장 점유율을 확보하기까지는 몇 년이 걸릴 것 같았고, 그 기간이 줄 것 같지는 않았다. 그러나 애틀랜타 친구들의 생각은 달랐다. 그들은 그렇게 길지 않은 기간 안에 우리가 처리할 수 있는 것보다 더 많은 일을 받을 것이라고 생각했다. 그럼에도 불구하고 차별화 전략을 찾아서 우리보다 규모도 크고 이미 성공한 경쟁자들이 즐비한 시장에서 두각을 나타낼 방법을 찾아야만 했다.

처음에는 이를 위해 두 가지 기본 영역에 중점을 두었다. 첫째, 마케팅 자료를 통해 훨씬 더 강력하고 파급력 있는 느낌을 주고자 했다. 처음 몇 년 동안 우리는 브로슈어를 활용했다. 웹사이트도 만들고 있었지만 웹사이트 개발 중에는 인쇄 매체가 주된 마케팅 수단이었다. 그러기에 우리의 마케팅 자료가 대형 경쟁사들의 자료보다 훨씬 더 좋아 보일 필요가 있었다. 그들이 배포하는 것보다 '적당히 좋은 수준'이 아니고 훨씬 더 좋아야 했다는 말이다.

브로슈어가 도움이 되었는데 초기 몇 년 동안 우리가 전달하고 싶었던 핵심 메시지는 우리의 개성을 직접적으로 전달하는 것이었다. "우리는 젊고, 배고프고, 기업가 정신이 충만하며, 부동산 시장의 가치를 진심으로 존중합니다!"라는 말로 우리를 어필했다. 전국 규모의 경쟁사들은 자신들을 소개할 때 엔터프라이즈급이라는 말을 자주 사용했다. 또한 "우리는 미국의 모든 주요 도시에 지사를 두고 있다"라는 말을 했는데, 고객들이 이 말을 듣고 싶어 한다고 생각하는 것 같았다. 하지만 그들의 그러한 메시지는 전혀 독특하지 않았다. 규모가 있는 기관 투자자가 참여할 만한 사업을 목표로 하는 경쟁사들 중 어떤 곳도 자신을 소개할 때 '기업가 정신'을 언급하는 곳은 없었다.

    대형 테넌트들과 소유주들은 안전한 선택을 원하며 이것이 필요할 때 세계적인 컨설팅 업체와 일하는 경우가 많았다. 그러나 우리는 그들의 거대한 시장 점유율과 시장에서 차지하는 큰 존재감에도 불구하고, 기관 소유주들이 가장 중요하게 여기는 것이 다른 데 있다는 점을 알게 되었다. 즉, 자신들이 보유한 자산을 임대, 관리, 매각할 수 있는 최고의 인재를 보유하고 있는지를 가장 중요하게 여긴다는 것을 깨달았다. 그 인재가 글로벌 기업에서 왔든 우리와 같은 로컬 회사에서 왔는지는 상관이 없었다. 여러분은 "부동산은 로컬 비즈니스다"라는 말을 들어본 적이 있을 것이다. 이 말은 프로젝트의 규모나 관련된 자본의 크기와 상관없이 사실이다.

    창업 후 5년이 지났을 무렵, 우리는 수십 명의 직원을 둔 기업으로 성장했고, 샬럿 지역에 있는 약 7백만 스퀘어피트(약 20만 평)의 사무실과 산업용 부동산을 임대하고 관리했다. 회사와 포트폴리오 및 업무 처리 수준이 높아짐에 따라, 그에 맞는 조직 문화와 구성원들의 가치관을 반영할만한 마케팅 메시지를 마련해야 했다.

    우리는 새로운 제안 업무를 맡을 때마다 고객이 다른 회사와 함께 일하고 싶어하지 않을 정도로 일을 높은 수준으로 해야 할 필요성을 느꼈다. 우리의 규모가 대형 경쟁자들과 같아질 수는 없었기 때문에 일의 처리 수준이 '경쟁자들보다 훨씬 뛰어나다'라고 표현했다. 이 메시지를 표현하기 위해 로고 아래에 '한 차원 높은 성과(Performing at the Next Level)'라는 새로운 슬로건을 넣었다. 이 슬로건은 매우 명확했다. 우리는 잠재 고객들에게 "우리는 그 다음 단계의 성과가 무엇인지 알지 못하지만, 고객의 이익을 대변할 때 언제나 그 이상의 것을 추구하려고 노력합니다"라고 말했다.

약 7~8년 후 회사 규모는 직원 60명 정도로 성장했고, 우리의 메시지를 다시 바꿀 때가 되었다. 우리의 경쟁력은 더 좋아지고 업무 처리 수준도 훨씬 더 높아졌다. 이제 트리니티파트너스는 노스캐롤라이나에서 가장 큰 시장인 샬럿과 롤리-더럼에 지사를 둔 지역 회사로 발돋움했다. 그러나 롤리 지사는 아직 걸음마 단계였고, 우리는 여전히 무한한 자원을 가진 거물급 경쟁자들과 경쟁하는 중이었다.

항상 그렇듯이, 변경된 메시지에 단순히 정형화된 마케팅 메시지가 아닌 트리니티가 실제로 어떻게 운영되는지를 넣고 싶었다. 규모가 큰 업체들은 자신들을 '임대인, 테넌트, 투자자를 위한 선도적인 상업용 부동산 중개 전문 서비스 및 투자 관리 회사'라고 소개하는데 우리는 그러한 회사들과 차별화할 필요가 있었다.

트리니티를 가장 잘 반영할 것 같은 세 가지 단어를 선택했다. 첫 번째 단어는 '열정'이었다. 우리 회사의 직원들은 부동산 산업은 물론 우리의 서비스를 제공받는 고객들에 대해 열정적이었다. 그들은 모든 프로젝트에 접근할 때 열정적인 모습을 보여 주었다. 두 번째 단어는 고르기가 쉬웠는데 경쟁사들 중 누구도 사용하지 않았던 '기업가 정신'이었다. 이 단어는 고객을 대신해 승리하기 위해 우리가 얼마나 열심히 노력하는지를 설명하는 단어였다. 마지막 단어는 '업계 최고(Best In Class)'였다. 최고 수준의 재능 있는 팀원을 채용하면 그에게 어떤 과제든 마음 놓고 넘길 수 있다. 왜냐하면 그가 우리보다 더 잘하거나 잘할 수 있다는 것을 알기 때문이다. 사실 우리 회사의 많은 일들은 여러 임직원들의 손길이 닿아서 처리되고 있다. 업계 최고라는 말에는 업계 최고의 인재가 우리 팀에 있다는 의미이며, 실제로도 그렇다. 우리에게는 약점이 거의 없었다.

열정, 기업가 정신, 업계 최고는 우리의 새로운 슬로건이 되었으며, 지금도 여전히 트리니티의 기본 원칙이다. 이 세 단어는 우리가 무엇인지를 정확하고 제대로 나타내는 단어였고, 지금도 마찬가지다. 고유하면서도 한번 들어도 기억에 남는 단어다. 기존 고객이나 잠재 고객 모두는 우리 회사를 경험하고 나서 우리를 생각할 때 이 세 단어를 떠올릴 것이다.

물론, 우리는 슬로건에서 표방하는 것에 머무르지 않고 앞으로 더 나가고 싶었다. 2017년에 샬럿 도심의 한 오피스 빌딩의 임대 업무를 위한 주관사 선정 자리에서 5개 인터뷰 대상 회사 중 하나에 우리가 뽑히는 일이 있었다. 소유주는 규모가 매우 큰 기관 투자자였고, 언뜻 생각해도 글로벌 경쟁자 중 한 곳과 계약하지 않을까 싶었다. 그러나 50만 스퀘어피트(1만 4천여 평)의 오피스 타워 매각 주관사 선정을 위해 5개 회사를 모두 인터뷰한 후 그들은 최종적으로 트리니티파트너스를 선정했다. 그들에게 그 이유를 물으니, "당신들이 가장 진실했다"라고 말했다. 매각 주관권을 확보하면서 느낀 점이 하나 있는데, 고객사는 훌륭한 이력을 가진 회사보다도 실제 업무를 더 잘할 수 있는 기업에게도 기회를 준다는 것을 알게 되었다.

우리는 다른 방식으로도 돋보이려고 노력했다. 그래서 사업을 시작한 첫해부터 매년 가을에 고객 행사를 열고 임차 고객과 소유주 고객을 초대하여 3일 동안, 다양하고 멋진 리조트 지역으로 안내했다. 피터가 1998년에 이 일을 시작하자고 제안했는데, 그 이후로 매년 전통처럼 지켜 왔다. 주로 해안가나 산으로 갔는데, 고객들이 주말 여행으로 올 만한 곳으로, 그들이 특별한 느낌을 가질 만한 곳을 선정했다. 의도적으로 이 행사에 우리 회사의 고유한 문화(캐주얼하고 편안하며 재미있고 세련된 문화)가 반영되도록 했다.

수년에 걸쳐 이런 고객 행사를 진행하면서 고객들은 업계에 있는 젊은 사람들을 많이 알게 되었고, 함께 일했던 트리니티 팀원들과 개인적인 시간을 보낼 수 있었다. 이 여행에서 일어나는 마법은 고객이 지인에서 친구로 변한다는 것이었다. 우리는 그들을 알게 되고, 그들은 우리를 알게 되고, 그렇게 해서 그 어느 때보다 강한 유대감을 형성하게 되었다. 이러한 고객 행사는 자화자찬이 아니다. 우리가 어떻게 비즈니스를 하는지 여실히 보여 준다. 우리는 트리니티를 선택한 고객들에게 감사를 표할 기회를 적극적으로 만들었다.

세계적인 경쟁사들은 고객들 또한 엄청나게 많기 때문에 우리가 하는 식의 고객 행사를 치를 수 없었다. 오늘날 트리니티가 계속 성장함에 따라, 이러한 여행에 최대 80명에서 100명(고객 및 직원)을 모시는 것은 꽤 힘든 일이 되었지만 이 일은 다른 경쟁 업체와의 차별화를 위해 계속 유지하고 있는 매우 효과적인 방법이다.

# 9

슬럼프를 극복하고
앞으로 계속 나가다

높이 오르고 싶은가? 그럼 자신을 먼저 낮춰라
하늘을 찌르는 탑을 쌓고 싶은가? 그럼 겸손의 초석을 다지라
- 성 어거스틴

    1998년 2월, 트리니티파트너스를 창업했을 때 데이비드, 피터 그리고 나는 그때까지 직장 생활에서 저축한 5만 달러씩을 투자했다. 상업용 부동산의 거래 주기가 길고 1998년이 10개월밖에 남지 않은 점을 감안할 때 1998년 재무 성과에 대한 기대치는 낮았다. 하지만 다행히 사업은 순조롭게 진행되었고 연말에는 각자에게 10만 달러의 배당금과 함께 초기 자본금을 모두 반환할 수 있는 충분한 수익을 창출했다. 시작부터 순조롭게 출발해 너무나 기뻤다.

    1999년이 되어서도 모든 것이 순조롭게 진행되었다. 우리는 6명을 채용했고, 예상보다 훨씬 더 빨리 사업을 안정화시켜 나갔다. 피터가 라살파트너스에서 근무할 당시 매각 업무를 담당했던 오피스 타워를 포함해 새로운 사무실 임대 대행 업무를 수행하고 있었다. 나는 임차 대행 프로젝트를 수행하고 있었고, 데이비드는 인베스트먼트 세일즈 그룹에서 주목을 받고 있었다. 2년차가 끝날 무렵, 우리는 각자에게 55만 달러를 배당할 만큼의 수익을 올렸다. 그것은 우리가 예전에 회사 다니면서 벌었던 것보다 훨씬 많은 액수였다.

우리에게 온 행운이 믿기지 않을 정도였다.

이제는 발바닥에 불이 날 정도로 뛰어다니는 일은 없을 것이라고 확신했다. 우리는 방법을 찾았고 결국 정상에 도달했다! 우리는 정상에 도달했다고 착각했으며 성공에 도취되어 있었다. 그러나 봄이 되자마자 그 도취된 성공은 우리를 공포로 몰아넣었다. 1999년의 마법은 사라졌고, 우리는 그 이유가 궁금했다. 더 이상 쉬운 일은 없었고 이 상태가 고착화될 것 같았다. 우리는 중간에 딱 갇혀 있는 것처럼 느껴졌다. 우리 셋은 따로 모여서 점검 회의를 했다. 왜 잘못되었는지 알아내려고 고심했다. 초기 성공으로 인해 쉬엄쉬엄 해도 된다고 생각했다. 우리는 '쉬운데!, 일이 잘못될 거라고 전혀 걱정할 필요가 없는데 왜 그랬을까?'라는 생각을 하기 시작했다. 초기 성공을 거둔 요인은 우리가 열심히, 창의적으로 그리고 열정적으로 일을 했기 때문이라는 점을 잊고 있었다.

UNC를 다녔지만 더럼 출신이었던 나는 데이비드나 피터와 이야기할 때 종종 듀크대학교 농구 코치로 내가 십 대 때 옆집 이웃이었던 마이크 크리제프스키Mike Krzyzewski의 철학을 자주 인용했다. 그때나 지금이나 마이크 감독의 커리어에서 가장 인상 깊었던 점은, 시즌 30승이나 전국대회 우승 후 그다음 해에도 작년이나 재작년과 같은 에너지와 열정으로 언제나 돌아왔다는 것이다. 그는 결코 자신의 월계관에 안주하지 않는 것 같았다. 마이크 감독의 모습을 보며, 위대함을 창조하고 정의하는 것은 그러한 끊임없는 노력에서 나왔다고 느꼈다.

나는 종종 팀원들에게 트리니티가 항상 성장하고 변화할 것이라고 말해 왔다. 우리가 잠시 그대로 있어도 괜찮다고 생각한다면 우리는 자동적으로 퇴보할 텐데, 경쟁자들이 가만히 있지 않고 더 강력해질 것이기 때문이다.

회사는 항상 변한다. 나아질 수도 있고 나빠질 수도 있지만 그대로 있을 수는 없다.

일단 뒤로 밀리고 있다는 것을 깨닫는 순간, 우리는 재빠르게 태도를 바꿨다. 앞으로 전진하면서 우리가 아직 종착점에 도착하지 않았다는 것과 가야 할 길이 멀고 달성해야 할 일이 많다는 것을 서로에게 자주 상기시켰다. 21년이 지난 지금 생각해 보면 2차 슬럼프가 우리의 기업가 여정에 너무 빨리 찾아왔다고 생각한 것이나 우리가 슬럼프에 너무 깊이 빠졌다고 생각한 것이 바보처럼 보이기도 한다. 그러나 슬럼프는 누구나 겪을 수 있는 일이고 우리에게도 일어났다.

이 경험은 트리니티 내부에서 조직 문화의 일부가 되었다. 나는 종종 팀원들에게 "당신이 성공했다고 생각한다면 그때가 바로 신발끈을 다시 묶을 때입니다. 이미 끝났다고 생각하면 경쟁사가 당신을 집어 삼킬 것입니다"라고 말하곤 했다. 우리는 특히 경쟁이 극도로 심한 부동산 업계에서 이런 일이 일어나는 것을 여러 번 보았다.

이것은 성공을 어떻게 극복해야 하는지를 보여 주는 첫 번째 사례일 뿐이었다. 트리니티파트너스가 점점 더 번창하고 성공할수록, 우리는 계속해서 동기 부여를 유지하고 우리 모두가 정상에 설 새로운 방법을 찾아야 했다. 4학년 때 우리 반 선생님은 다음의 내용이 있는 기사를 읽어주신 적이 있었다. "너희가 직장에 있을 때쯤이면 기술과 직장의 효율성이 높아져 있어서, 아마 주당 평균 근무 시간은 25시간 정도밖에 안 될 거야!" 선생님이 그 기사에서 놓친 것이 있는데 경쟁을 고려하지 않았다는 것이다. 샬럿이 성장함에 따라 경쟁도 치열해졌으며, 그것은 종종 우리를 더 이상의 내적 동기 없이 긴장시키기에 충분했다.

우리가 성장하고 번성할 때 친구, 이웃 그리고 고객은 우리가 얼마나 대단한지 말해 주었다. 그들의 칭찬을 받아들이고 우쭐되는 건 쉬울 수 있다. 하지만 영광에 너무 젖어 있으면 처음에 가졌던 배고픔과 애초에 당신을 그곳에 이르게 했던 열정을 잃어버릴 수 있음에 주의해야 한다. 경쟁을 하려면 건강한 자존감이 필요하다. 하지만 그 자존감이 너무 높아져서 추진력과 발전을 가로막으면 문제가 된다.

10

트리니티파트너스
탄탄하게 자리잡다

오, 당신이 갈 곳들! 오늘은 당신의 날입니다!
당신의 산이 기다리고 있습니다. 그러니 길을 떠나세요!

- 닥터 수스

1999년 말, 사업을 시작한 지 21개월 만에 우리는 처음에 임대했던 작은 사무실로는 규모가 충분하지 않았다. 그래서 다른 층의 더 넓은, 18~20명이 들어갈 수 있는 큰 공간을 임대했다. 동시에 팀원들을 추가로 채용하고, 도심 오피스 타워와 교외의 산업용/물류용 택지의 대규모 임대 대행 업무를 수행했다. 우리는 다양한 소형, 중형 및 대형 사무실 입주사들을 대리하고 있었다. 누군가는 우리가 단순히 운이 좋았다고 말할 수도 있다. 그도 그럴 것이 2년 차에, 그때까지 만났던 고객들 중 가장 큰 규모(약 4천 2백 평)의 오피스 입주자를 대리하게 되었고, 그들은 결국 피터가 트리니티를 위해 임대한 오피스 타워를 선택했다. 트리니티 입장에서 홈런을 친 것이다.

초기 몇 년 동안 우리의 핵심 차별화 무기들 중 하나는 데이비드 앨런이었다. 피터와 나의 배경은 길거리 에이전트라고도 할 수 있다. 피터는 오피스 임대 에이전트이고, 나는 오피스 임차 에이전트였다. 이에 반해 데이비드는 초기에는 산업 분야 에이전트로 일을 했고, CBRE에 있을 때 마지막에는 기관 소유주 고객을 위해 오피스 타워와 산업 단지의 매각을 성사시키기도 했다. 결과적으로 데이비드는 자본 시장에 대한 모든 것에 능숙했고, 그것은 매우 큰 장점이었다.

상업용 부동산을 완전히 이해하려면 부동산 시장과 부동산 자본 시장을 모두 알아야 한다. 일반적으로 상업용 부동산 투자 업무를 진행할 수 있으려면 공급, 수요, 임대료, 운영비, 편의 시설, 위치, 인구 통계, 임대 기간 및 기타 역학 관계 등 부동산 시장 전반을 모두 고려해야 한다. 이것은 파악해야 할 내용의 절반에 불과하다.

나머지 절반은 부동산 자본 시장으로, 시장에서 유입 유출되는 자기자본과 부채의 흐름을 알아야 한다. 여기에는 (대출 기관으로부터의) 부채와 (투자자로부터의) 자기자본, 실질적인 매수자와 대출자가 누구인지, 그들이 자본의 가격을 어떻게 산정하는지, 그리고 그것이 부동산 매입과 부동산 개발 사업에 어떤 영향을 미치는지까지 포함된다. 나는 종종 팀원들에게 부동산 산업을 완전히 이해하기 위해 부동산 시장과 자본 시장의 교차점을 이해하는 것이 중요하다고 말한다.

나는 처음 몇 년 동안에는 자본 시장을 전혀 이해하지 못했다. 그것은 피터도 마찬가지였다. 한 고객사가 부동산 매입을 위해 샬럿을 방문했을 때 우리는 고객사의 담당자들을 만났고, 시장 동향 제공 및 부동산 매입 주관사로 우리를 선정했다. 데이비드는 남부 억양이 잔뜩 섞인 목소리로 특별계정 Separate Account 운용, 연기금, 혼합펀드 Commingle Fund, CMBS, 국부펀드 등 다양한 자본 시장 용어들을 섞어서 고객과 이야기를 나누었는데, 피터와 나는 이 용어들을 전혀 알 수 없었다. 데이비드와 고객사의 담당자들은 다른 세계 언어를 하는 것 같았고, 피터와 나는 앉아서 고개만 끄덕였다.

데이비드에게 자본 시장 전문 지식이 풍부했기 때문에 초기 고객들이 부동산 오피스 빌딩을 매입하거나 언더라이트하는 것을 도왔다. 거래가 진행될 때 데이비드는 자본 시장 전문 용어로 사람들과 유창하게 대화했다. 우리는 고객들이 인수 계약을 체결하고 오피스 빌딩 매입 입찰을 따는 것을 도왔고, 그들을 알아가고 유용한 시장 데이터를 제공하는 데 공을 들였으며, 간혹 임대 계약을 위임받기도 했다.

오피스 임대 부문에서 우리는 매우 빠른 출발을 하게 되었다. 시작하자마자 47만 스퀘어피트(1만 3천여 평) 규모의 시내 오피스 타워인 카리용 Carrlion 빌딩의 임대 용역 업무를 맡았다. 소유주는 쇼렌스타인 Shorenstein이었다. 1999년에는 몇 블록 떨어진 45만 스퀘어피트(약 1만 2천 평) 규모의 오피스 타워인 퍼스트시티즌즈플라자 First Citizens Plaza의 임대도 수주했다. 지금은 없어졌지만 시카고에 본사를 둔 트리젝한오피스프라퍼티즈 TrizecHahn Office Properties는 퍼스트시티즌즈플라자를 소유하고 있었고, 2000년에 87만 스퀘어피트(약 2만 5천 평) 규모의 A급 클래스 오피스 타워인 뱅크오브아메리카플라자 Bank of America Plaza를 매입했는데 피터는 7년 동안 이 건물의 임대를 맡고 있었기 때문에 우리는 이 프로젝트를 맡을 수 있는 가장 좋은 적임자인 셈이었다.

우리는 같은 해에, 시카고에 본사를 둔 또 다른 회사인 에쿼티오피스 Equity Office가 소유한 B급, 31층, 58만 5천 스퀘어피트(약 1만 6천 평)의 400사우스트라이온 400 South Tryon 오피스 타워의 임대 업무를 맡게 되었다. 이렇게 해서 고객들로부터 제안받은 오피스 타워 4개의 운영 실적을 회사의 포트폴리오에 추가하게 되었다. 그렇게 해서 우리는 샬럿 시장에서 부동산 업계의 유력한 플레이어로 빠르게 자리잡았다.

초기에 신규 오피스 임대 업무에 탁월할 수 있었던 이유 중 하나는 피터 콘웨이 덕분이었다. 그의 스타일은 매우 매력적이었다. 거만하지 않고 당당했으며, 빠른 시간 안에 호감을 주었고, 부동산 시장과 관련된 모든 것을 매우 잘 알고 있었다. 그리고 그는 사무실 임대 대행 업무를 최고로 수행했을 뿐 아니라 탁월한 재능이 있었다. 그는 거래가 원활하고 빠르게 진행되게끔 적절한 시기에 어떤 주제로 이야기를 풀어 나가면 좋을지를 늘 알고 있었다.

그의 협상 스타일은 매우 흥미로웠는데, 그 근간에는 타당 가능성이 있었다. 물론 여기에는 상대편이 너무 과하게 밀어붙이지 않아야 한다는 전제 조건이 있었다. 상대방이 너무 많이 요구하면 뒤도 안 돌아보고 바로 거절해 버렸다.

고객들은 피터를 좋아했다. 그는 고객들과 점심을 먹거나 술을 마시거나 근사한 저녁 식사 후에 담배를 피우는 등 사교성이 특히나 좋았다. 우리 모두가 그랬던 것처럼 피터는 오피스 빌딩 소유주 고객들과 좋은 친구가 되었다. 그들은 뉴욕, 애틀랜타, 시카고, 보스턴 등 미국 주요 도시를 주 근거지로 활동하고 있어서 그들을 개인적으로 직접 보는 일이 잦지는 않았다. 그러나 피터와 오피스 임대팀의 젊은 친구들은 건물의 신규 세입자를 들이기 위해 소유주들과 협업하였으며, 이를 위해 매일 혹은 매주 소유주들과 긴밀하게 소통했다.

성공한 사람은 피터만이 아니었다. 데이비드는 샬럿 지역 소유주들을 위해 기관 자산을 매각하는 행운을 누렸다. 기관 투자자의 매각은 계속 있지는 않고 주기적으로 일어나므로 시기에 따라 도 아니면 모인 경우가 많다. 따라서 기관 투자자의 부동산 매각을 주관하는 에이전트들은 몇 년 동안 기록적인 수입을 낼 수도 있고, 매번 헛스윙만 하다가 소득 없이 한 해를 마무리할 수도 있다. 이 때문에 들어오는 모든 돈을 똑같이 나누는 우리의 동업 방식이 데이비드에게 특히 매력적이었다. 우리는 한 해의 매출이 감소하면 다음 연도가 매우 높을 것이라는 점을 알았기에 데이비드의 투자 판매 수익 시점을 특정하는 것이 중요하지 않았다.

1999년 초, 회사 창립 1주년 직후 데이비드는 당시 샬럿에서 가장 큰 규모 중 하나였던 1백만 스퀘어피트(2만 8천여 평) 규모의 산업 단지인 우드랜드비즈니스파크Woodland Business Park 매각에 성공했다. 데이비드가 이 거래를 잘 마무리한 덕에 트리니티라는 회사를 업계에 널리 알리는 계기가 되었고, 매수자는 택지 임대 대행을 우리에게 맡겼다. 이는 초창기 우리의 대표적인 산업용 부동산 업무가 되었으며, 샬럿 시장에서 우리의 명성을 알리는 데 크게 일조했다.

2000년에 들어와서, 부동산 관리 부서를 만들었다. 앞서 초기 사업 계획에서 우리는 절대로 우리가 하던 업무 외에는 하지 않기로 했었지만 이 부서 신설은 불가피했다. 우리는 경쟁사가 매주 주말마다 관리 운영을 위해 빗자루와 낙엽 송풍기를 지역 철물점에서 구입하는 등, 잘못된 방식으로 고객의 부동산을 관리하는 것을 보았고, 우리는 절대 그 회사처럼 고객의 부동산을 관리하고 싶지 않았다.

그 해 말에 우드랜드의 소유주에게서 전화가 왔다. 사내 부동산 관리인

이 회사를 그만두었으니 그 관리 업무를 맡아달라고 했다. 데이비드는 "글쎄요, 저희가 부동산 관리까진 하지 않습니다"라고 말했다. 그러자 고객은 "그럼 지금부터 하시면 되겠네요!"라고 말했다. 그 말에는 우리가 관리 업무를 맡지 않는다면 임대와 관리를 함께할 수 있는 다른 회사를 찾겠다는 의미가 깔려 있었다. 결국 우리는 새로운 부서를 만들기로 했다.

2003년에 여러 중요한 일이 있었다. 2001년, 나는 16만 9천 스퀘어피트(약 5천 평) 규모인 초대형 오피스를 고객 맞춤형개발Build to Suits로 진행하고 있었는데, 고객은 웰스파고홈모기지Wells Fargo Home Mortgage였다. 그들이 샬럿 남쪽에서 사우스캐롤라이나주 북부로 사무실을 옮길 때 경제적으로 어떤 이점이 있는지도 협상했다. 2003년에 두 번째 행운이 찾아 왔는데, 그들은 사우스캐롤라이나주 포트밀Fort Mill의 새로운 캠퍼스에 16만 9천 스퀘어피트(약 5천 평) 규모로 두 번째 시설을 짓기로 결정했다.

웰스파고는 두 번째 오피스 개발 공사 관리에 도움이 될 프로젝트 관리 능력이 우리에게 있는지 물었다. 프로젝트 관리자Project Manager와 건설 관리자Construction Manager는 같은 말인데, 하는 역할은 부동산 건설 공정이 제 시간에, 예산 범위 내에서 이루어지도록 감독하는 것이다. 당시에는 우리 회사에 프로젝트 관리자가 없었고, 개인적으로 건설 관리 프로젝트에 회사가 개입하는 데 관심이 없었다. 하지만 우리가 해결책을 제시하지 않으면 고객에게 프로젝트 관리팀이 있는 경쟁사를 소개할 수밖에 없었다. 그래서 나는 여기저기 전화를 걸기 시작했다. 첫 번째 전화는 경쟁사에서 매우 높은 평가를 받는 PM이었는데, 아내의 오랜 친구였다. 나는 그녀에게 혹시 주변에 이직 생각이 있는 PM이 있는지 물었다. 트리니티에 PM이 필요했기 때문이었다. 그녀는 나에게 후보자 명단을 주는 대신 "지금 다니고 있는 회사의 문화가 진짜로 마음에 들지 않네요. 당신과 얘기하고 싶네요"라고 말했다.

셰리 채핀Sherrie Chaffin이 합류할 때 그녀는 이미 업계 베테랑이었으며 건설 관리 사업의 모범 사례에 해당하는 모든 플레이북을 가져왔다. 웰스파고는 그녀의 전문성을 인정했으며, 그녀가 제시한 공정을 미국 동부 전역에서 진행되는 새로운 부동산 개발 프로젝트에 적용했다.

2000년에 부동산 관리 부서를 만들었을 때와 마찬가지로 이번에도 교훈을 하나 얻었다. 우리가 업계 친화적이지만 경험이 없는 사람을 고용해서 그들에게 건설 관리 또는 프로젝트 관리하는 방법을 가르쳐서 일을 하고자 했다면 우리는 완전히 실패했을 것이다. 대신, 우리는 모범 사례를 제공할 수 있을 정도로 능력이 출중한 업계 전문가를 고용했고, 그 사람이 자신의 일을 스스로 할 수 있도록 재량권을 주었다.

'업계 최고' 원칙을 한마디로 정리하면 '업계 최고인 사람을 영입하고, 그 사람이 자신의 일을 할 수 있게 지원하는 것'이다. 우리는 몇 년 동안 비슷한 사례를 많이 겪었다. 그때마다 특정 틈새 시장에서 전문가를 고용하고 트리니티에서 역량을 발휘할 수 있게 해 주었다. 주주인 우리 중 누군가가 회계팀에서 자산을 관리하거나 계정 원장 숫자 맞추는 것과 같은 일을 했다면 우리는 큰 어려움에 처했을 것이다. 하지만 우리는 필요한 일을 쉽게 할 수 있는 전문가들을 고용하고 그들을 잘 지원했다. 능력 있는 팀원들에게 이 자리를 빌어 다시 한번 감사드린다.

2003년 1월, 창업 5주년이 되던 해에 사무실 임대 및 부동산 관리 전담팀을 만들었으며, 이를 위해 8명의 직원을 충원했다. 메리디안Meridian은 180만 스퀘어피트(5만여 평) 규모로 예전에 IBM 캠퍼스였는데 멀티테넌트 오피스 캠퍼스로 전환되던 중이었다. 이 프로젝트로 우리는 매우 정기적이며 이익이 많이 나는 PM 업무를 할 수 있었으며, 그에 따른 막대한 임대 대행 수수료를 기대할 수 있었다. 중요한 일이 있었는데, 우리는 메리디안의 수석 엔지니어인 제이 쿰스Jay Coombs를 영입했으며, 그는 나중에 트리니티의 운영 책임자가 되었다. 회사는 6년차를 지나면서 승승장구했다.

샬럿에 투자처를 찾기 위해 전국 각지에서 온 부동산 전문가들을 자주 만났고, 우리 셋은 깊은 인상을 주기 위해 최선을 다했다. 부동산 자본 시장과 관련해서 언변이 뛰어난 데이비드는 지역색을 숨기기 위해 종종 본인의 두꺼운 남부 억양을 부드럽게 다듬곤 했다. 피터와 나도 종종 부동산 자본 시장에 대해 배우려고 고군분투하기는 했지만 우리가 맡은 분야에 더 집중했다.

어느 아침 회의 시간에, 데이비드와 나는 피터가 일상적인 대화에서 격식을 상당히 갖춘 발음을 사용하는 것을 듣고 놀랐다. 그는 되도록이면 소규모 테넌트에 집중하겠다는 취지의 말을 했으며, 이때 꽤 문명화된 방식으로 '생당히'라고 발음했다. 회의가 끝난 후, 데이비드는 "피터, 아까 '생당히'라고 하던데, 그건 뭔가요?"라고 물었다. "음, 교양 있는 것처럼 들리려고요?" 피터는 우리가 그것을 알아차린 것에 진심으로 놀랐고, 그는 평생 그렇게 발음해왔다고 맹세했다.

그의 설명은 믿을 만했다. 왜냐하면 피터가 우리 셋 중 유일한 공화당 지지자였기 때문이었다. 피터는 뉴올리언스에서 자랐지만 어릴 때부터 마서스 바인야드Martha's Vineyard에서 여름을 보냈고, 그의 외가는 주류 필라델피아 출신이었다. 피터는 공화당원이었지만 트리니티에서는 결코 그렇게 행동하지 않았다. 피터와 달리 데이비드와 나는 노스캐롤라이나의 작은 마을 출신으로 대학교 졸업 후 대도시로 나간 민주당 지지자였다.

몇 달 후, 우리는 비슷한 회의를 하면서 부동산과 자본 시장에 대해 이야기를 나누었고, 데이비드는 특정 주제로 확장했다. 나는 그가 '생당히'라는 발음을, 아무렇지도 않게, 언제나 구사하는 것을 보면서 그가 말하는 요점에 깊이 빠져 있었다. 게다가 '생당히'와 그의 두꺼운 억양이 합쳐지면서 더욱 두드러졌다. 나는 회의가 끝날 때까지 정색을 하고 있다가 회의가 끝나자마자 "지금 누가 교양 있는 것처럼 보이려고 하는지 보세요!"라고 말했다. 사실 데이비드는 모든 회의에서 가장 똑똑한 사람이었기 때문에 굳이 집중시키기 위해 말을 많이 할 필요가 없었다.

처음 5년 동안, 우리는 고객들이 오피스 빌딩 매입 및 개발 물건을 찾는 일을 도왔다. 여기에는 고객들이 보유한 자산의 개선 방안 조언, 임대를 통한 수익 확보, 자산 매각이 포함되었다. 그리고 고객들의 자산을 리노베이션하거나, 임차를 채우고, 결국 자산 매각을 통하여 큰 수익을 얻는 것을 지켜보았다. 이를 목전에서 지켜보며 직접 투자를 고민하기 시작했다. 이 시점에 트리니티파트너스에서 상당한 수익이 나기 시작했다. 이 중 일부를 상업적 투자에 재투자하는 아이디어는 우리에게 매우 매력적이었다. 여러 해 동안 우리는 동료들과 경쟁자들이 성공적으로 투자하는 것을 지켜봤기 때문에 직접 투자는 우리 같은 신생 회사가 다음 단계로 해야 할 적절한 계획 같았다. 우리는 이 새로운 계획을 별도 브랜드로 진행하기로 결정했고, 2001년 1월에 트리니티캐

피털어드바이저스Trinity Capital Advisors가 탄생했다. 그리고 그 달 말, 우리는 첫 번째 투자 계획을 발표했다. 그 대상은 공항 근처에 있는 4만 스퀘어피트(1천 1백여 평) 규모의 산업용 개발 프로젝트였다.

5년차 말인 2003년 초, 트리니티파트너스는 25명의 직원으로 성장했고, 7백만 스퀘어피트(약 20만 평)가 조금 넘는 사무실과 산업용 부동산을 임대하고 관리하게 되었다. 이는 상상했던 것보다 훨씬 더 큰 규모였는데, 우리 중 누구도 직원이 20명 이상이 될 것이라고 상상하지 못했다. 우리는 매우 열심히 일하면서도 우리의 명확한 가치와 원칙을 고수하면서 사업을 즐기고 있었다. 여러모로 회사 일은 매우 잘 진행되고 있었다.

2003년 2월, 창립 5주년 기념일 즈음에, 데이비드는 전 직원에게 다음과 같은 이메일을 보냈다.

어제 생일 파티로 저희를 놀라게 해 주신 여러분께 감사드립니다. 놀라지 않을 수 없었습니다. 그동안 함께해 주신 분들, 짧은 시간에 많은 것을 이루어 주셔서 감사합니다. 이제 막 우리와 함께 시작한 여러분 또한 우리의 비전을 보고 함께해 주셔서 감사합니다.

우리 회사가 이렇게 되기까지는 뒤에서 묵묵히 일하는 여러분들이 있었기 때문입니다. 여러분 한 분 한 분이 자랑스럽습니다. 또한 여러분이 매일 이 회사에 공헌하는 것들에 대해 말로 표현할 수 없을 만큼 진심으로 감사의 인사를 전합니다.

5년이란 시간이 훌쩍 지났지만 우리의 미래가 너무나 기대가 됩니다. 저는 이 시장에서 보아야 할 것이 아직 매우 많다고 생각합니다. 우리는 할 수 있는 일이 많고 기회도 더 늘었습니다. 매일매일 더 좋아지고 있습니다. 피터는 가끔 닥터 수스$^{Dr.\ Seuss}$의 문구를 인용하곤 합니다. "오, 여러분이 갈 수 있는 곳은 여러분이 기대하는 것 이상입니다!"

여러분과 함께 이 회사에 있어서 너무나 기쁩니다. 회사 생일 파티 감사하고, 우리 모두 계속해서 기대를 안고 앞으로 나아갑시다!

11

투자 플랫폼을 시작하다

> 천 리 길도 한 걸음부터 시작한다
>
> - 노자

사업을 시작하고 수년 동안 지켜본 결과, 중개업에서 시작해서 상업용 부동산 디벨로퍼와 건물 소유주가 되는 것을 많이 보았다. 흥미롭게도 수년간 내가 알고 있던 최고의 에이전트들은 결국 상업용 부동산을 소유하는 방향으로 나아갔다. 우리가 오르고 있는 사다리의 다음 단계로서 상업용 부동산 소유 그 자체도 굉장히 매력적이었지만, 더 중요한 것은 그렇게 하기 위하여 우리는 매일매일 어떻게 하면 부동산을 소유할 수 있을지 연구하고 새로운 도전을 해야 했다.

상업용 부동산 중개업은 젊은이들의 게임이기 때문에 우리가 50살이 되어서도 젊은이들과 경쟁하고 싶지 않았다. 흔히 부동산 업계 전문가들은 "최근에 나를 위해 한 게 무엇이 있나요?"라는 말을 하곤 하는데, 우리는 은퇴 전에 정신적으로 피폐해지는 사람들을 많이 보았다. 50대에 32세와 경쟁하면서 열심히 일하지 않아도 될 만한 위치에 오르려면 결국 투자 분야에서 성공한 플레이어가 되어야 한다는 것을 깨달았다.

데이비드와 나는 둘 다 일찍 투자를 시작했다. 데이비드는 직장 생활 초기에 자그마한 주거 및 상업용 부동산에 투자했다. 나는 부동산 업계에 들어오고 3년째 되던 해에, 더는 월급 걱정은 하지 않아도 될 것 같다는 자신감이 들었고, 그 즈음에 아버지께서 부동산 투자를 시작하라고 조언해 주셨다.

난 스물여덟 살에 샬럿으로 처음 이사를 왔다. 그 이후 주거용 임대 시장을 공부하는 것으로 경험을 쌓기 시작했다. 그때 임대 시장이 양분되어 있다는 것을 알았다. 오래된 주택의 경우 임대료 수준이 매우 낮았지만 멋지고 잘 수리된 주택은 훨씬 더 높은, 거의 두 배의 임대료를 받을 수 있었다. 오래된 주택의 경우, 낡았지만 매력적인 다세대 주택으로 쉽게 수리할 수 있고 그렇게 하면 임대료를 크게 올릴 수 있었다. 하지만 그렇게 하는 것에 관심이 있는 사람은 거의 없었다.

1993년에 아버지의 안내와 권고에 힘입어 아내와 나는 샬럿의 유서 깊은 딜워스Dilworth 지역에 있는 임대 주택을 구입했다. 우리는 현재 방치되어 있으면서 임대료가 낮은 부동산을 목표로 했고, 건설업자를 고용해 완전하지만 검소하게 개조했다. 상업적으로 개조할 때 자주 쓰이는 말인 "호박에 줄 긋는다고 수박되나"라는 표현이 딱 들어맞을 정도로 리모델링했다. 리모델링 후 임대료를 두 배로 올리고, 도심 근처의 유서 깊은 다세대 주택 물건을 찾는 전문 테넌트들에게 임대를 의뢰했다. 모든 것이 계획 대로 정확하게 진행되었다.

1995년에 아내와 나는 두 번째 주택을 샀지만, 임대하지 않고 개조한 후 개별 유닛 단위로 분양했다. 돈을 많이 벌지는 못했지만 팔지 않고 계속 렌트를 유지했다. 1996년경 시장은 달아올랐고 첫 번째 다세대 주택을 매각했고 운이 좋게도 초기 투자금을 5배로 늘릴 수 있었다. 그 수익금을 이스트대로에 있는 11세대 규모의 오래된 아파트에 재투자했고, 일반적인 경우보다 더 빨리 원금을 갚기 위해 15년 만기로 자금을 조달하기로 결정했다. 적은 예산으로 세대들을 리모델링한 후, 시장에 임대 매물로 내놓고 임대하기 시작했다. 25년이 지난 지금도 가끔 몇 달 동안 3~4개의 공실이 생기는 악몽을 꾸곤 한다.

이러한 투자는 한동안 매우 흥미진진했지만 오래 지속되진 않았다. 우리는 부동산 관리 업체를 고용하지 않고 모든 일을 직접 함으로써 비용을 절약했다. 공실이 나면 임대 에이전트 역할을 했고, 어떨 때는 하루에 여러 번 집을 보여 주러 가야 했다. 사소한 수리는 물론 모든 임대료 징수와 은행 대출금 지불까지 도맡았다. 수십 년 된 보일러가 고장나서 보일러가 돌아가지 않으면 보일러를 고쳐 달라는 전화를 새벽 5시 30분에 받기도 했다. 부활절 일요일 오후, 수리 기사인 로토 루터Roto Rooter와 함께 세대들 중 한 집의 벽에서 터진 수도관을 수리하면서 이건 아니라는 생각이 들었다. 이 상황을 바꾸고 싶었다.

1999년에 이르러 시간을 잡아먹는 다세대 주택을 매각할 때가 되었다는 결정을 내렸다. 투자 성공으로 얻은 수익금을 즉시 기술주에 투자했다. 하지만 안타깝게도 2000년 주식 시장 조정 때 절반 정도를 잃고 말았다. 부동산에 계속 투자하는 게 더 올바른 투자가 아니었을까 생각한다.

1998년에 트리니티를 시작할 때 투자를 계속하고 싶었지만, 주거용 부동산에는 투자하지 않을 생각이었다. 상업용 부동산에 투자할 경우 투자 대상을 트리니티의 부동산 관리팀에 하나의 프로젝트로 넘겨줄 수 있었고, 팀에서 세부적인 것을 처리하니 내 시간을 너무 뺏기지 않아도 되었다. 그것만으로도 매우 매력적이었다.

상업용 부동산과 주거용 부동산의 투자는 몇 가지 유사한 점이 있음에도 불구하고 나는 두 투자의 성격은 매우 다를 것이라 생각했다. 상업용 부동산의 경우 규모가 워낙 커서 두려웠지만, 돌이켜보면 지난 20년 동안 내가 했던 대부분의 일들은 내가 20대에 투자했던 방식과 연관이 있었다. 그 당시 나는 시장의 비효율성을 인식하고 그것들을 활용했다. 이것은 현재 우리 회사에서 하고 있는 것과 매우 비슷하다. 단지 수준이 많이 달라졌고 지역이 훨씬 더 광범위해졌다는 점만 다를 뿐이다. 오늘날 사모펀드 부동산 투자 업계에 진출하는 방법은 크게 두 가지가 있지만, 20년 전에는 한 가지 방법 밖에 몰랐다.

오늘날 어떤 사람들은 부동산 프로그램이 잘 갖춰진 대학원에서 MBA 과정을 밟거나, 일류 대학에 가서 부동산 석사 학위를 취득하기도 한다. 어느 경우든, 이들은 재무 모델링, 인수 및 자본 시장을 깊이 배우고 졸업한다. 그리고 그들이 상업용 부동산 시장에 어떤 영향을 미칠지도 알게 된다. 그들은 부동산 시장에 관해, 즉 각 자산 등급의 구체적인 뉘앙스에 대해 잘 알지 못하지만, 시간이 지나면 그런 것들을 자연스럽게 배울 수 있다고 합리화한다. 틀린 말이 아니다.

하지만 데이비드와 피터 그리고 나와 같은 다른 부류의 사람들은 더 전통적인 길을 선택했다. 우리 셋은 상업용 부동산 시장에 대한 모든 것을 현장 바닥에서부터 배웠다. 우리는 어떻게 하면 건물이 오피스 테넌트나 물류센터 테넌트에게 매력적으로 보이게 만들지 현장에서 배웠다. 그리고 우리는 '부동산 시장 경제학'을 현장에서 배우는 학생이기도 했다. 이 과목에는 임대료, 테넌트 개선 수당, 임대료 할인Rental Concession 등이 포함되었다. 어떤 건물이 좋고 어떤 건물이 좋지 않은지 관찰하고 배웠으며 그 이유까지 알 수 있었다. 간단히 말해서, 우리는 자본 시장을 깊이 이해하기도 전에 이미 사업의 운영과 임대 부문의 전문가가 되어 가고 있었던 셈이었다.

또한 우리는 우리보다 앞서 부동산 업계에 들어온 동료와 선배들이 부동산 디벨로퍼와 건물주가 되어 많은 돈을 벌고 있다는 사실도 알게 되었다. 사업 규모가 커질수록 그만큼 더 큰 위험도 따랐다. 예상하지 못한 문제로 가득한 시장 상황에 맞닥뜨린 적도 있었고, 탁월한 투자 관리자나 운영자가 아닌지라 파산할 수밖에 없었던 경우들도 더러 있었다. 다른 많은 사람들과 마찬가지로, 우리는 이 분야에서 얼마나 많은 돈을 벌 수 있는지 혹은 얼마나 많이 잃을 수 있는지 전혀 몰랐다. 처음에는 마치 12살짜리 꼬마가 NFL 경기를 보는 것 같았다. 프로로 갈 수는 있으리라 생각했지만 그 꿈을 실현하기 위해 정확히 무엇이 필요한지는 알지 못했다.

샬럿 시장에서 우리의 롤 모델이었던 성공적인 부동산 투자 회사들은 거의 전적으로 부동산 개발이 주된 사업 분야였다. 기존 부동산을 매입하거나 리모델링하거나 리포지셔닝하는 데 에너지를 쏟는 사람은 거의 없었다. 우리가 트리니티를 창업하기 전 10년 동안 그리고 우리가 함께한 첫 10년 동안, 샬럿의 교외와 도심에는 엄청나게 많은 오피스 빌딩이 개발되었다. 부동산 업계의 주된 활동도 대부분 부동산 개발 중심이었다. 이렇게 된 이유는 아마도 샬럿이 훨씬 더 작은 시장이었을 때 테넌트들이 원했던 부동산 상품이 존재하지 않았기 때문일 것이다. 또한 우리가 존경했던 우리보다 규모가 더 크고 성공한 부동산 디벨로퍼들은 평균적으로 우리보다 20살 정도 나이가 많았다. 그리고 그 정도 규모로 성공하는 것을 목표로 삼은 신생 회사들은 그리 많지 않았을 것이다.

그럼에도 불구하고, 이미 자리를 잡은 로컬, 지역, 전국 단위의 디벨로퍼들 사이에서 꽤 치열한 경쟁이 있었다. 이 회사들의 대표들은 시장을 꿰고 있었고, 개발과 투자 경험만 수십 년이 넘었다. 경험이 풍부한 그들과 경쟁을 한다는 것은 상상할 수도 없는 일이었다. 이 부동산 디벨로퍼들 중 많은 이들은 시장 지배력이 압도적으로 큰 넓고 입지가 좋은 토지를 확보하고 있었다. 물론 부동산 개발 프로세스 중에서 무언가를 장악하거나 기회를 잡지 못한 사람들도 많았지만, 이 관점에서 볼 때 그들은 샬럿에서 최고의 오피스 및 산업 시장과 관련된 대부분의 입지를 장악하고 있었다.

젊은 부동산 전문가였던 우리는 우리 앞을 가로막고 있는 현실적인 문제를 어떻게 풀어야 할지 잘 몰랐다. 그러나 결국엔 어떻게 하든 정상에 설 수 있다는 것을 믿고 있었다. 몇 년 동안 내가 가장 좋아하는 말 중 하나는 "목적지에 어떻게 갈지는 모르지만 내가 어디로 갈지는 정확히 알고 있다"였다. 이 말은 그 당시 우리가 어떤 생각을 하고 있었는지를 잘 보여준다. 몇 가지 점에서 해결할 실마리가 지금 당장 없지만 어떻게든 우리의 목표를 실현하겠다는 의지가 담겨 있는 말이었다.

우리는 투자 분야에서 걷거나 뛰기 훨씬 전에 기어가야 한다는 것을 알고 있었다. 우리는 부동산 산업 분야에서 일부를 경험했지만, 높은 순자산을 가진 투자자들로부터 자금을 조달하는 방법에 대해서는 아무것도 몰랐고, 다른 부동산 디벨로퍼나 기관 지분 파트너와 합작투자를 하는 방법도 전혀 알지 못했다. 이 모든 것을 나중에는 알게 되었지만, 사업 초기에 부동산 개발을 시작할 때 업계 관행을 지켜보았다. 그리고 작은 부동산 개발을 시작으로 다른 디벨로퍼들이 하는 것을 따라하기 시작했다. 부동산 개발이 잘 될 것이라는 막연한 희망을 가지고 시작했다. 어떤 사람들은 맹인이 맹인을 이끄는 격이라고 말할지도 모르겠다.

2001년에 첫 투자를 시작했는데 이 때 우리는 트리니티파트너스의 수익을 자본으로 사용했다. 데이비드가 몇 년 전에 투자 목적으로 구입한 공항 근처의 산업용 토지를 활용하기로 했다. 이곳에 4만 스퀘어피트(1천 1백여 평) 규모의 건물을 건설하기로 했고, 완공 후 물류센터 테넌트에게 임대할 생각이었다. 당시 경제는 불황에서 막 벗어나기 시작했기 때문에 성공적인 결과를 기대했다. 그러나 사실 보장된 것은 아무것도 없었다.

20년 전 일이라 구체적인 내용은 잘 기억이 나지 않고 전반적인 느낌만 기억이 난다. 우리 모두는 첫 번째 상업용 부동산 개발에 대한 투자 계약을 할 것이라는 기대감에 들떠 있는 동시에 약간 긴장된 상태였다. 또한 투자 분야에 있는 동료들이 큰 돈을 잃는 경우를 종종 보았기 때문에 더 부지런히 움직여야 했다. 그러나 우리는 걱정보다 열정이 더 앞섰다. 다행히 우리는 경험이 많은 친구들과 나의 아버지로부터 어느 정도의 조언을 받았다. 그들은 수년에 걸쳐 부동산 개발을 했기 때문에 우리도 전혀 모르는 상태에서 발을 내딛지는 않았다.

데이비드가 앞장섰던 것은 그가 토지 소유주이기도 했지만 산업용 부동산이 그의 전문 분야였기 때문이기도 했다. 게다가 그는 우리들 중 자본 시장을 가장 잘 알고 있기도 했다. 프로젝트를 위해 은행 대출을 받을 때 우리 각자는 나중에 무슨 일이 생길지는 별로 생각하지 않고 개인상환보증서personal repayment guarantees에 서명했다.

개인상환보증을 잘 모르는 사람들을 위해 잠깐 설명하고자 한다. 여러분이 진행하는 프로젝트가 예산을 초과하거나, 의도한 대로 임대되지 않거나, 자본 시장이 바뀌어서 프로젝트 가치가 크게 떨어지고 은행 대출 상환이 위험해지면 은행은 여러분에게 개인적으로 수백만 달러의 대출금을 상환하라고 요청할 수 있다. 만약 은행에서 빌린 원금을 상환할 현금이 없다면 은행은 대출금을 회수하기 위해 당신의 집, 개인 소장품 또는 여러분 명의로 된 다른 모든 것을 압류할 수 있다. 이러한 두려움 때문인지 우리는 더욱더 집중해서 일을 했고, 그 두려움이 새롭고 설레이는 길로 들어서는 것을 막을 수는 없었다.

12

트리니티캐피털 안착하다
2001~2006년

겁이 나지 않는다면 충분히 큰 꿈을 꾸고 있지 않은 것이다

- 토리 버치

최근에 정리를 하다 파일명이 '10-yearplan,7.18.2002'인 오래된 엑셀 파일을 우연히 발견했다. 호기심에 파일을 열었는데 2002년 여름에 만들었던 엑셀 파일에는 개인적인 재정 목표가 요약되어 있었으며, 지금 보면 코믹에 가까운 수준이었다. 그때 냈던 아이디어는 트리니티캐피털이 2002년에 아주 작은 규모의 부동산을 소유하고, 10년 후에는 부동산 프로젝트들을 진행하여 엄청나게 많은 개인 지분이나 부동산 소유권을 갖는 것이었다.

지금 돌이켜보면 당시 내가 무엇을 하고 있는지 전혀 모르는 상태였기에 우습기도 하다. 나는 10년 안에 우리가 10억 달러 가치의 오피스 및 산업용으로 구성된 상업용 부동산 포트폴리오를 소유할 것이며, 오피스 및 산업용 자산 규모는 1천 6백만 스퀘어피트(약 45만 평)을 초과할 것으로 예상했다. 나는 내가 계획한 프로젝트들이 모두 진행되고 나면 우리 세 사람의 소유가 어떻게 되고 그에 따라 재정적으로 어떤 변화가 생길지를 추정했다. 몇 가지 수치를 조정한 후 매우 높아 보이는 꿈같은 목표를 피터와 데이비드와 공유하

기도 했다.

둘은 매우 혼란스러워 했는데, 아마도 이 숫자들을 보는 것이 우주 멀리 떨어진 별을 보고 "우리는 언젠가 저 별에 우리의 우주선을 착륙시킬 것이다!"라고 말하는 것처럼 느껴졌기 때문일 것이다. 그 숫자들은 임의적이었고, 이루기 어려웠고, 심지어 상상하기도 어려웠다. 게다가 우리 중 누구도 저 머나먼 행성으로 가는 정확한 방법을 전혀 알지 못했다.

하지만 돌이켜보면, 내가 자주 사용하는 말인 "목적지에 어떻게 갈지는 모르지만 내가 어디로 갈지는 정확히 알고 있다"와 그 계획이 들어맞았다. 왜냐하면 우리는 결국 그 엉뚱하고 터무니 없는 목표를 이뤄냈기 때문이다. 그 높은 목표 때문에 우리는 부동산 개발 및 소유 목표 수준을 무의식적으로 높게 잡았다. 그 수준이 너무 높아서 그 당시에는 거의 도달할 수 없다고 느꼈지만 높은 목표 덕분에 우리가 평소에 생각했던 것보다 더 크게 생각할 수 있었던 건 사실이다.

트리니티캐피털은 솔직히 처음 5년 동안은 거의 걸음마 단계였다. 돌이켜보면 '황금알을 낳는 거위'라고 불렀던 트리니티파트너스의 주요 임대 대행 업무, 임차 대행 업무, 판매 및 부동산 관리 사업에 비해서 트리니티캐피털은 사실 부수적인 사업 부문에 불과했다. 그 당시에, 트리니티캐피털은 일년에 한 번, 어떨 때는 두 번 정도 투자 거래를 했고, 특별한 경우가 아니라면 투자 규모도 적은 편이었다. 우리 셋에게는 두 회사를 성공적으로 운영해야 할 책임이 있었기 때문에 트리니티파트너스의 중개 사업을 성공적으로 진행하는 것이 사업의 주된 목표였다.

첫 번째 개발 프로젝트인 4만 스퀘어피트(1천 1백여 평) 규모의 산업용 건물이 2001년 말에 마무리된 후, 인접한 두 곳에서 맞춤형개발 계약을 체결함으로써 모멘텀을 유지했다. 두 개발 규모가 2만 4천 스퀘어피트(약 7백 평) 및 3만 8천 스퀘어피트(1천여 평)에 불과했지만 두 시설이 모두 임대됐기 때문에 위험 요소를 크게 줄일 수 있었다. 이듬해인 2002년 우리는 한 소유주로부터 산업용 건물을 구입했고, 이를 멀티테넌트 빌딩으로 리노베이션했다. 개략적으로 이야기하면, 초기의 부동산 개발 사업은 5백만 달러를 넘지 않는 작은 규모였다.

소규모가 아닌 어느 정도 규모의 투자가 2002년 봄에 있었다. 2000년에 트리젝한TrizecHahn은 페리미터우즈비즈니스파크Perimeter Woods Business Park의 임대 및 관리 업무를 우리에게 맡겼다. 페리미터우즈는 샬럿 북부에 위치한 30만 스퀘어피트(8천 4백여 평) 규모의 오피스/창고 파크(일명, '플렉스' 상품)였는데 그 당시에, 많은 사람들이 아직 성숙하지 않은 시장으로 생각했다. 택지에는 기존에 4개의 건물이 있었고, 이외에도 총 1백 에이커(12만여 평)의 부지에 60에이커(7만 3천여 평)의 개발 가능 부지가 있었다.

우리는 트리젝한이 의뢰한 대로 파크에 있는 기존 건물들을 성공적으로 임대했다. 그리고 2002년 초에, 그들은 매각을 통한 수익 확보에 대해 이야기하기 시작했다. 데이비드는 투자 매각을 우리가 진행할 수 있도록 트리젝한과의 채널을 가동하고 있었지만 우리 세 사람은 "우리가 사면 안 되나?"라는 생각을 하기 시작했다. 당시 길 건너편에 대형 쇼핑몰이 들어선다는 소문이 있었는데, 그렇게 되면 순식간에 이 플렉스 파크와 인접한 개발 가능한 땅값이 급격히 상승할 것 같았다.

우리는 시카고로 가서 트리젝한의 사장인 케이시 월드Casey Wold를 만나 개인적으로 그곳을 살 수 있는지 물어보기로 했다. 우리 셋은 케이시와 미팅을 하며 즐거운 시간을 보냈고 초조한 마음으로 질문을 했다. 케이시는 우릴

보더니 격노하며 말했다. "내가 왜 나를 대리할 에이전트들에게 내 프로젝트를 팔겠어요?" 그는 자신이 얼마나 기분이 상했는지 계속해서 말했고 몇 분이 지나서야 겨우 진정되었다. 그런 다음에 케이시가 말했다. "글쎄요, 당신들이 여기 와서 물어보는 걸 보니 충분한 여유가 있는 것 같군요. 여러분들이 말한 것을 생각해 보겠습니다."

우리의 정보에 의하면 60에이커(7만 3천여 평) 부지 일부에 리테일 몰이 개발될 것이었기 때문에 샬럿으로 돌아온 후 동료들 중 리테일 부동산을 전문으로 하는 한 디벨로퍼를 찾아가서 그의 의견을 구했다. 먼저, 그의 관심을 끈 후에 해당 인수 건에 합작투자하자고 제안했다. 그 말은 근본적으로 우리가 그것을 함께 사서 함께 개발한다는 것을 의미했다.

토지를 매입할 때 기존 택지 부동산의 가치를 평가하기 쉬웠지만 개발에 대한 깊은 배경 지식이 없는 상태에서 미개발 토지의 가치를 산정하는 일이 우리에게는 매우 어려웠다. 게다가, 우리는 2천 5백만 달러 규모의 프로젝트는 말할 것도 없고, 우리가 진행했던 프로젝트들 중 어떤 것도 외부 투자자들로부터 그 정도의 큰 자기자본을 조달한 적이 없었다. 특히 그때까지 소유주로는 다섯 번째 거래였다는 점에서 그 금액은 우리에게 엄청나게 큰 규모였다.

돌이켜보면, 이 프로젝트는 우리에게 큰 디딤돌이 되었다. 리테일 파트너인 콜렛앤어소시에이츠 Collett & Associates의 존 콜렛 John Collett은 이 프로젝트를 마음에 들어 했고, 한 장짜리 간단한 계약으로 부동산 개발 토지를 빠르게 매수했다. 이러한 유형의 간단한 언더라이팅을 '냅킨 수학 napkin math'이라고 하는데, 우리의 새로운 합작투자 파트너는 우리에게 언더라이팅에 대한 자신감을 주었을 뿐만 아니라 자금 조달 방법을 알려 주었다. 그의 회사는 고액 자산가들로부터 자금을 조달하는 데 사용되는 법적 문서인 사모투자제안서Private Placement Memorandum를 작성했다. 그리고 그는 우리에게 방향성을 제시하며, 서로의 네트워크를 이용하여 프로젝트용으로 총 750만 달러의 자기자본을 조달했다. 이를 통해 우리는 순자산 가치가 높은 투자자의 자본을 어떻게 조달하는지, 투자자 약관을 어떻게 구조화하는지, 투자 확정 후 투자자 세부 사항을 어떻게 관리하는지 등을 배웠다.

몇 년에 걸쳐 이루어진 이 거래에서 투자에 대해 많은 것을 배웠다. 우리는 기존 플렉스 건물들의 임대와 관리를 맡았고, 콜렛은 개발되지 않은 60에이커(7만 3천여 평) 부지에 30만 스퀘어피트(8천 4백여 평) 규모의 소매 쇼핑 센터 개발을 주도했으며, 인접한 곳에 12만 5천 스퀘어피트(3천 5백여 평) 규모의 5층짜리 교외 오피스 빌딩 개발을 주도했다. 그런 다음 잔여 부지를 아파트 디벨로퍼에게 매각했고, 그 디벨로퍼는 그곳에 약 350세대의 아파트를 지었다. 서비스와 개발의 모든 커미션과 이익은 합작투자 파트너들 사이에 균등하게 분배되었다.

지난 10년 동안 많은 개발을 수행한 존경받는 업계 베테랑과의 파트너십을 통해 이 합작 사업을 추진함으로써 우리는 많은 안정감을 얻게 되었다. "왜 그가 당신과 파트너가 되었을까요?"라고 물을 수도 있다. 답은 간단했다. 기존 소유주와 관계를 맺어 오프마켓으로 토지를 확보할 수 있었고, 그의 회사에는 없는 오피스 및 물류 전문가가 우리에게 있었고, 그 전문가가 결국 투자를 성공적으로 만드는 데 큰 역할을 할 것 같았기 때문이었다.

2005년에 또 한번의 큰 도약이 있었다. 이전에는, 소규모 프로젝트를 진행할 때 일단 계약이 이루어지면 그와 동시에 프로젝트에 필요한 자금을 조달했다. 자금 확보에 60일에서 90일 또는 그 이상이 걸리는 경우가 많았고, 매도자들은 우리가 돈을 모두 낼 수 있는지 파악하기 위해 기다릴 시간석인 여유를 주지 않았기 때문에 걸림돌이 되기도 했다. 그래서 우리는 새로운 인수를 위한 자금을 확보할 수 있는 부동산 투자 펀드를 조성하고 싶었다. 그렇게 되면 매도자 측에서 "거래할 만한 충분한 자본이 있습니까?"라고 질문할 때 "그렇다"는 답변을 바로 할 수 있을 것이다.

그때까지 불과 8건의 투자 거래만 했지만 첫 부동산 펀드를 조성하기로 했다. 우리는 이것을 '트리니티캐피털 밸류펀드I'이라고 불렀다. 3년전 페리미터우즈 자금 조달 때 사용했던 것과 비슷하게 이번에도 사모투자제안서를 사용하여 자금 조달을 진행했다. 이 펀드는 블라인드풀펀드^{Blind pool Fund}로 진행되었다. 즉, 투자자들에게 "투자 자금을 주세요. 정확히 어디에 투자할지는 모르지만 프로젝트 선택권과 모든 의사결정권은 저희에게 있습니다. 다만, 여러분이 투자한 돈은 특정 지역의 오피스 및 산업용 부동산에 투자될 것입니다"라고 말했다. 이것은 경험이 부족한 투자 관리자가 제시하는 구체적이지 않은 요구사항으로 받아들여졌을 수 있었다.

그럼에도 불구하고, 첫 번째 펀드에 1천 1백만 달러가 조금 넘는 자금이 확보되었다. 그리고 고작 다섯 번의 거래에서 약 95만 스퀘어피트(약 2만 7천평)의 오피스 및 산업용 부동산에 투자했으며, 그 가치는 총 3천 2백만 달러에 이르렀다. 여기에는 사우스캐롤라이나주 그린빌에 있는 대규모 물류센터도 포함되었는데, 이것은 우리가 샬럿 외부에서 진행한 최초의 투자였다. 이 블라인드펀드의 투자는 2008년 불황 전에 모두 마무리되었다. 결론적으로 투자는 매우 성공적이었는데, 프로젝트 단위 총 수익률이 24%, 투자자당 연간 수익률은 IRR 기준으로 18.6%였다.

우리의 첫 번째 펀드는 비교적 소규모였기 때문에, 2007년 초에 모두 투자되었다. 그러고 나서 두 번째 블라인드펀드 자금 모집에 초점을 맞추었으며, 이번에는 자금 규모를 더 크게 하고 싶었다.

트리니티캐피털에서의 초기 투자 경험이 반영되면서, 학습 곡선상 투자 프로세스의 몇 가지 중요한 단계를 이해하고 완전히 익히게 되었다. 그리고 언더라이팅 과정에서 두 가지 중요한 원리가 있다는 것을 알았다. 하나는 '투자를 안정화시킬 수 있는 수익율이 있는가'이고, 다른 하나는 '기관 투자자 같은 자본 시장 수요자가 그 안정화된 상품에 지불할 용의가 있는가'였다. 안정화된 수익율과 자본 시장의 수요 사이의 스프레드가 받아들일 수 있는 수준이라면(우리는 보통 150~200bp의 스프레드를 목표로 했다) 다른 시장 가정이 합리적인 한, 거래는 일반적으로 성사되었다.

이 간단한 공식을 이해하는 것도 중요했지만 다른 단계들을 마스터하는 데는 시간이 조금 더 걸렸다. 에이전트로서 우리는 임대료, 운영비, 설비 비용 같은 시장 역학에 매우 익숙했지만, 이러한 것들을 잠재적인 투자 거래의 복합적인 언더라이팅에 통합하는 방법을 배우는 것이 진정한 부동산 투자 전문가 그룹이 되기 위한 첫 번째 단계였다. 그 다음으로 중요한 단계는 투자자와 대출자 및 합작투자 파트너와의 프로젝트를 완료하기 위해 거래 구조를 제안하고 금융을 일으키는 방법을 배우는 것이었다. 일단 이러한 구조화 단계를 완료한 후에는 거래를 문서화해야 했다. 이는 결코 쉬운 일이 아니었으며 항상 변호사의 도움이 필요할 때가 많았다.

이들 단계를 숙달하는 것은 힘들었지만, 아마도 모든 투자 전문가들에게 가장 어려운 일은 인수이든 새로운 개발이든 적절한 투자 기회를 실제로 확보하는 것이다. 시장의 비효율성을 인식하고 부동산 내재 가치가 성공적으로 변화할 수 있는 곳과 성공적인 결과를 가져올 가능성이 낮은 거래를 구별하는 것은 과학보다 예술에 가깝다. 30개의 프로젝트를 검토해야 하나의 프로젝트가 탄생하는 것 같다. 심지어 우리가 그 특별한 것을 발견했을 때도 어떤 것은 안타, 어떤 것은 2루타 그리고 다른 것은 홈런이 될 것이라는 것을 알게 되었다. 우리는 단지 삼진을 피하고 싶었다. 초기에는 리스크 관리에 매우 민감해서 투자 성공의 강력한 실적을 쌓는 데 도움이 되는 거래만 선택했다. 한편, 우리는 여전히 모체인 트리니티파트너스와 함께 전속력으로 전진하고 있었다.

13

금융위기, 해고 없이 도약을 준비하다
2004~2008년

> 금은 우리가 전쟁을 벌이는 이유입니다
>
> - U2, *NEW YEAR'S DAY* 가사 중

6년 차에 접어들면서 트리니티파트너스는 승승장구했다. 우리가 임대한 오피스 빌딩과 물류센터 모두에서 신규 계약을 성공시켰고, 모든 평형의 임대 계약을 체결 완료했으며, 고객들이 의뢰한 건물들도 모두 완판시켰다. 임차 대행 비즈니스는 순조롭게 진행되었는데, 인베스트먼트 세일즈 부문은 우리 회사 규모 대비 높은 배당금을 지속적으로 만들어 주었다. 새로 신설한 관리 부서는 회사의 정기적인 수입을 안정적으로 관리했으며, 이는 우리에게 매우 필요한 일이었다. 우리 셋의 인맥을 동원해서 역대 최대 규모의 투자 매출을 달성했는데, 한 리테일 기업의 본사 자산을 세일앤리스백(sale and leaseback) 방식으로 거래했으며, 그 규모는 5천 5백만 달러였다. 이 거래는 2004년 샬럿에서 체결된 거래 중 가장 큰 규모였다.

같은 해에 사무실을 다시 확장해야 했다. 그래서 미드타운 지구에서 카리용빌딩(Carillon Building)으로 이전했다. 카리용빌딩은 다운타운 지구에 위치해 있으며 사람들의 주목을 끄는 큰 건물로, 우리가 임대 대행 업무를 맡고 있었다. 이곳으로 옮기면서 마케팅에 사활을 걸었다. 그 일환으로써 훨씬 더 좋은 사무실과 건물을 활용하여 사람들에게 우리가 성공했다는 느낌을 주고 회사의 인지도도 높이고자 했다. 이를 통해 우리가 기존보다 더 크고 더 성공했다는 인상을 심고자 했다. 우리가 이렇게 한 것은 우리의 자존심을 세우기 위해서가 아니었다. 우리는 그 당시에 이미 충분히 크고 성공해서 더 이상 규모나 성공을 외부에 알리기 위해 노력하지 않아도 되는 글로벌 기업들과 경쟁하고 있었다. 보스턴에서 온 누군가가 오피스 빌딩에 1억 달러를 투자한다고 가정해 보자. 그런데 자신의 자산을 임대하고 관리하는 담당자로 엉뚱한 사람을 고용하는 것을 달가워하지 않을 것이다. 좋은 건물에 근사한 사무실 공간을 마련해서 더 세련되게 보이게 만들고 탁월한 결과를 이끌어낼 것 같은 이미지를 투영한 이유는 그 정도 수준의 고객을 유치하기 위해서였다.

사람들은 누구나 이기는 팀에 속하기를 원한다. 우리만의 고유한 문화와 함께, 편의시설이 잘 갖춰져 있는 아름다운 사무실 환경은 신규 직원 채용과 근속에 큰 역할을 했다. 몇 년 전에 산업 부문 에이전트로 채용했던 테리 브레넌Terry Brennan이 2004년에는 산업 부문 에이전트팀을 맡을 정도로 성장했다. 2006년에는 우리의 전국적인 인맥을 통해 보스턴의 스폴딩앤슬라이Spaulding & Slye의 시니어 레벨 자산 매니저인 헤더 톰슨Heather Thompson이 남편과 다섯 아이와 함께 샬럿으로 이사할 계획이라는 소식을 우연히 접했다. 그녀는 노련한 관리 전문가로, 성장하고 있는 부동산 관리 부서를 이끌고 운영하기에 완벽한 인재였다.

이 기간 동안 세부적으로 조정한 원칙들 중 하나는 마케팅을 중심에 두는 것이었다. 현재, 8명으로 구성된 마케팅팀은 웹사이트와 소셜 미디어 관리부터 신규 사업에 필요한 프레젠테이션 생성 및 우리의 모든 거래를 알리는 보도자료 배포에 이르기까지 모든 것을 처리한다. 심지어 연례적으로 열리는 고객 감사 여행과 다른 많은 특별 행사에 대한 계획도 수립하며, 이를 통해 고객들의 큰 감동을 이끌어낸다.

하지만 그때는 마케팅 전담 인력이 없었다. 신생 회사의 에이전트이자 소유주인 우리는 생긴지 얼마 안된 회사가 마케팅 스포트라이트를 받을 방법을 직접 찾아야 했다. 처음부터 내가 추진했던 것 중 하나는 신규 프로젝트가 시작되거나 임대 계약이 체결되거나 신규 채용이 진행될 때마다 보도자료를 내는 것이었다. 오늘날 우리와 경쟁사들이 보유하고 있는 정교한 마케팅 기술조차 그리 특별하지 않은 것임을 감안할 때, 보도자료 정도를 내는 것은 별볼일 없어 보일 수 있다. 하지만 2000년대 초중반만 하더라도 경쟁사들 중 극히 일부만이 정기적으로 보도자료를 냈다. 부동산 담당 기자들은 대부분의 거래를 스스로 알아내야 했기 때문에 우리의 활동과 관련해서 가능한 한 많은 정보를 그들에게 자세히 알려 주는 것이 우리의 목표였다.

그렇다고 우리가 낸 모든 보도자료가 뉴스로서 가치가 있지는 않았다. 특히 소규모 임대 거래에 대한 보도자료를 낼 때가 더욱 그랬다. 그래서 우리는 미디어가 관심을 가질 만하게 뉴스를 포장하는 방법을 터득했다. 이때는 인터넷 초창기였으며 부동산 시장에서는 인쇄 매체가 주력 플랫폼이었다. 샬럿비즈니스저널Charlotte Business Journal과 샬럿옵저버Charlotte Observer는 샬럿 지역의 유력 매체로써, 대부분의 기업들은 이곳에서 뉴스를 접했다. 보도자료는 늘 일관성 있게 원칙을 유지했고 이들 매체에 적어도 한 달에 두 번 정도 전면

중앙에 나오게 했다. 이 광고의 가장 좋은 점은 비용이 전혀 들지 않는 것이었다. 샬럿비즈니스저널과 샬럿옵저버에 유료 광고를 내는 것보다 그들이 무료로 게재한 뉴스 기사가 회사 홍보에 더 효과적이었다. 이맘때쯤 우리는 종종 이웃들과 친구들 그리고 업계의 고객들로부터 "신문에서 항상 트리니티 소식을 보고 있습니다. 회사가 굉장하던데요!"라는 말을 듣곤 했다. 그 당시 우리의 기준으로 볼 때 그들의 말이 사실이었지만 우리의 목표는 자화자찬을 하지 않는 것이었다. 우리는 가능한 한 자주 트리니티파트너스의 긍정적인 모멘텀을 샬럿 지역 업계 관계자들에게 전달하고 싶었다.

또한 인쇄 매체는 오피스 빌딩과 물류센터 임대 사업에도 도움이 되었다. 우리가 임대한 부동산의 소유주들은 이러한 인쇄 매체 광고에 호의적이었기 때문에 지역 경제지에는 우리가 맡은 몇몇 자산에 대한 '공간 임대' 광고가 매주 올라갔으며, 트리니티 로고와 연락처도 같이 나갔다. 이는 소유주들에게 효과가 있었던 것은 물론이고, 트리니타라는 브랜드를 유명한 A급 자산과 연결시킨다는 점에서 나쁘지 않았다. 당시 오피스 타워나 산업 단지를 사려는 투자자들이 가장 먼저 하는 일 중 하나는 지역 경제지를 구독하는 것이었고, 그들이 구매하고자 하는 자산을 임대하고 있는 회사를 계속해서 눈여겨보았다. 그리고 이러한 노출은 우리의 인지도를 높이는 데 큰 영향을 미쳤다. 마침내 전화벨이 울리기 시작했다. 투자자들은 우리를 만나서 시장에 대한 우리의 입장을 듣기를 원했으며, 어떤 물건을 구매해야 할지, 이들 자산에 대한 포지셔닝 방법이 무엇인지, 인수 대상 자산의 임대 비율과 테넌트 개선 사항이 무엇인지를 물었다. 다시 한번 더 밝히지만 이 광고에 트리니티파트너스는 한 푼도 돈을 들이지 않았다.

우리의 성공과 무료 홍보 그리고 업계에서 더 높아진 인지도 덕분에 다른 분야에서도 주목받기 시작했다. 국내 경쟁사들로부터 우리 회사를 인수하겠다는 전화도 오기 시작했다. 몇몇 회사들은 우리가 그들의 지사 역할을 하는 전략적 제휴를 원했지만 대부분은 완전히 매수하기를 원했다. 기분 좋은 일이긴 했지만, 나는 당시 젊은 전문가였고 회사를 매각하는 것이 경제적으로 인생을 바꿀 수 없다고 생각했다. 더 중요한 점은 우리의 고유한 문화를 지키고 싶었다. 우리의 문화는 인수를 제안한 거물급 회사들과 정반대였기 때문에 우리는 트리니티를 트리니티의 고유한 방식으로 운영하는 것을 선택했다.

우리에게 가장 먼저 인수를 제안한 회사들 중 하나는 JLL이었다. JLL은 피터의 전 직장인 라살파트너스와 다른 더 큰 회사가 합병되어 만들어진 회사였다. 그래서 피터는 JLL에 있는 많은 사람들과 친분 관계가 있었으며, 특히 직장 생활 초기에 멘토였던 한 임원과 긴밀한 관계를 맺고 있었다. 우리는 그들의 인수 제안 미팅을 받아들였는데 한편으로는 우쭐한 기분이 들었지만 더 중요한 것은 이런 인수 제안이 우리 사업에 어떤 의미가 있는지 알고 싶은 호기심이 있었다.

그 당시에 우리 같은 회사가 어떻게 평가되어야 하는지 몰랐다. 우리는 단지 에이전트로 일하다 회사를 창업한 소유주로써, 할 수 있는 한 최선을 다해서 빠르고 맹렬하게 일을 추진하고 있을 뿐이었다. 회사의 가치를 평가하는 일은 처음이었다. 그래서 우리는 몇 군데 전화를 걸어 전반적인 가치 평가에 대해 이해하는 시간을 가졌다.

저녁 식사를 하면서, 더 큰 시장에서 온 6명의 JLL 임원들은 그들의 플랫폼, 전국 단위 기업의 이점 그리고 글로벌 기업이 우리 같은 로컬 기업에게 제공할 수 있는 혜택을 이야기했다. 그들의 이야기에 귀를 기울여 듣긴 했지만, 그들이 듣고 싶어하는 매각 징후가 보이지 않자, 그들 중 한 명이 테이블 너머로 몸을 내밀며 말했다. "여러분의 관심을 끌 수 있는 예를 보이겠습니다. 지난달, 우리는 스타벅스로부터 전화를 받았어요. 그들은 우리에게 전국의 4백 개 매장에 토스터를 설치해 달라고 요청했고, 전국에 뻗어 있는 우리의 자원 덕분에 그것을 처리할 수 있었답니다." 토스터에 대해 자랑하는 것은 마치 정비사가 "지난달에 1백 대의 자동차에 타이어를 장착했다고요!"라고 외치는 것처럼 느껴졌다. 미국 최고의 상업용 부동산 회사들 중 한 곳에서 왔지만 그다지 깊은 인상을 주지는 못했다.

우리는 최고의 남부식 매너를 발휘해 연신 고개를 끄덕이며 말했다, "정말요? 우와, 대단하네요!" 하지만 나는 피터나 데이비드를 똑바로 쳐다보지 않으려고 했다. 왜냐하면 너무 황당해서 웃음이 터질지도 몰랐기 때문이었다. 저녁 식사 후 집으로 돌아오면서 우리는 토스터 이야기를 하며 크게 웃었다.

그러나 최악은 토스터 이야기가 아니었다. 거대한 글로벌 기업의 관료주의적 문화를 본 것이었다. 우리는 이 신사들이 글로벌 플랫폼의 혜택을 누리기 위해 그 문화를 용인했다는 느낌을 받았다. 회사를 떠나 창업하려고 했던 우리의 열망 뒤에 있는 가장 중요한 원동력 중 하나는, 우리만의 고유한 문화를 만들고 과거에 경험했던 거대한 기계의 부속품 역할에서 벗어나는 것이었다. 그리고 회사를 갑자기 매각하면 직원들이 많이 이탈할 것으로 예상되었기 때문에 매각하지 않고 그대로 가려는 결정을 더 쉽게 내릴 수 있었다.

몇 년 후, 우리 뒤를 바짝 쫓아오던 또 다른 전국 규모의 한 상업용 부동산 회사가 샬럿에 두 명의 임원을 보내 미팅을 하게 되었다. 그들은 그들의 CEO와의 컨퍼런스 콜을 주선했다. 이 회사는 이미 샬럿 시장에서 어느 정도의 존재감을 확보한 상태였지만 미국 남동부에서 빠르게 성장하고 있는 시장들 중 하나인 샬럿에서 훨씬 더 강력한 존재감을 갖기를 원했다.

몇 년 전 JLL과의 미팅에서 그랬던 것처럼, 우리는 관심을 가지고 경청했고 프레젠테이션이 끝날 무렵 나는 한 가지 질문을 했다. "새로운 사업을 제안할 때 무엇이라고 말씀하시나요? CBRE나 JLL보다 어떤 점이 더 나은지 말씀해 주시겠어요?"

나의 질문은 그 CEO를 무방비 상태로 만든 것 같았다. 그는 길게 대답을 이어가다가 전하고 싶은 단어를 찾았다. "우리는 고객에게 진취적인 플랫폼이 있다고 말합니다!" 그가 진취적이라는 단어를 계속 강조했고, 나 역시 질문을 반복했다. "하지만 그것이 당신 회사를 어떻게 차별화하죠? 귀사가 CBRE나 JLL 같은 다른 회사와 완전히 구별되는 점이 무엇일까요?" 그는 진취적이라는 단어를 고수했고, 우리 모두는 이것이 딱 와 닿는 주장이 아니라는 것을 알고 있었다.

우리의 사고방식은 단순했다. 우리 회사를 설명할 때 '규모가 크지 않은 명품 회사'라는 표현을 좋아하지는 았았지만 그 CEO가 주장하는 것처럼 '진취적이고, CBRE나 JLL만큼 좋다'고 표현하는 것보다는 우리 자신을 '기업가 정신을 가진 기업'으로 표현하는 것이 훨씬 더 좋다는 것을 알고 있었다. 회사 매각으로 인하여 우리가 더 이상 업계 최고라고 주장할 수 없고 업계 최고의 인재를 보유하지 못하면서까지 우리의 브랜드를 바꾸고 싶지 않았다.

2005년은 매우 이례적인 이익을 남긴 해였다. 피터와 그가 이끄는 오피스 임대팀이 새로 맡은 메리디안Meridian 캠퍼스, 사우스파크SouthPark 교외 오피스 타워 그리고 몇 년 동안 임대해 온 시내 여러 오피스 타워에서 모든 오피스에 대한 임대 계약을 체결하면서 우리가 이전 몇 년 동안 수주했던 대규모 임대 대행 업무의 대부분에서 엄청난 수익이 나왔다. 산업 부문 임대 및 중개 분야에서도 성공을 거두었지만, 2005년에 피터와 그의 팀은 엄청난 수수료 수익을 냈는데, 무려 3백만 달러로 회사 전체 수익의 45%에 달했다

데이비드와 나도 중개 분야에서 실적이 괜찮았지만, 피터와 그의 팀만큼 '초대박'은 아니었다. 이는 수익 창출 방식에 관계없이 세 공동 창업자끼리 이익을 균등하게 분배하기로 한 파트너십 결정을 테스트할 수 있는 중요한 사건이었다. 데이비드와 나는 피터에게 더 많은 상여금을 받으라고 제안했지만 그는 원래 계획을 고수해야 한다고 주장했다.

데이비드와 나는 예상치 못한 상여금을 받아들이는 것이 영 어색해서 서프라이즈 계획을 세웠다. 우리는 피터가 어렸을 때부터 가족과 함께 여름휴가를 보냈던 마서즈 빈야드Martha's Vineyard에서 사용할 보트를 살 계획이 있다는 것을 알고 있었다. 우리는 피터가 보트를 사기 전에 피터에게 줄 보트를 사기 위해 보트 시장을 비밀리에 둘러보았다. 모른 척하며 그가 찾는 모델이 무엇인지 물어본 후, Mako Center Console 보트로 결정했다. 이 보트는 전장 24피트(약 7.3미터)로 마서즈 빈야드 주변의 바다를 누비기에 완벽했다. 우

리는 그의 노고와 관대함에 대한 감사의 표시로 그 보트를 피터의 집으로 배송했다. 완전 깜짝 선물이었다. 16년이 지난 지금도 피터는 그 보트를 정기적으로 사용하고 있고, 그 보트로 내가 평생 낚시를 하면서 잡은 것보다 더 많은 줄무늬 배스와 블루피쉬를 잡았다(피터, 내가 주로 연어만 잡았기 때문에 그런 거 알죠?).

이 무렵, 회사 직원은 43명으로 성장했고 우리는 약 8백만 스퀘어피트(22만여 평)를 임대하고 관리했다. 투자 플랫폼도 어느 정도 주목을 받기 시작했고, 이때 처음으로 부동산 투자 펀드를 모집했다.

같은 해 오피스 임대 수익이 기록적이었음에도 불구하고, 임대 사업이 걱정되었다. 오피스 빌딩의 임대 성공으로, 임대한 건물 중 대부분에서 공실이 없었기 때문에 몇몇 소유주는 지금이 이익을 남기고 매각해야 할 때라고 결정했다. 이렇게 해서 주요 고객들 중 일부를 자연스럽게 잃는 것이 현실적으로 가능해졌고, 이는 우리에게 큰 걱정거리로 다가왔다. 나는 데이비드와 피터에게 이를 걱정하는 이메일을 보냈다.

> 새 업무가 계속 늘어나다 보니, 자칫 우리가 뒤로 밀릴 수도 있다는 사실을 잊었습니다. 매년 사람을 늘리고 새로운 일도 계속 늘리는 것이 꼭 우리에게 최선의 길인지 의심이 들기 시작했습니다. 어쩌면 아닐 수도 있고, 나도 이제 정말 모르겠습니다. 어쨌든 지금까지의 결과는 훌륭했습니다.
>
> 여기서 질문! 우리가 현재 아는 것을 모두 알고 있고, 오늘 Rock Bottom Brewery에 앉아서 창업을 이야기한다면 우리는 어떤

모델을 원할까요? 오늘 창업한다면 어떻게 다르게 할 수 있을까요? 트리니티가 다음 단계로 넘어가야 할 순간이 임박했다는 가정하에 트리니티를 새롭게 혁신해야 할 시점이 된 것 같습니다. 같은 길을 계속 갈 수도 있고, 이 기회를 이용해서 완전히 새로운 길을 만들 수도 있을 것 같습니다.

요약하자면, 향후 몇 년 동안 트리니티가 어떻게 될지 생각해 보길 바랍니다. 우리만의 길을 만드는 사치를 누려봅시다. 틀에서 벗어나 자유롭게 생각하면 뭐든지 가능하니깐요.

나에 대해 말하자면, 나는 임차 대행 분야에서 공격적으로 사업을 하는 것에 지쳐 있었고 새로운 도전을 하고 싶었다. 게다가 이 분야에서 더 큰 역할을 맡을 준비가 된 성숙한 젊은 임차 대행 에이전트들이 있었다. 그래서 나는 2005년에 트리니티캐피털의 투자 플랫폼 개발에 주력하기 위해 임차 대행 업무를 그만 두기로 결심했다. 데이비드도 같은 생각이 있었고 그도 나와 같은 결정을 내렸다. 우리 둘 다 규모가 큰 중개 고객들만 계속 유지했고, 트리니티파트너스를 운영하는 일에 가볍게 관여했지만, 우리의 주된 관심사는 트리니티캐피털의 신규 투자처 확보에 있었다.

처음에 계획은 피터 혼자서 트리니티파트너스를 맡아서 투자 중개 및 관리를 주도적으로 진행하는 것이었다. 그것이 잠깐은 효과가 있었지만 오래 가지 못했다. 셋이 협업하면 매우 강력한 경영 파트너가 된다는 사실을 알게 되었다. 즉 우리 셋 중 누구도 회사를 혼자 운영하는 데 필요한 모든 능력을 갖고 있지 않았다. 그 후 몇 년 동안, 우리 셋 모두 트리니티파트너스의 경영에 참여하면서 필요할 때 역할을 맡았다. 이것이 이상적이지는 않았지만, 어떻게든 잘 되었다.

개인적으로 아내와 나는 14년 전에 신혼여행 출발지였던 파리로 2004년 결혼기념일을 맞아 여행을 떠났다. 우리 둘은 서른아홉 살이었고 두 딸은 각각 열 살, 일곱 살이었다. 흔히 하는 말로 둘이 갔지만, 돌아올 땐 셋이 되어 돌아왔다. 여행을 다녀온 지 한 달여 만에 아내가 셋째 딸을 임신했다는 사실을 알게 됐다. 나는 그해 남은 기간 내내 기분이 좋았고, 가족이 더 늘어난다는 생각에 너무 흥분되었다. 새해가 막 시작된 2005년 1월 5일, 막내 딸인 그레이슨 힐튼 체슨이 태어났다.

2004년과 2005년 및 2006년은 트리니티파트너스가 기록적인 수익을 낸 해였다. 그러나 2007년이 되자 경제 전망이 어두워지기 시작했다. 부동산 시장은 여전히 매우 호황이었고, 사업도 순조롭게 진행되었다. 그러나 금융 시장에 대한 데이비드의 인맥과 이해 덕분에, 우리는 은행들에 문제가 있고 투자자들이 투자를 꺼리고 있다는 사실을 감지하고 있었다. 우리를 포함한 극소수만이 모기지 시장이 재앙으로 다가올 것을 예상했고, 우리는 무언가 잘 못되었다는 것을 좀더 먼저 인지했다.

2008년은 분명히 모두에게 두려운 한 해였다. 시중 은행들이 파산하고, 월스트리트 투자 은행에서 일하는 동료들이 직장을 잃었다. 수년간 "샬럿은 미국에서 가장 강한 두 은행이 받치고 있다!"라는 말이 있었는데, 두 은행 중 한 곳이 역사의 뒤안길로 사라지는 것을 지켜봤다. 우리 회사도 또 다른 역사의 장으로 넘어가야 할 것 같은데, 그곳에서 펼쳐질 이야기가 흥미진진할 것 같지는 않았다.

2008년 9월, 추락할 모든 것이 추락했을 때 우리는 직원들에게 메시지를 전달했다. 다음은 팀원들과 공유한 메모 내용이다.

2008년 9월 30일

<u>트리니티 직원에게 보내는 메시지</u>

신용 위기 소식은 어제까지 우리가 신문에서 읽은 내용 그대로입니다. 그리고 어제 와코비아의 몰락과 다우지수의 최대 폭락으로 상당한 타격을 입었습니다.

와코비아 뉴스가 나오기 전에 부동산 업계 일부에서 볼 수 있듯이, 경쟁사들이 상당한 규모의 해고를 단행하고 있습니다. 그런데 어제 발표된 해고 소식을 계기로 더 많은 해고가 있을 것이 자명합니다. 우리는 이 분위기에서 트리니티의 미래를 도모하고 이 난국을 돌파하기 위해 단결하기를 원합니다.

한 가지 좋은 소식은 트리니티파트너스와 트리니티캐피털에 계신 여러분은 긴장을 풀기 바라며, 여러분의 일자리는 안전하다는 것을 알려드리고 싶습니다. 이번 경제 위기에 직면해, 우리에게 위안을 주는 몇 가지 긍정적인 일들이 진행되고 있습니다.

우리는 우리의 급여와 직원들을 살펴보았고 여러분 모두가 우리의 미션 달성에 중요하다고 판단했습니다. 규모도 적정하다고 생각합니다. 일반 비용 측면에서 보면 허리띠를 졸라매야 하는 것이 맞지만 직원을 해고하지는 않을 계획입니다.

2008년은 트리니티파트너스와 트리니티캐피털에게 견고한 해였고, 견고한 2008년 덕분에 2009년에 상황이 악화될 경우를 대비해 사용할 자금을 비축할 수 있었습니다. 준비된 비축금을 사용할 시기가 된 것 같습니다.

트리니티캐피털에서는 두 번째 부동산 펀드 모집을 30일 앞두고 있습니다. 우리는 상당한 규모의 투자 자본을 확보할 것이며, 이는 많은 경쟁사들이 밀려날 때 우리는 '지속적인 경영을 할 수 있다는 것'을 의미합니다.

트리니티파트너스에서는 변화가 기회를 창출한다는 것을 알고 있습니다. 따라서 회사는 전체적으로 이익을 낼 것이고, 아마도 향후 12~24개월 동안 지속적으로 성장할 것입니다.

이러한 변화를 활용하기 위해 비즈니스 개발에 대한 접근 방식을 바꿀 것입니다.

어제 뉴스는 우리 모두에게 충격이었을 테지만, 내일은 내일의 해가 뜰 것이고, 샬럿은 여전히 살기 좋고 일하기 좋은 아름다운 곳이 될 것입니다. 그리고 트리니티파트너스와 트리니티캐피털은 오랫동안 번창할 것입니다.

비록 주변 환경은 더 안 좋아지고 경쟁은 심화될 것입니다. 우리는 모든 면에서 더 열심히 일해야 합니다. 직원 여러분의 도움이 절실히 필요한 상황이 아닐 수 없습니다. 전투에 돌입해야 하니 모두 전투 패드를 착용하기 바랍니다. 회사 역시 훨씬 더 나아지기를 기대하는 매우 건강한 자세로 전투에 임할 것입니다.

14

비즈니스가 전부가 아니다 - 일과 개인 생활의 균형

나는 워커홀릭이었던 적이 없다. 열심히 일하지만 노는 것도 즐긴다.
균형 잡힌 삶을 사는 것이 중요하다고 생각한다

- 콘돌리자 라이스

"열심히 일하고, 열심히 놀아라"는 말을 많이 들었을 것이다. 나는 그보다는 "모든 것이 여행이다"라는 말이 더 적절한 표현이라고 생각한다. 우리는 창업 후 지금까지 '일주일에 50시간 이상 일하지 않는다'는 규칙을 지켜 왔다. 사무실에서 멀리 떨어지는 것만으로는 맑은 정신을 유지하기 어렵다. 일과 개인 생활 사이의 균형을 유지하는 것은 매우 중요한데, 나는 가족이나 친구들을 만나 교제하는 시간과 취미, 이 두 가지 방법으로 균형 잡힌 생활을 했다.

아내와 딸들, 가족이 없는 삶은 도저히 상상할 수 없다. 아내와 아버지는 항상 나에게 아낌없는 응원을 보냈고, 심지어 누가 너 잘 격려하는지를 두고 경쟁할 정도였다. 이런 가족을 둔 나는 정말 행복한 사람이다. 힘든 시간을 보낼 때 옆에 있어 주는 가족은 최고다. 가족과의 모든 시간이 무조건 좋았던 건 아니지만 대부분은 그랬다. 나는 가끔 친구들에게, 내가 부모로서 후회하는 유일한 것은 더 빨리 부모가 되지 못한 것이라고 말하기도 한다.

세 딸이 자라면서 그들은 나의 변함없는 친구가 되어, 낚시를 함께 가고 아침 식사를 함께 해 주었다. 앞으로 계속 해야 하는 사업가의 험한 생활을 어루만져서 부드럽게 다듬어 주는 역할을 해 주었다. 나는 약 12년 동안 막내딸 그레이슨과 토요일 장거리 러닝 후에 베이글을 함께 먹는 것을 전통처럼 지켜 왔다. 나만큼이나 그레이슨도 그 시간을 즐기는 것 같다.

최근에 한 여행 사업가의 팟캐스트를 들었는데, 그는 이렇게 말했다. "저는 우리 아이의 축구 경기에 간 적이 없습니다. 왜냐하면 그곳에 가서 아이와 보내는 것이 시간 낭비라고 여겼기 때문입니다. 사업을 하면서 사업에 필요한 훨씬 더 중요한 일을 해야 했습니다." 정말일까? 인생의 거의 모든 것은 관계이다. 임종할 때 "가족과 보내는 시간을 줄였으면 좋았을 텐데..."라고 말하는 사람은 아무도 없을 것이다.

일과 개인 생활 사이에서 건강한 균형을 유지하기 위해 두 가지를 했는데, 첫 번째는 가족과 친구들과 함께 시간을 보내는 것이었고, 두 번째는 취미였다. 일에 쏟는 열정과 에너지를 취미에도 똑같이 쏟아 부을 때, 정신은 물론이고 신체도 건강해졌다. 트리니티를 시작하고 몇 년 후, 예전에 은행에서 기업 대출 담당자로 있을 때 고객이었던 한 사람을 만났다. 그와 그의 파트너는 다른 업종에서 성공한 사업가였고 나는 불과 몇 년 전에 부동산 사업을 시작했다고 이야기했다. 그는 "흥미롭군요. 일주일에 70~80시간 일하고, 우리가 예전에 그랬던 것처럼 잠도 많이 못 자고 피곤하지 않나요?"라고 물었다. 나는 이렇게 대답했다, "아뇨. 전혀 그렇지 않습니다. 물론 스트레스는 있지만 그보다 재미가 더 커요. 전 그렇게 많이 일하지 않고 아주 잘 지내고 있답니다." 그는

내 대답이 별로 달갑지 않았던 것 같은데, 어쨌든 축하해 주었다.

    수 년 동안 나는 다양한 취미들을 꾸준히 즐기고 있다. 어릴 때부터 했던 낚시는 물론, 성인이 되어 시작한 취미도 있다. 주변에 매일 아침 7시부터 저녁 8시까지 일하는 동료들도 있었지만, 나는 그런 생활에 결코 동의하지 않았다. 오늘날 일부 사람들이 '밀레니얼 라이프스타일'이라고 부르는 것을 나는 그 당시에 이미 받아들였으며, 직장 안에서 하는 일보다 직장 밖에서 누리는 생활에 더 높은 우선순위를 두었다.

    35살 때 붓을 들고 풍경화, 초상화, 정물화를 그리기 시작했다. 처음에는 실력이 형편 없었다. 그래서 그해 크리스마스에 아내는 근처에 있는 갤러리의 수강권을 선물로 주었고, 일주일에 한 번씩 저녁 수업에 참석하기 시작했다. 이 수업 외에도, 그림 관련 책들을 여러 권 샀다. 이 중 몇 권은 기본서였고, 일부는 고급 스킬을 다루는 책이었다. 나는 훌륭한 그림의 조건이 무엇인지 배웠는데 적어도 그림을 이제 막 시작한 그 시점에, 나에게는 타고난 재능이 없다는 것을 확실히 알게 되었다. 내가 가진 약간의 운동 신경처럼, 그림에 능숙해지고 싶다면 나 스스로 그림을 열심히 그리는 방법밖에 없다는 것을 알았다.

    나는 그림 그리기에 깊이 빠져들었다. 거의 매일 밤, 아내가 옆에서 텔레비전을 보는 동안 미술 전용 책상에서 그림을 그렸다. 유화 물감을 섞는 법과, 명도 단계를 이용하여 그림 그리는 법을 배웠다. 그리고 색상, 구도, 드로잉, 엣지, 명암, 다섯 가지 핵심 지표를 고려해서 그림 그리는 방법도 배웠다. 모네, 반 고흐 그리고 다른 많은 인상파 화가들에 대해서도 공부했다. 그래서 그런지 나의 화풍은 매우 느슨하고 컬러풀했다. 3년 동안, 80점 정도의 그림을 그렸고, 지역 미술 전시회에서 몇 점을 팔기까지 했다.

풍경화 대신 초상화를 그리기 시작했을 때 친구들과 가족들이 자신들의 아이들을 그려 달라고 부탁했기 때문에 그림 그리기 취미에 대한 나의 열정이 식기 시작했다. 사람들의 부탁이 밀려서 일이 되면서 점차 그것은 즐거운 취미가 아닌 의무가 되었다. 그림 그리기를 취미로 시작한지 3년만에 붓을 놓았고, 그 이후로 붓을 손에 들지 않았다. 아마도 언젠가는 붓을 다시 들지도 모르겠다.

내가 가장 좋아하는 취미는 달리기였다. 나는 대학교 때 조정 경기 팀원으로 조정 연습을 할 때 달리기를 하곤 했다. 왜냐하면 혹독한 조정 경기 시즌을 버티는 데 있어 가장 빠른 방법은 달리기라는 것이 코치의 지론이었기 때문이었다. 대학교 때는 단지 해야 했기 때문에 뛰었다. 샬럿으로 이사를 오고 회사 일을 시작했을 때도 가끔 달리기를 했는데, 그것은 체육관에 가지 않고도 운동을 할 수 있는 가장 빠르고 효율적인 방법이었기 때문이었다.

1995년 30살이 되었을 때 한 이웃과 함께 훈련을 해서 10킬로미터 달리기 대회에 나가기로 했다. 이 계획을 회사에도 이야기했다. 그러나 내가 원하는 대로 되지 않았고 달리기는 엉망이 되었다. 나는 내 예상보다 너무 느리게 달렸고, 이 결과에 화가 났다. 나는 내가 달리는 방법을 전혀 모른다는 사실을 깨달았다. 그래서 *Runner's World*라는 잡지를 구독하고, 제프 갤러웨이Jeff Galloway의 『Galloway's Book on Running』를 사서, 제대로 달리고 훈련하는 법을 독학으로 익히기 시작했다.

다음 해에, 10킬로미터를 43분 만에 달렸는데, 전년보다 12분이나 더 빨라진 기록이었다. 10킬로미터를 12분이나 단축하는 대단한 발전을 이루었다. 그해에 달리기 훈련을 하면서 달리기를 정말로 즐기기 시작했다. 그러나 그것은 지금까지 26년 동안 이어진 취미의 시작에 불과했다.

나는 체력이 닿는 한 5킬로미터부터 하프 마라톤에 이르기까지 짧은 레이스를 즐겼다. 사실 하프 마라톤이 내가 가장 좋아하는 거리다. 주된 이유는 컨디션이 나쁘지 않은 이상 그 정도 거리를 달려서 아프지 않기 때문인데, 심지어 좀 빨리, 그리고 무리해서 뛰어도 괜찮은 거리이기도 하다. 마라토너들이 느끼는 황홀경을 가끔 느낄 때가 있는데 나의 경우 하프 마라톤을 뛸 때 간혹 그렇게 된다.

마라톤 풀코스를 뛰는 것은 수년 동안 시도조차 하기 어려운 높은 장애물 같았다. 마라톤을 하는 다른 사람들로부터도 그런 이야기를 많이 들었고, 심지어 준프로들도 같은 이야기를 했다. 어떤 친구는 "42킬로미터를 운전하는 것도 좋아하지 않는데, 마라톤이 왠말이냐"라고 말하기도 했다. 하지만 마라톤을 하는 다른 친구들이 참가하는 것을 보고 결국 한번 해보기로 결심했고, 마흔다섯 살에 마라톤 풀코스를 위한 훈련을 시작했다. 그해 가을 나는 마흔여섯 살로 접어들었고, 2011년 10월에 열리는 시카고 마라톤에 참가할 준비를 마쳤다.

열심히 준비했지만, 확실히 풀코스를 뛰기에는 경험이 부족했다. 35킬로미터 지점부터 힘들어지기 시작했는데, 포도당이 고갈되면서 기력이 빠지기 시작하고 고통이 매우 극심해졌다. 벽에 부딪혔을 때보다 더 아픈 느낌을 받았으며, 그렇게 심한 통증을 느껴본 적이 없었다. 마라톤을 같이 하는 한 여성 친구는 벽에 부딪히는 것 같은 고통을 출산에 비유했는데, 나는 누군가가 등쪽에서 내장을 끄집어내는 것 같은 느낌이라고 말하고 싶다. 그 느낌은 전혀 경험하고 싶지 않은 고통이었다.

풀코스 완주 후, 아내에게 "이제 다시는 마라톤을 뛰지 않을 텐데, 내가 한 번 더 마라톤을 한다고 그러면 내가 말한 이 느낌을 꼭 상기시켜줘"라고 말했다. 이 말은 우리 부부 사이의 농담 레퍼토리가 되었다. 왜냐하면 나는 많은 마라톤 후에 똑같이 말했고, 지금 2021년 가을 열두 번째이자 마지막 마라톤을 위해 열심히 연습 중이기 때문이다. 이번에도 역시 훈련이 너무 힘들기 때문에 이번이 진짜 마지막이기를 바란다.

마라톤을 시작하면서 애벗 월드 마라톤 메이저Abbott World Marathon Majors 시리즈에 대해 알게 되었다. 주요 골프나 테니스 대회처럼, 이 마라톤 시리즈에는 누구나 참가 신청을 할 수 있다. 프로 마라톤 선수들도 이 시리즈에 출전하는데, 우승하면 큰 상금을 받는다. 아마추어의 경우에는 6개의 레이스를 모두 완주하는 것만으로도 엄청 큰 성과로 간주되며, 완주 시 특별한 메달을 받을 수 있다. 세계 6대 마라톤 대회로, 미국의 시카고, 뉴욕, 보스턴 마라톤이 있으며, 해외에는 베를린, 도쿄, 런던 마라톤이 있다(2021년에 애벗은 7번째 대회를 추가했는데, 남아프리카 공화국의 케이프타운 마라톤이 2025년부터 이 시리즈에 편입될 것이다). 고맙게도 나는 2019년 도쿄 마라톤을 끝으로 6대 마라톤을 완주했다. 코로나 팬데믹이 닥치기 직전에 말이다. 흥미로운 도시에서 뛰는 것도 즐거운 일이지만, 방문하지 못했던 일부 도시들을 마라톤을 계기로 다시 여행하는 것도 의미가 있었다. 그래서 마라톤은 여러모로 장점이 많은 취미다.

2019년 우리 동네에서 발행하는 잡지인 *Dilworth Life*에 나의 마라톤 경험담이 기사로 나왔다.

> 런닝맨 게리 체슨! 6개의 메이저 마라톤 완주하다!
> DL 콘텐츠 코디네이터, 델리아 맥멀런 편집
>
> 딜워스의 게리 체슨은 지난 8년 동안 11개의 마라톤을 완주했는데, 세계에서 가장 크고 유명한 마라톤인 월드 마라톤 메이저 6개의 대회가 모두 포함된다.
>
> 게리는 "훈련은 20주 동안 진행하며, 훈련 중에 대부분의 사람들은 최대 35킬로미터까지 달리며, 대회 2~3주 전부터는 달리는 거리를 조금씩 줄입니다"라고 말했다. 그는 보통 일주일에 네 번씩 근력 운동을 하러 체육관에 가지만, 달리기는 그의 체력 단련과 스트레스 해소를 위한 주요 수단이다. 게리에게는 훈련 파트너가 따로 없으며, 그의 아내는 그가 참가하는 모든 마라톤에 후원자로 동행했다.
>
> 게리는 6대 마라톤 대회에서의 그의 추억을 이렇게 공유했다.
>
> 2011년 시카고: 나의 첫 마라톤이었습니다. 고통이 그렇게 극심할 줄은 몰랐습니다. 35킬로미터 지점부터 한계가 왔고 남은 코스 내내 고통스러웠습니다. 나는 아내에게 이렇게 말했습니다. "내가 이걸 또 하고 싶다고 하면, 당장 말려줘!" 하지만 그 이후로 열 번을 더 했기 때문에 이제 이 말은 농담이 되었습니다. 3시간 57분의 기록으로 완주했습니다.

2013년 보스턴: 아내와 나는 폭탄 테러가 일어날 때 같은 블록에 따로 떨어져 있었습니다. 폭탄이 터진 곳과 거리가 멀리 떨어져 있어서 다치거나 하지는 않았습니다. 나는 4시간 1분으로 완주했습니다.

2013년 뉴욕: 마라톤 직전 주말에 아팠습니다. 마라톤 당일, 열도 나고 더 아팠지만 포기하지 않고 달렸습니다. 관중들이 매우 많았지만 몸이 너무 아파서 매우 힘든 레이스였습니다.

2016년 런던: 아내와 막내 딸 그레이슨이 동행했고, 우리는 즐거운 시간을 보냈습니다. 런던의 거리와 타워 브리지를 달리는 것은 그야말로 서사적인 경험이었습니다.

2017년 베를린: 평탄하고 빠른 코스인데, 몸이 좀 안 좋아서 그냥 즐겁게 달리기만 했습니다. 경주 전후 먹은 맥주와 브랫츠는 정말 기억에 남습니다. 둘째 딸 엠마와 아내, 그레이슨이 함께 했습니다. 완주 기록은 4시간 6분이었습니다.

2019년 도쿄: 날씨가 정말 혹독했습니다. 42도의 폭염에, 경기 내내 폭우가 내렸습니다. 군중들은 매우 열광적이었고, 낯선 언어로 격려의 말을 들으며 도쿄를 달리는 초현실적인 경험을 했습니다.

게리는 폭탄 테러 다음 해인 2014년에도 보스턴 마라톤에 참가했고, 그는 보스턴 마라톤 경기를 가장 좋아한다. 이와 관련해서 게리의 말을 들어보자. "보스턴에서는 그 월요일을 '보스턴의 애국의 날'로 기념합니다. 2014년에 보스턴 마라톤에 참가한 선수와 관중들은 모두 '테러리스트가 우리를 겁주지 않게 하겠다'는 자세로 경기에 임했습니다. 레이스 내내 이를 축하하는 분위기가 가득했습니다."

다소 아이러니하게도, 게리는 마라톤 풀코스를 가장 싫어하는 거리라고 말한다. "그런데, 왜 계속 뛰나요?"라고 물으면 게리는 두 가지 대답을 한다. 첫째, 잠언 26장 11절 말씀인 "개가 그 토한 것을 도로 먹는 것 같이 미련한 자는 그 미련한 것을 거듭 행하느니라"를 인용한다. 그는 웃으면서 "마라톤은 아플 것을 알면서도 뜨거운 난로를 계속 만지는 것과 같다!"라고 말한다. 둘째, 마라톤에는 무언가 대단한 것이 있다고 말한다. 4만~5만 명의 선수들이 달리고, 큰 대회에서는 코스를 따라 1백만~2백만 명의 관중들이 선수들을 응원하는데, 프로 선수나 올림픽 선수가 아닌 이상 이러한 경험을 어디서 할 수 없다는 것이 그의 생각이다.

게리의 결론은 다음과 같다. "저는 아마도 마라톤을 한 번 더 할 것 같습니다. 전에도 이런 말을 한 적이 있기는 한데 이번은 정말일 것 같아요. 아마 2020년 파리 마라톤이 마지막 마라톤이 아닐까 싶습니다." 게리는 단순히 뛰는 것이 아니라 그 안에서 무언가를 찾으려고 한다. "마라톤은 어떤 사람들에게 깊은 인상을 남깁니다. 6개 메이저 대회, 총 열한 번의 마라톤 완주가 실제로 그렇게 많은 완주 기록은 아닙니다. 어떤 선수들은 수십 번의 완주 기록을 가지고 있기도 하니깐요. 사실 저는 마라톤이 열리는 멋진 곳을 여행하면서 그곳의 문화, 사람, 음식을 즐기고, 그 거리를 달릴 수 있을만큼 건강하다는 것만으로도 행운이라고 생각합니다."

나는 인스타그램에 많은 마라토너를 팔로우하는데, 그들은 자신들의 레이스 경험이나 훈련 상황을 자신의 인스타그램에 게시한다. 2019년 가을에 나는 다음의 글을 나의 인스타그램에 올렸다.

> 나이 들어 머리가 희끗희끗해진 후, 지난 세월 동안의 달리기 인생을 돌아볼 때 가장 좋았던 추억은 도로에서 달린 레이스나 마라톤이 아닐 것이다. 가장 행복한 기억으로 남은 달리기는 토요일 장거리 달리기일 것이다. 오늘은 강을 따라 나 있는 16킬로미터 거리의 산 계곡 코스로, 시작 지점의 경사는 31도이다. 최근에 내린 비로 강물 수위는 높고 산은 형형색색으로 물들어 있다. 내 몸에는 엔돌핀이 넘쳐서 이번 주말을 즐길 준비가 되었다!

"당신의 커리어는 마라톤이지 스프린트가 아니다"라는 지혜로운 친구의 말이 다시 떠오른다. 에너지가 넘치는 사업가에게도 균형을 찾는 일은 반드시 필요하다. 나는 우리 업계에서 많은 동료들이 탈진하는 것을 보면서 취미를 꾸준히 유지하는 것에 대한 동기를 부여받았다. 비즈니스에 집착할수록 숨통이 트일 가능성이 적다는 것을 기억하기 바란다.

나는 플라이 낚시, 소금 물고기 낚시, 불 레드피쉬 서프 낚시를 사랑한다. 그리고 최근에는 일본 잉어를 기르는 또 다른 취미가 생겼다. 2018년, 작은 잉어 연못이 있는 새 집을 매입했고, 이 연못을 확장 리모델링한 후에 이 새로운 취미가 굉장히 복잡하다는 것을 알게 되었다. 겉에서 보면 그저 물이나 물고기가 있고, 물고기 사료를 주는 정도로 생각하겠지만, 그 이면에는, 1~2킬로그램의 물고기 열두 마리를 위한 만여 톤의 자연 생태계를 유지해야 하는, 흥미로운 과학이 존재했다. 게다가 잉어들이 산란할 때 매년 태어나는 수백 마리의 새끼를 잡아 먹는 살찐 블루길 한 마리도 두어야 한다.

사회생활을 처음 시작할 때 아버지는 비즈니스 목적으로 골프를 더 많이 쳐야 한다고 말씀해 주셨다. 하지만 안타깝게도 나는 골프가 좋아질 만큼 충분히 연습할 시간을 내지 못했기 때문에 골프를 좋아하지 않는다. 골프를 치며 보낸 시간을 돌이켜보면, 아마도 나는 골프를 좋아하지 않을 이유가 있었다. 주된 이유는 골프를 치는 동안 절반 정도의 시간은 좌절에 빠져 있다가 라운드를 끝내기 때문이었다!

부동산 전문가로 취미가 중요하다는 것을 알지만 어린 자녀가 있다면 쉽게 취미 생활을 시작하지 못할 수도 있다. 솔직히 말해서, 나 역시 딸들이 어렸을 때는 취미 생활에 거의 관심을 가질 겨를이 없었다. 하지만 딸들이 모두 성인이 된 후에는 다른 취미를 즐길 시간이 훨씬 많아졌다.

15

스트레스에서 벗어나야 한다

내일 일을 위하여 염려하지 말라 내일 일은 내일이 염려할 것이요

한 날의 괴로움은 그 날로 족하니라

- 마태복음 6장 34절

2002년에 모교인 UNC의 캐넌플래글러 경영대학원Kenan-Flagler Business School에서 강의를 했다. 트리니티파트너스에서의 첫 4년과 트리니티캐피털에서 첫 1년 동안 걸었던 사업가의 여정에 초점을 맞춘 짧은 프레젠테이션으로 강의를 진행했다. 그때 만든 프레젠테이션의 노트를 살펴보니 평소에 말하지 않았던 내용을 그 자료에 넣었었다. 노트 내용은 다음과 같았다. "트리니티파트너스에서 일하는 것에 지쳐가고 있다. 활기차고 재미도 있지만 지쳐 있다. 그것이 바로 우리가 트리니티캐피털을 통해 투자를 진행하고 부를 쌓는 것에 공을 들이는 이유이기도 하다. 왜냐하면 50대에도 미친 듯이 거래를 중개하고 싶지 않기 때문이다."

요즘에는 20년 전에 없던 정신 건강에 대한 대화를 많이 나누기도 하지만 예전이나 지금이나 압박감은 다르지 않다. 좋은 스트레스와 나쁜 스트레스가 있지만 둘 다 스트레스는 스트레스이고 각각 정신 건강에 상당한 악영향을 미친다. 트리니티에서 우리는 항상 가족을 최우선에 두고, 즐겁게 생활

하고, 개인적인 삶과 직업적인 삶에서 균형을 유지하고 싶어했다. 그러나 스트레스를 주는 요인들이 끊임없이 생기고, 그것들이 우리가 높은 순위에 둔 개인적인 가치들을 후퇴시키고, 때로는 스트레스에 매몰시키기도 하고, 혼란에 빠트리기도 했다.

우리 셋은 항상 회사를 위해 수익을 내고 신규 사업을 해야 한다는 압박감을 느끼는데, 나는 이것을 좋은 스트레스라고 부르고 싶다. 우리는 서로를 실망시키지 않기 위해 각자 자기 자리에서 최선을 다했다. 상대방보다 더 좋은 성과를 내야 할 필요성을 전혀 느끼지 못했고, 단지 파트너십을 유지할 뿐이었다. 좋은 스트레스는 오히려 재미있을 수도 있다. 새로운 사업을 시작하고, 고객을 찾고, 이전보다 더 큰 새로운 프로젝트를 수행하고, 새로운 사람을 채용하고, 경쟁이 매우 치열한 시장에서 성공하는 것은 즐거운 일로 좋은 스트레스가 된다.

좋은 스트레스는 기분을 좋게 하고, 심지어 중독성도 있다. 이기면 더 많이 이기고 싶어진다! 나는 스스로 만족해질 것 같으면 나 자신에게 "아직 멀었어. 이미 도착했다고 생각하면 경쟁에서 질거야. 그러니까 갈구하면서 공격적인 상태를 유지해야 해!"라고 주문을 건다. 아마도 이건 나의 A형 성격 Type-A Personality 유형과 운동 경력이 반영된 탓일 것이다. 나는 항상 새로운 것에 도전하고, 밀어부치며, 결코 안주하지 않는 성격이다. 이러한 나의 사고방식으로 인해 개인적으로, 트리니티 창업주로써 꿈도 꾸지 못했던 프로 영역까지 올라갔다. 하지만 이 좋은 스트레스도 나를 지치게 만들고, 어느 시점에 가서 체크하지 않고 그냥 두면 나쁜 스트레스만큼이나 해를 끼칠 수 있다.

내가 어떤 문제를 말하면 피터는 항상 "한숨 자고 나면 해결하지 못할 것이 없다"라고 말하기를 좋아했다. 하지만 때때로 스트레스 요인들에 압도당하기도 했는데, 나쁜 스트레스가 나타나면 특히 더 심했다. 나쁜 스트레스는 개인적으로나 업무적으로 쉽게 식별할 수 있다. 나쁜 스트레스는 가족 문제, 사람들과의 관계, 건강 문제일 수 있다. 업무적으로는 소중한 직원을 잃거나, 고객이 소리를 지르거나, 일이 제대로 추진되지 않을 때 나타날 수 있다. 스트레스에서 벗어나는 방법을 꼭 찾아야 한다.

나의 탈출구는 달리기였다. 달리기를 하는 날이면 그날의 3분의 2를 엔돌핀으로 가득 채워서, 활력을 되찾아서 세상과 맞서 싸울 준비를 갖췄다. 또한 달리기는 내가 직면한 개인적이고 사업적인 과제들을 생각하고 처리할 시간을 주었다. 달리기를 하는 동안 수백 가지 문제를 해결했고, 트리니티를 위한 훌륭한 아이디어들도 매우 많이 얻었다.

데이비드는 유난히 힘이 드는 날에는 일찍 집을 떠나 그가 자란 농장으로 향했다. 그 농장은 집에서 불과 40분 떨어진 거리에 있었다. 그는 불도저를 타고 들판으로 나가 나무들을 쓰러뜨리기 시작했다. 얼마나 재미있을까? 물론 데이비드가 최악의 날에만 가족 농장에 가는 것은 아니었다. 그는 정기적으로 농장에 가는 것을 즐겼다. 그는 아들들과 함께 그곳에서 소를 키웠는데, 바쁜 상업용 부동산 세계를 떠나 소에게 먹이를 주는 것보다 더 좋은 일은 없어 보였다. 돈을 아무리 많이 벌고 성공을 크게 하더라도 데이비드는 그 농장에 갈 것이다. 그리고 재미있고 흥미롭기만 한 건 아니고 스트레스도 있지만 그렇다고 해서 회사 일을 그만두지도 않을 것이다.

우리 셋은 모두 낚시를 좋아했다. 2008년에 창립 10주년을 맞아, 나는 데이비드와 피터 그리고 업계 리더인 테리 브레넌Terry Brennan과 함께 플라이 낚시를 위해 몬태나에 갔다. 그 여행은 10년간 함께한 것에 대한 나의 감사 표시였다. 우리는 낚시 여행을 서부로는 거의 가지 않았다. 낚시와 사냥을 노스캐롤라이나 산이나 해안 또는 사우스캐롤라이나 해안에서 주로 했다. 이러한 여행들은 업무 스트레스에서 벗어날 수 있는 유쾌한 탈출구였다. 다음은 여행을 알리기 위해 그들에게 쓴 메모 내용이다.

데이비드와 피터에게

우리의 10주년을 축하합니다. 트리니티파트너스를 시작한 지 10년이 되었다는 것이 정말 믿기지 않습니다. 이렇게 성공할 줄은 상상도 못했고, 우리의 파트너십이 이렇게 오래 지속될 줄도 몰랐습니다. 모든 면에서 그저 즐겁고 놀라울 뿐입니다.

목적지에 도착했다고 생각하는 순간 밧줄을 단단히 걸어야 할 때라는 것을 결코 잊지 말았으면 좋겠습니다. 어떤 대가를 치르더라도 자신의 권리를 주장해야 한다는 사고방식을 갖지 않는 게 좋을 것 같습니다. 게다가, 매일 최선을 다해서 일을 하고 에너지와 흥분을 유지하는 것도 즐거운 것 같습니다.

여러분들과 함께할 앞으로의 10년이 정말 기대가 됩니다. 가정에서, 직장에서 그리고 모든 곳에서 최선의 삶을 살 수 있기를 바랍니다.

10년 동안 함께한 것에 대한 감사의 표시로, 여러분들을 데리고 서부로 떠나는 즐거운 여행을 추진할 생각입니다. 3박 4일 동안 파이브 리버스 롯지에서 낚시를 할 예정입니다. 마음 같아선 래브라도나 칠레 같은 완벽한 세상으로 떠나 일주일 동안 고독한 낚시를 하고 싶지만, 그 여행을 달가워하지 않을 아내들과 가족이 있으니까 참겠습니다.

아내가 "내가 집에서 아이들과 함께 있는 동안, 당신은 '일'이라는 미명 하에 그런 쓸데없는 일들을 하고 다닌다"라고 몇 번이나 말했던 것을 생각하니 웃음이 난다. 그녀의 요지는 타당하다. 특히, '집에서 아이들과 함께'라는 구절에서는 더욱 그렇다. 그러나 그녀가 전혀 이해하지 못한 한 가지가 있는데, 우리가 아침, 점심, 저녁으로 얼마나 많은 스트레스를 받는지였다.

집에서 행복하지 않으면 직장에서 행복하지 않을 것이고, 든든한 동반자와 행복한 가정생활을 영위하는 것은 사업 성공의 기반을 마련하는 데 큰 부분을 차지한다. 내 인생의 COO인 아내가 없었다면 나의 스트레스는 훨씬 더 심했을 것이다. 안타깝게도 가정의 COO인 아내들은 성공한 남편의 배후에서 인정은 받지 못한 채 조용히 내조를 하기 때문에 겉으로 드러나는 영광을 받지는 못한다. 하지만 내가 이룬 성공의 50%는 전적으로 아내 덕분이다. 왜냐하면 청구서를 관리하고, 세 딸을 돌보고, 가사와 관련된 모든 일을 처리하는 것을 포함해서 가정에 필요한 일들은 그녀가 모두 처리했으며, 그녀가 그렇게 하지 않았다면 내 에너지를 사업에 모두 쏟을 수 없었을 것이기 때문이다. 친구들은 종종 "와, 자네는 정말 대단한 것을 이루었군"이라고 말하지만 사실 아내가 없었다면 나는 결코 지금만큼 성공하지 못했을 것이다.

나는 스스로를 어떨 땐 외향적이고 어떨 땐 내향적이라고 생각한다. 왜 내향적이라고 했냐면, 내가 왜 잘못된 방향으로 가고 있는지를 찾은 다음에 스트

레스와 불안감에서 스스로 벗어나고자 나 자신에게 격려의 말을 하고자 조용히 반성하는 시간을 좋아하기 때문이다. 돌이켜보면 특별한 일이 있을 때 내 생각을 기록으로 남겼다. 2009년 2월, 대침체와 금융위기가 닥쳐서 암울했던 시기에, 나는 나를 짓누르고 있는 모든 것들을 기록으로 남겼다. 기록을 잠깐 살펴보자.

> 이런 스트레스들이 생기면 나는 늪에 빠져서 몸을 옴짝달싹하기 어려운 불쾌함에 빠지고, 이렇게 되면 내 능력이 제 기능을 발휘하기 어려워지고, 적극적이고, 낙천적이고, 활기찬 생활을 하기도 어려워진다. < 중략 > 기억하기 바래. 너는 사업가야. 두려움이 너를 개인적으로나 직업적으로 휘두르도록 방치하지 말길 바래. 너의 열정을 불태울 수 있는 곳, 획기적인 일을 할 수 있는 곳, 밝은 미래가 있는 곳, 하루가 알차서 빨리 지나가는 곳으로 돌아가자. 그러한 곳이 바로 너가 속한 곳이야. 즐기자, 마음을 가볍게 하자, 주변에 넘쳐나는 부정적인 감정을 떨쳐 버리자. 너를 방해하는 것들을 멀리하자.

나는 항상 다음과 같이 주의를 환기시키면서 스스로를 격려하는 대화로 끝을 맺는다. "자, 침착하게! 웃어, 진정해. 그리고 생각해." 23년 동안, 그것은 나에게 꽤나 좋은 조언이 되었다.

은퇴 관련해서 여러 해 동안 몇 번이나 일정을 조정했으며 2019년 가을이 되어서야 완전히는 아니고 일부 업무에서 은퇴하는 걸로 결정했다. 그리고 그 결정을 하고 난 후 내가 얼마나 많은 압박감을 계속해서 받았는지를 새삼 알 수 있었다. 다시 말하지만, 대부분의 스트레스는 좋은 스트레스였지만 일부는 나쁜 스트레스도 있었다. 물론 세 딸을 키우고 건강한 결혼 생활을 유지하는 데 따르는 불가피한 수고는 여기에 포함되지 않았다. 가정 생활이 탄탄하지 않았다면 직장에서 그 정도의 성과를 이룰 수 없었다는 점에는 의심의 여지가 없다.

    2019년 추수감사절에 가족 사진을 찍었는데 내 얼굴이 몇 년 전보다 더 행복하고 편안해 보였다. 가족 사진을 본 아버지께서 그 사실을 알려 주신 덕분에 나도 그 차이를 알아챌 수 있었다. 언제나 그렇듯, 바쁜 직장 생활이라는 버스에서 내리는 것과 그 버스에 계속 머무는 것을 결정하는 것이 그렇게 간단한 일이 절대 아니다. 왜냐하면 일을 하면서 갖는 열광적인 경험 중 일부는 정말 재미있고 흥미진진하기 때문이다. 특히 창업자이거나 성과를 크게 내 본 사람에게는 은퇴라는 결정이 더욱 어렵다.

    따라서 은퇴가 매력적으로 들리기는 하지만 단번에 결정할 수 있는 사안은 아니다. 하지만 은퇴를 하면 스트레스를 받지는 않는다. 적어도 나는 스트레스를 받지 않기를 바란다! 나는 이웃 남자 성도들과 함께하는 성경 공부 모임에서 "우리 각자는 옆구리에 나쁜 일이 담기는 통을 평생 차고 다녀요. 한 가지 나쁜 일을 해결하면 통이 조금 비워지는데, 또 다른 나쁜 일이 채워지죠. 그래서 그 통을 평생 완전히 비울 수는 없어요"라는 말을 자주 하곤 한다. 이

것이 인생이다. 우리 인생에는 뛸듯이 좋고 놀라운 축복들이 많이 있으며, 끊임없이 일어나는 자잘한 문제들도 계속해서 생기며, 우리는 일생 동안 이 모든 것을 안고 간다. 따라서 스트레스를 해소할 수 있는 탈출구를 찾고, 그 스트레스를 매일 관리하는 방법도 찾는 것은 매우 중요한 일이다. 특히 회사를 운영하는 사람에게는 스트레스가 항상 있다. 사업가라면 위험을 무릅쓰고 스트레스를 무시하기 바란다.

16

추진력이 성패를 결정짓는다

나는 직원을 채용할 때 야망과 겸손이라는 두 가지를 중요하게 생각한다.
주도성과 야망에 대한 입증된 실적이 없다면
회사에 기여하는 사람이 아니라 소모품이 될 가능성이 높다.
이는 정말 똑똑하고 재능 있는 사람에게도 해당되는 말이다
- 저스틴 맥레오드, 힌지 창립자 겸 CEO

나는 20% 더 똑똑해지고 싶다. 트리니티 팀원들에게 이 말을 자주 했기 때문에 그들은 이 글에 새삼 놀라지도 않을 것이다. 내가 20% 더 똑똑하다면 많은 일들이 훨씬 더 쉬워질 것 같은 느낌이 든다. 업계 동향을 더 빨리 파악할 수 있을 것이고, 경제적 결과도 더 정확하게 가늠할 수 있을 것이다. 내가 20% 더 똑똑하다면 나의 하루를 방해하는 사소한 것들을 쉽게 더 잘 처리할 수 있을 것이다.

나는 20% 더 똑똑하진 않지만 지난 몇 년 동안 만난 보통의 남성이나 여성보다 훨씬 더 높은 추진력을 가지고 일을 했다. 나는 세 딸에게 직장에서 관찰한 내용을 정기적으로 이야기하곤 한다. 대략 이런 내용이다. "너희들이 매우 똑똑하지만 추진력과 강한 직업 윤리 의식이 없다면 평범한 직장인에 머무를 것이다. 네가 가장 뛰어나지는 않지만 추진력이 있다면 학교나 직장에서 탁월할 뿐만 아니라 평균 이상으로 일을 잘 할 수 있다. 네가 추진력이 있는 상태에서 적절한 호기심과 지적 능력을 갖추고 있다면 사회에서 일을 하는

중에 많은 사람들이 너를 위해 일을 할 것이다. 그리고 무서울 만큼 똑똑하고 추진력이 있는 사람들은 언제나 있을 것이다. 그 사람들은 세밀하게 잘 볼 수 있으며, 백만장자나 억만장자가 되어서 세상을 변화시키는 제품과 회사를 만들어 낼 것이다."

세 명의 창립자 중 누구도 모든 것을 가지고 있지 않았다. 우리는 각자 자신만의 탁월한 능력을 지니고 있었고, 그 능력들이 하나로 합쳐져서 엄청난 팀이 만들어졌다. 예를 들어 데이비드는 대립을 싫어하는 편이었고, 인재를 평가하거나 채용하는 데는 그다지 능숙하지 않았다. 그러나 우리 중에서 단연코 가장 현명하고 똑똑했다. 그의 성격과 기질은 항상 침착한 자신감을 드러냈고, 어려운 상황에서도 가장 잘 대처했다.

피터는 우리 팀을 매우 활기차게 만들었다. 그가 옷을 잘 입는다는 의미는 아니다. 왜냐하면 그의 셔츠 중 팔꿈치에 구멍이 난 것을 보고 가끔 그를 놀렸기 때문이다. 그러나 그의 기분 좋은 태도는 자신감과 호감으로 이어졌고, 이는 고객과 회사 직원 모두에게 매력적인 요소였다.

데이비드가 현명하고, 피터가 팀을 활기차게 만들었다면, 나는 셋 중에 추진력이 가장 좋은 사람이었다. 나는 항상 밀어붙이고, 꿈을 꾸며, 결코 안주하는 법이 없었다. 항상 더 크게 생각하고 성공에 안주하지 말자고 얘기하곤 했다. 나는 어머니로부터 추진력을, 아버지로부터 직업 윤리 의식을 물려받은 것 같다. 하지만 이런 강한 추진력 때문에 어떤 결정을 내릴 때 충동적이었고, 때로는 그 결정이 이성적이지 않을 때도 있었다. 항상 먼저 쏘고 나서 나중에 조준했다. 데이비드의 느리고 신중한 의사결정, 나의 충동성과 추진력, 피터의 중도적 관점이 결합될 때 우리는 사려 깊고, 신중하고, 공격적인 의사결정 사이에서 완벽한 균형을 이루었다.

한 명의 리더가 회사 운영에 필요한 모든 재능과 기술을 갖추기란 어렵다. 모든 능력을 갖추고 있지 않다면 특정 기술을 보완할 수 있는 사람(파트너나 직원)을 주변에 두는 게 좋다. 하지만 우리 중 많은 사람들은 자신의 부족함을 전혀 알지 못한다. 자신의 한계를 인식하는 일에 힘을 쓸 수 있기를 바란다.

아리스토텔레스는 "전체는 부분의 합보다 크다"라고 말했다. 우리는 종종 수학을 사용해 트리니티에서의 시너지 경험을 설명했다. 우리가 초창기에 트리니티를 만들 때 1 + 1 + 1 = 7과 같다고 말했다. 회사가 성장함에 따라 이 지수 개념은 다른 팀원들을 통해 드러났고 트리니티의 다른 지사로 확대되었다.

나는 22살 때 와코비아의 기업 대출 교육 프로그램에 참여했는데, 추진력과 직업 윤리에 대한 귀중한 교훈을 배웠다. 은행의 한 임원이 시장 점유율에 대해서 다음과 같은 이야기를 해 주었다.

기업 대출 기관인 우리는 시장 기회의 50%를 알고 있고, 우리가 알고 있는 기회의 50%가 대출 목적으로 허용될 수 있는 신용을 가지고 있고, 우리가 그 기회의 50%를 얻는다면 우리의 시장 점유율은 50% X 50% X 50%, 즉 12.5%가 될 것입니다.

우리가 시장 기회의 90% 정도를 안다면 이 방정식은 크게 바뀐다. 현실적으로, 신용 기준을 조금 낮추고 잠재 고객의 60%를 받아들이고, 운이 따라서 기회의 60%를 얻을 수 있습니다. 여기서 가장 큰 변화는 기회의 90%를 아는 데 있습니다. 이 상태에서 위의 공식을 달성할 수 있다면 우리의 시장 점유율은 90% X 60% X 60%, 즉 32.4%까지 올라갈 수 있고, 이는 앞보다 훨씬 더 나은 결과가 됩니다.

젊은 은행원이었던 나는 내가 더 똑똑해지는 것과 위의 이야기는 아무 상관이 없다는 것을 바로 깨달았다. 위의 이야기는 추진력, 성공에 대한 열망, 최선을 다하려는 의지와 관련이 있었다. 나는 위의 이야기를 듣고 부지런한 직장인이 되는 것이 나쁠 이유는 없다는 것을 알았고, 팀에서 가장 똑똑한 은행원이 될 필요는 없다는 것도 알게 되었다.

트리니티에서는 능력 있는 팀원을 찾아서 고용하기까지 많은 시간을 들인다. 모든 회사에서는 회사를 이끄는 리더들과 리더들을 따르는 사람들이 균형을 이루어야 한다. 사업을 하면서 몇 년 동안 지켜본 결과 누군가가 조직의 리더가 되기를 매우 간절히 원하더라도 그것이 여의치 않을 수 있다. 나는 예전에 "누군가의 엘리베이터는 2층까지만 간다"라고 말한 적이 있다. 어떤 사람이 자신의 야망이 매우 높다고 말하더라도 그의 업무 처리 능력이나 정상까지 끌고 갈 추진력이 부족하면 야망 대비 성과는 그에 미치지 못한다.

이 엘리베이터 개념은 우리 모두에게 다양하게 적용된다. 내 엘리베이터는 매우 높이 올라간다. 그런데 내 친구들은 미국 전역에 수천 명의 직원과 사무실을 둔 부동산 회사를 일구었으며, 그들의 엘리베이터는 내 엘리베이터보다 훨씬 더 높은 층으로 올라간다. 우리는 우리보다 그릇이 더 크고 일을 더 잘하는 사람이 항상 있다는 것을 받아들여야 한다. 넬슨 만델라$^{Nelson\ Mandela}$가 "여러분이 할 수 있는 것보다 작은 성취에 안주한다면 여러분의 삶에는 열정이 존재할 수 없습니다"라고 말했듯이 열정과 성취는 연결되어 있다. 사람들이 각자 원하는 가장 높은 층은 다르다. 어떤 층을 원하는지 찾는 것도 인생 여정의 큰 부분을 차지한다.

인재를 채용하고 평가할 때 실망스러운 부분은 누군가가 미래의 리더가 될 것이라고 기대하고 채용하면서 그의 엘리베이터가 꽤 높이 올라갈 것으로 예상하지만 몇 년 후 그의 엘리베이터가 2층에서 멈추도록 설계되어 있다는 사실을 알 때다. 젊은 리더를 앞으로 밀어붙이기보다 뒤로 잡아당겨야 한다. 젊은 리더는 야망이 있고, 창의적이고, 결단력이 있다. 하지만 모든 사람에게 리더십이 있는 것은 아니다. 우리 팀의 90%는 부동산 전문가로써 리더를 따르는 사람들이다. 그들은 매우 똑똑하고 열심히 일하지만 리더가 되거나 사업을 하는 데에는 관심이 없다. 그러나 그들이 없으면 우리의 사업은 제대로 돌아가지 않는다.

또한 전략적 사고를 수행하고, 비전을 창출하고, 회사를 위한 큰 일이나 새로운 사업을 진행하는 일에는 리더가 있어야 한다. 회사를 이끄는 리더와 리더를 따르는 사람들이 적절하게 섞여 있어야 회사의 비즈니스가 건강하게 유지되고 성공으로 향해 나갈 수 있다.

앨런 가족

———

2012년

체슨 가족

———

2019년

콘웨이 가족

———

2017년

피터 콘웨이, 게리 체슨, 데이비드 앨런

우드랜드비즈니스파크

트리니티파트너스의 첫 번째 산업용 부동산

뱅크오브아메리카플라자

트리니티파트너스의 첫 번째 오피스 타워 중 하나

카리용빌딩

트리니티 본사 2004~2009년

트리니티,
파트너/직원
여행

미국국립
화이트워터센터

2008년 몬태나에서 플라이 낚시

그레이 체슨, 피터 콘웨이, 데이비드 앨런, 테리 브레넌

베를린 마라톤

2017년

11킬로그램 줄무늬 농어

테네시 와타우가강, 2021년

1621이스트블러바드

1996년 우리 부부가 매입한 11세대 주거용 아파트

페리미터우즈비즈니스파크

트리니티캐피털이 2002~2010년에 개발

440사우스처치

트리니티캐피털이 2008~2009년에 개발

나스카플라자

트리니티캐피털 소유, 2010~2013년

440사우스트라이온

트리니티캐피털 소유, 2010~2013년

페리미터파크 5

트리니티캐피털이 개발, 2017년

트리니티파트너스 창업 20주년

(좌에서 우로) 데이비드 타운센드, 아담 콜빈, 샘 디프란코, 헤더 톰슨,
마리 앤 알렌, 피터 콘웨이, 레아 그린, 게리 체슨, 워커 콜리어, 테리 브레넌

파크포인트

트리니티캐피털이 2019년부터 현재까지 소유; 생명 과학 단지로 리노베이션

이스트게이트 산업 단지

트리니티캐피털이 개발, 2019~2021년

데이비드 토마스 앨런

게리 & 킴 체슨

17

직원은 부하가 아니라 동료이자 파트너이다

> 실수를 한 적이 없는 사람은 새로운 것을 시도한 적이 없는 것이다
>
> - 알버트 아인슈타인

우리는 지난 몇 년 동안 많은 실수를 했지만 다행히도 재앙 수준의 치명적인 실수는 없었다. 대부분의 실수는 경험 부족으로 인해 일어났다. (경험 부족이라는 말이 무지보다 훨씬 더 좋게 들린다.)

초창기 실수 중 하나는 직원을 해고하거나 최소한 해고하려는 시도와 관련이 있었다. 창업 4년차에 빌 우드Bill Wood라는 산업용 부동산 에이전트가 재직하고 있었다. 그는 출중한 임대 에이전트였지만 임차 에이전시 업무에 관심을 기울이지 않았고, 우리는 그가 두 업무 모두를 해야 한다고 생각했다.

그 당시 빌은 애틀랜타의 한 그룹이 소유한 1백만 스퀘어피트(2만 8천여 평) 규모의 산업용 건물을 임대하고 있었다. 데이비드와 피터는 빌과의 관계를 정리하기 전에 애틀랜타로 차를 몰고 가서 건물 소유주에게 우리의 의도를 먼저 알리고, 빌의 후임자를 찾을 때까지 우리가 직접 관리하겠다는 약속을 하기로 했다. 그들은 샬럿에서 4시간 거리인 애틀랜타까지 운전하고 가서, 미팅 후 당일에 돌아오는 출장을 계획했다.

출장 당일 늦은 시간에 나는 데이비드에게 전화를 걸어 회의가 어떻게 되었는지 물었다.

데이비드가 말했다. "글쎄, 빌을 해고하진 않을 겁니다!"

나는 물었다. "왜죠?"

데이비드는 웃기 시작하더니, 자신과 피터가 고객에게 가서 자신들이 세운 계획을 간략하게 설명했고, 그 고객은 자신들의 말을 다 듣고 나서 피터의 눈을 똑바로 쳐다보고 다음과 같이 말했다고 했다. "빌 우드를 해고하면 나는 트리니티를 해고할 겁니다. 그는 동부 해안에서 최고의 임대 에이전트입니다. 그는 일을 훌륭하게 처리하고 있고, 맡은 프로젝트를 거의 끝내 가는 중입니다. 그러니 지금 저에게 하신 말씀을 재고하기 바랍니다."

데이비드는 웃으며 그 고객에게 다음과 같이 말했다. "우리가 틀렸습니다. 실수에 대해 정중하게 사과드립니다. 빌과 계속 일할 것을 약속드립니다." 우리가 보기에 빌은 우리가 원하는 수준의 절반만 한 것 같았다. 그러나 빌 우드는 우리 팀에서 매년 최고의 산업용 부동산 임대 에이전트로 자신의 면모를 확실히 보여 주었다. 그가 임차 대행 서비스까지 하지는 않았지만 산업용 부동산 임대 에이전트로는 업계 최고였다. 그는 지난 몇 년간 많은 고객들에게 뛰어난 성과를 보여 주었으며, 지금도 우리와 함께하면서 여전히 좋은 성과를 내고 있다. 그런 점에서 빌을 해고하지 않게 조언을 한 그 고객은 감사하게도 우리가 끔찍한 실수를 저지르지 않도록 도운 셈이었다.

경영자로서 우리는 노련하지 못했고, 직원들이 일을 잘하지 못할 때 해고를 결정하는 것은 우리의 좋지 않은 약점이었다. 어떤 경우에는 어떤 사람이 우리와 딱 맞지 않는 것 같지만 평소에 인간적으로 좋아지고 또 문화 코드도 너무 잘 맞아서 결정을 내리기 어려운 경우도 있었다. 때로는 시간이 지나면서 친분이 쌓인 개인적인 관계 때문에 업계 최고의 성과보다 낮은 성과를 보이는 사람일지라도 평소보다 더 오래 기다려 주곤 했다. 예전으로 다시 돌아가더라도 인사 관리 분야에서 훨씬 더 효과적인 결정을 내릴 수 있을 것이라고 확신하지는 못하겠다.

또한 우리는 결정을 내리는 과정에서 팀원들에게 긍정적인 약속을 할 수 있었고, 또 그렇게 해야 했다. 드물기는 했지만 우리가 그렇게 했을 때 결과는 매우 좋았다. 긍정적인 피드백을 받은 팀원들은 사기가 올라서 회사를 위해 벽이라도 뚫고 나갈 정도가 되었다. 우리가 긍정적인 피드백을 준 데에 다른 동기가 있었던 것은 아니고 단지 직원들에게 감사의 마음을 전하고자 했던 것뿐이었다. 직원들이 우리 같은 임원들로부터 긍정적인 피드백을 듣는 것이 그들에게 얼마나 큰 의미가 있는지를 내부에서 여러 번 일깨워 주었지만 그것을 자주 해야 한다는 것을 기억할 정도로 우리는 충분히 훈련받지 못했다.

우리의 의견이나 칭찬에 임직원들이 큰 의미를 둔다는 것을 내부에서 이야기할 때 나는 꽤 놀랐고, 지금도 마찬가지다. 나는 다른 일반 회사들에서 자주 볼 수 있는 우상 숭배 같은 것에 거부감이 있는데, 그런 곳들에서는 오너를 높은 보좌 위에 올려놓고 거짓 신처럼 숭배하기 때문이다. 그런 이유로 인해, 그리고 나는 보스라는 개념을 싫어했기 때문에 직원들을 부하가 아닌 동료로 대하고자 최선을 다했다. 내 눈에는 그들이 나와 같은 목표를 향해 나가는 진정한 동료들로 보인다.

나와 다른 두 파트너는 더 많은 위험을 감수했기 때문에 직원들보다 경제적으로 더 많은 보상을 받는다. 하지만 그렇다고 해서 우리가 왕이고 직원들이 부하가 되는 것은 아니다. 하지만 나는 리더로서 정기적으로 긍정적인 피드백을 주는 것이 우리 팀원들을 행복하게 하고 정신적으로 건강하게 하고 동기를 부여하는 데 중요하다는 것을 알고 있다. 직장과 마찬가지로 집에서도 긍정적인 약속을 하는 것이 매우 중요하다는 것을 알지만 나는 한심하게도 집에서도 일관성이 없는 편이다.

다음 주제가 실수의 범주에 들어갈지는 모르겠지만 이것이 우리의 발목을 잡은 것은 확실하다. 창업 초기에는 파트너십의 운용 방법을 자주 묻는 야심 있는 젊은 팀원들이 많이 있었다. 처음에는 그다지 멀리 생각하지 않았기 때문에 우리는 그런 질문에 명확하게 대응하지 않았다. 시간이 지나면서 우리가 가려는 길을 명확하게 정의할 수 없거나, 심지어 새로운 파트너가 추가될 때 어떤 구조가 될지 확실히 알 수 없었기 때문에 그런 질문들에 대해 자세히 설명하지 않은 채 모호하게 대답했다.

이 개념을 파악하고 제대로 정립하지 못하는 바람에 결과적으로 초기에 우리 자신과 회사의 성장이 제한되었다. 우리는 회사의 모든 지분을 우리가 보유해야 한다고 생각했고, 후배 팀원들은 우리 회사에서 지분을 가질 수 없다고 생각했다. 그래서 초기 몇 년 동안 몇 명의 능력 있는 사람들이 회사를 떠났다.

몇 년 전, 지금은 시간이 오래 지나 기억이 나지 않는 어떤 주제로 토론을 하고 있었는데 새로 온 파트너들 중 한 명이 "음, 이것에 대한 당신의 관점은 매우 지엽적인 것 같네요"라고 말했다. 그는 근본적으로 우리가 구식이고 진창 속에 갇혀 있고 융통성이 없다고 말했다. 회의가 끝난 후 나는 데이비드에게 물었다. "우리가 지엽적이라고 생각하나요? 우리는 항상 새로운 최첨단을 달려야 하지 않을까요!" 결과적으로, 우리는 비즈니스에 대한 우리의 제한된 시각과 사업을 성장시키기 위해 기존에 사용했던 방법들을 확장해야 한다는 현실을 받아들여야 했다.

창업 초기, 새 파트너 영입을 고려할 때 우리의 판단 기준은 간단했다. 즉 누군가가 우리 각자와 같은 수준의 매출을 내면 파트너로 인정한다는 것이었다. 돌이켜보면 이 기준은 매우 근시안적인 접근 방식이었으며, 성공하지 못한 것은 지극히 정상이었다. 나중에는 능력 있는 팀원이 나가지 않고 트리니티에 계속 머물게 하기 위해 그들에게 작은 수준이나마 지분을 주어야 한다는 것을 깨달았다. 팀원들에게 지분을 나누어준 후에도 트리니티파트너스의 파이(수익과 이익)는 계속 커졌기 때문에 이 모델은 우리에게 잘 맞았다고 볼 수 있다. 우리 셋이 지분의 75%만 소유하고 새로운 파트너들이 25%를 소유하더라도 75%의 지분이 이전의 100% 지분보다 더 가치가 있었다. 왜냐하면 배를 젓는 파트너들이 더 많아졌고, 우리는 더 많은 수익과 이익을 내고 있었기 때문이다.

이는 비상장 회사에 대한 사모펀드 투자의 초기 자금을 형성하는 것과 동일한 개념이다. 사모펀드에서 핵심은 자본을 받는 대가로 소유주가 지분의 일정 비율을 포기하고, 소유주는 새로운 자본과 사모펀드 투자자의 지원을 받아서 공격적인 경영으로 회사를 성장시켜서 보유 지분의 재정적 가치를 두 배나 세 배로 늘릴 수 있다는 것이다. 결국에 가서 이것이 제대로 작동하면 사모펀드 투자는 성공한 셈이 되고, 이로 인해 창업주의 보유 지분은 낮아지지만 절대적인 경제적 이익은 더 높아진다.

이런 개념들을 처음에는 전혀 몰랐지만 시간이 지나면서 그 개념들을 배우고 우리의 생각도 바꿔 나갔다. 요즘에도 우리가 창업 초기에 저질렀던 것과 같은 실수를 하는 회사들을 많이 본다. 하지만 대부분의 경우 자신의 지분을 조금 양보하면 재정적으로 더 성공할 수 있다는 사실을 전혀 깨닫지 못한다.

우리의 이러한 미숙함은 다른 것에서도 드러났다. 창업한 사람들이 잘 빠지는 오류는 본인 외 어떤 누구도 자신보다 잘 할 수 없다고 생각하는 것이다. 그래서 모든 일을 스스로 하려고 한다. 이는 우리가 극복해야 했던 전형적인 리더십의 함정이었다. 모든 것을 내가 책임져야 한다고 생각할수록, 개인적으로나 업무적으로 더 많은 고통을 겪어야 했다. 그래서 우리는 사소한 일에 시간을 허비해야 했고, 해야 할 일 목록에 있는 모든 일을 다 할 수 없다는 압박감에 시달려야 했다.

우리가 모든 것을 통제하는 것을 포기하기까지 시간이 좀 걸렸지만 일단 위임을 시작하자 모든 회의에 참석하거나 모든 결정에 관여할 필요가 없다는 사실을 금방 알게 되었다. 설사 팀원들이 특정 일을 우리와 다른 방식으로 처리하더라도 그들의 방식을 신뢰해야 했다. 팀장급 리더들이 우리의 간섭 없이 스스로 결정을 내릴 수 있는 자유를 주자, 그들은 권한을 부여받았다고 느꼈고 그로 인해 더 행복해 하는 것 같았다. 그리고 덩달아 우리도 더 중요한 문제에 집중할 수 있는 시간이 많아지면서 우리도 더 행복해졌다.

18

상업용 부동산 시장의 겨울 왕국을 넘어 도약하다

> 투자는 다른 사람들이 탐욕을 부릴때 공포심을 갖고,
> 다른 사람들이 공포심을 갖을 때 탐욕을 부리는 것이다
>
> - 워렌 버핏

2007년에 샬럿의 상업용 부동산 시장은 정말로 뜨겁게 달아올랐다. 우리는 탐색 과정을 마치고 규모가 크지는 않지만 첫 번째 부동산 펀드를 모았고, 12개의 투자가 진행 중이었고, 일부에서는 가시적인 성과가 나고 있었다. 2007년에 두 번째 펀드에 대한 자금을 모으기 시작할 때 부동산 경기가 너무 달아오른 나머지 투자자들이 우리를 찾아오는 경우도 있었다. "지금 투자하기에 너무 늦었나요?"라고 묻는 사람들도 있었다. 왜냐하면 그들에게는 투자할 돈이 넘쳐났고, 모두가 샬럿의 뜨겁게 달아오른 부동산 시장에 일부라도 투자하고 싶어했기 때문이었다.

아이러니하게도 몇 년의 경험을 통해 자금 조달이 용이할 때는 오히려 투자하기에 좋지 않은 시기라는 것을 깨달았다. 왜냐하면 시장이 뜨겁게 달아오를 때는 대개 경제 사이클의 정점에 거의 다다랐을 때이기 때문이다. 그리고 투자자들이 두려워하며 자금을 모으기 어려울 때가 오히려 투자하기에 가장 좋은 시기이다. 왜냐하면 경제 상황이 좋지 않으면 부동산 가격이 아주 매

력적이기 때문이다. 2008년 초중반에 경제 상황이 빠른 속도로 안 좋아졌지만 우리는 계속해서 자금 조달에 집중했고, 2008년 가을에는 고액 투자자와 패밀리 오피스로부터 조달한 약 2천만 달러 규모의 두 번째 부동산 투자 펀드를 성공적으로 마감했다.

두 번째 펀드를 시작한 해에 피터가 한 가지 좋은 아이디어를 냈다. 그는 듀크에너지Duke Energy가 사무실 공간을 추가로 찾고 있다는 얘기를 들었고, 우리 둘 다 애틀랜타 출신의 한 주거용 콘도 디벨로퍼가 샬럿 시내 처치 스트리트Church Street에 있는 듀크 본사 옆 블록 전체를 샀다는 것을 알고 있었다. 이 디벨로퍼는 블록 내 4개 필지 중 3개 필지에 콘도 타워 2개와 주차장 1개를 지을 계획이었고, 한 필지에 대한 계획은 없었다. 만약 듀크가 사전 임대 계약을 체결할 만큼 충분히 관심을 가질 수 있다면 이상적인 오피스 타워 개발이 성사될 것으로 판단되었다. 나는 즉각 그 디벨로퍼에게 연락해서 그 회사와 우리가 합작투자사를 구성해서 해당 부지에 36만 5천 스퀘어피트(1만여 평) 규모의 15층짜리 오피스 타워를 건설하는 방안에 대해 논의를 시작했다. 계획했던 듀크에너지와의 계약은 성사되지 않았지만 어쨌든 해당 오피스 타워 건설 계획은 그대로 진행하기로 결정했다.

이 프로젝트가 우리에게는 여러 면에서 의미가 큰 투자였다. 첫째, 주거 전문이기는 하지만 초고층 빌딩 전문 시공 능력을 갖춘 다른 회사와 협력해서 우리 회사 최초로 도심에 오피스 타워를 개발할 수 있었다. 중요한 것은 우리가 기관지분투자자Institutional Equity Investor와 투자한 것은 이번이 처음이라는 점이었다. 그리고 애틀랜타의 합작투자 파트너가 우리에게 모든 방법을 보여주었다는 점도 눈여겨볼 사안이었다. 우리는 같은 거래에서 두 가지 매우 복잡한 투자 기법을 배웠기 때문에 트리니티캐피털의 성숙과 성장에 큰 진전을 이룰 수 있었다.

우리는 2008년 6월에 이 새로운 오피스 빌딩을 착공했다. 그러나 불행하게도 그 시점에 경제적으로 모든 것이 무너지기 시작했다. 우리는 금융위기와 경기 침체가 한창이던 2009년 10월에 준공을 마치고 분양을 시작했다. 다행히도, 건축 중에 앨리뱅크Ally Bank와 다른 소규모 앵커 테넌트 한 곳과 앵커 임대 계약을 체결했다. 이 건물에 우리 사무실을 넣었는데, 이렇게 한다는 것은 건물의 나머지 부분을 채울 새로운 테넌트를 찾는 동안 채무 불이행 없이 대출금을 상환할 수 있을 정도로 충분한 현금 흐름을 확보하고 있거나 1.01배의 부채 상환 비율을 달성할 수 있을 만큼 충분히 임대했다는 것을 의미했다. 이번에도 행운은 우리 편이었다.

이러한 행운에도 불구하고 앨리센터Ally Center는 아직 고비를 넘기지 못했다. 그 후 2년 동안 경제는 매우 침체되었고 그 건물에 새로운 임대를 들이지 못했다. 투자가 지지부진한 상황에서 오피스 테넌트 수요가 회복되어서 남은 공실을 곧 채울 수 있을 것이라는 기대를 버리지 않았다.

2011년 중반이 되어서도 앨리센터의 부가가치 창출이 완전하지 않았고, 그 상황에서 캘리포니아의 기관 투자 파트너는 그 건물을 매각하기로 결정해서 우리를 놀라게 했다. 우리는 이 건물을 포기하고 싶지 않았다. 왜냐하면 임대가 느리지만 속도를 끌어올려서 성공적인 결과를 이끌어낼 수 있다고 느끼고 있었기 때문이었다. 그래서 투자 파트너는 건물을 시장에 내놓기 전에 우리가 대체 지분 파트너를 찾을 수 있도록 몇 주의 시간을 주었다.

우리는 기존 파트너를 대체할 새로운 파트너를 빠르게 찾아서 해당 자산의 지분을 재조정했다. 기존 투자 파트너는 인내심을 잃고 일찍 매각하는 바람에 초기 투자금의 약 40%를 잃었다. 그러나 우리는 초기 지분 기여의 일부로 토지 지분 비율을 조정했기 때문에 자본재조정매각recapitalization sale에서 손익분기점을 넘길 수 있었다. 우리는 이를 기점으로 앨리센터 투자를 위한 새로운 길을 확보할 수 있었다. 그리고 불확실한 경제 상황에서 긍정적인 투자 결과를 만들기 위해 우리의 에너지를 다시 모을 수 있었다.

이 기간 동안 트리니티캐피털에 인수 담당 이사를 영입했으며, 그는 소규모 팀을 이끌게 되었다. 노스캐롤라이나주 콩코드Concord 인근에서 태어난 워커 콜리어Walker Collier는 지난 7년간 보스턴의 베이노스캐피털Bay North Capital에서 일했다. 워커는 UNC를 졸업했고, MIT에서 부동산 석사 학위를 받았다. 그는 9년이나 10년 정도 보스턴에서 살다가 고향으로 돌아가 남부 신부를 찾아 가족을 꾸릴 생각이었다.

워커는 트리니티캐피털에 크게 기여했다. 그는 인맥이 좋고, 호감도가 높았고, 믿을 수 없을 정도로 추진력이 강했다. 그는 달리기를 좋아했지만 열정적이지는 않았다. 트리니티에 합류한 지 1년 정도 지나서 스폰서 면제를 통해 보스턴 마라톤에 참가 신청을 했다. (일반적으로 보스턴 마라톤에 참가하려면 나이대별로 정해진 목표 시간 안에 달릴 수 있다는 것을 증명해야 참가 자격을 얻을 수 있다.) 그는 이 정도의 국제 마라톤에 참여할 정도로 본인이 충분히 훌륭하다는 것을 입증하기 위해 다음 해 시합에 참가할 자격에 해당하는 시간 안에 피니시 라인을 통과하는 것을 목표로 정했다. 그렇게 하려면 3시간 10분의 기록을 내야 했으며, 42.195 구간을 킬로미터당 4분 50초의 속도로 달려야 했다. 당시 그는 30대 중반이었고, 내가 알기로는 운동 경력도 짧은 편이었다. 그러나 그는 이렇게 높은 목표를 세웠고, 결국 3시간 9분 59초에 레이스를 마쳤다.

    그해 말, 회사 사람들과 함께 노스캐롤라이나 산속에 있는 나의 오두막으로 야유회를 간 적이 있는데, 그때 경쟁에서 지기 싫어하는 그의 추진력을 다시 한번 엿볼 수 있었다. 차고에 탁구대가 있었고, 나는 4~5년 동안 한 번도 진 적이 없었다. 워커가 오기 전까진 누구도 나를 이기지 못했다. 그는 나의 약점을 파악하기 위해 오랜 시간 동안 나와 경기를 했고, 어느 시점부터 나를 계속 이겼다. 나는 그때 워커가 트리니티에서 나보다 추진력이 더 강한 유일한 사람이라는 사실을 깨달았다. 그리고 그는 업무적으로도 여러 해 동안 그 사실을 계속해서 증명했다.

경기 침체가 심화된 2009년은 특히나 힘든 해였다. 우리는 거시적인 관점에서 경제적으로 어떤 일이 일어나고 있는지 자세히 알아보기 위해 지혜로운 고액 투자자들의 조언을 구했다. 그들은 우리에게 "2009년에 투자하는 것은 떨어지는 칼을 잡는 것과 같다"라는 조언을 했다. 부동산과 여러 사모펀드의 가치는 떨어지고 있었고, 언제 바닥을 칠지 아무도 몰랐다. 결과적으로 "손에 쥐고 있고, 아무것도 하지 마라"가 지혜로운 처사로 여겨졌다. 그해에 우리는 여러 투자 계획을 검토했지만 결국 한 건의 투자도 마무리하지 못하는 최악의 한 해를 보냈다.

    2009년 봄, 투자 분야에서 경험하고 느낀 것을 투자자들에게 뉴스레터로 보냈다.

겨울왕국: 상업용 부동산

2009년 4월, 트리니티캐피털 게리 체슨 씀

오피스 빌딩과 산업용 부동산의 매수자로서, 우리는 작년 내내 "인내심을 유지하자"라는 주문을 외우며 지내야 했습니다. 우리에게 이것은 더 나은 기회를 기다리는 것을 의미합니다. 오래 기다릴수록 인수가 더 매력적일 것이기 때문이죠.

최근 우리는 이 주문에 매우 지쳐 있으며, 상업용 부동산 거래의 흐름을 가로막고 있는 꽉 막힌 상황이 언제 풀릴지 궁금합니다. 나는 최근에 멀티패밀리 부문에서 성공한 한 부동산 디벨로퍼를 만났고, 그 역시 우리와 같은 좌절감을 느끼고 있었습니다. 그와 저희 두 곳 다 충분한 자본을 보유하고 있지만 매력적인 인수 기회가 실현되지 않고 있습니다. 마치 이 업계가 오도가도 못하는 상황에 갇혀 있는 것 같습니다. 이 혼란의 원인으로 꼽히는 몇 가지 사항을 정리해 보았습니다.

상업용 부동산 경매가 줄을 이을 것으로 예상했지만 그렇게 되고 있지 않습니다. 은행들은 대출채권재협상과 기한연장을 시행하고 있으며, 부동산 몰취도 진행하고 있지 않습니다. 은행들은 이미 주거용 부동산에서 큰 손실을 입었고, 수익을 내거나 수익이 나는 것처럼 보여야 하는 엄청난 압력 때문에 상업용 포트폴리오에 대한 불가피한 손실을 뒤로 미루고 있다는 것이 우리의 판단입니다.

최근 제정된 시가평가^{Mark to Market} 조항에 따라 은행들은 상업용 부동산의 압류를 더 오랫동안 실행하지 않아도 됩니다. 즉, 은행들은 대출에 대한 장부가액을 더 오랜 기간 동안 유지할 수 있으며, 대출 손실이 실제로 일어나기 전까지는 대출 손실을 인식하지 않아도 됩니다.

주식 시장에서처럼 부동산 투자자들도 "6개월 뒤면 더 싸지지 않겠느냐"라는 의견을 내면서 신규 자산 취득을 주저했습니다. 현재, 부동산 업계에서는 실수에 대한 두려움이 역대 최고 수준입니다. 다른 말로 하자면, 자신감이 부족하다고 할 수도 있죠.

2008년 중반 이후 임대 펀더멘털이 크게 악화된 것이 앞서 언급한 신뢰 부족의 원인이 되었습니다.

은행 구제 금융에도 불구하고 대부분의 잠재적 거래에 사용할 수 있는 부채 자본은 근본적으로 없습니다. 2006년과 2007년에 이루어진 상업용 부동산 거래량의 약 20%만이 현재 이루어지고 있는 것으로 추정되며, 이것도 방어용, 우량 임대, 크레딧 테넌트, 실질적으로 다각화된 거래에만 해당됩니다. 다행스럽게도 우리의 멀티패밀리 대출을 맡고 있는 패니^{Fannie}와 프레디^{Freddie}는 여전히 적극적으로 움직이고 있습니다.

한때 금융 시장에서 큰 부분을 차지했던 CMBS 거래는 이제 완전히 사라졌으며, 아직도 눈에 띌 정도로 회복되지 않고 있습니다.

오랫동안 '부업'이라고 회자되던 에쿼티^{equity}가 여전히 존재하지만, 그 양은 빠르게 줄어들고 있습니다. 2년 전에 비해 에쿼티 구매자가 현저히 줄었습니다.

기존 대출에 대한 낮은 이자율 때문에 부동산 소유주들은 부실 자산을 장기간 보유할 수 있었습니다. 금리가 낮으면 이자 부담이 줄고, 충당금을 더 오래 사용할 수 있습니다. 결국 소유주는 부실 자산을 더 오래 보유할 수 있게 되는 거죠.

상업용 부동산 산업에서 임대와 대출의 리드 타임이 길어지면 순영업이익 감소 시작이 늦게 일어나거나 자산에 대한 즉각적인 재융자 타진을 지연시킵니다.

이 모든 것이 부동산 산업의 거래를 '겨울왕국'으로 만들었습니다. 동료들이 느끼는 큰 고통에도 불구하고 변화는 거의 없다고 봐야 합니다. 수렁이 곧 끝나겠지만 거래량이 의미 있는 수준으로 회복되려면 많은 일이 일어나야 합니다.

비록 시장은 얼어붙었지만 트리니티캐피털이 가장 먼저 한 결정들 중 하나는 상당히 큰 배당금을 2009년부터 지급하기 시작한다는 것이었다. 우리가 투자를 처음 시작할 때나, 2005년부터 2007년까지 매우 뜨거운 부동산 시장을 경험할 때나 데이비드와 나는 개인적인 투자에 대한 은행 부채를 낮게 유지해야 한다는 생각을 확고하게 가지고 있었다. 이는 2006년과 2007년에 부채 시장이 과열되고, 2차 모기지라고도 알려진 메자닌 부채까지 포함해서 은행들이 75%, 때론 80%까지의 부채를 제공했지만 우리는 프로젝트 비용의

70% 이상을 절대로 빌리지 않기로 결정했다는 것을 의미한다.

그 당시에는 은행 대출을 75%까지 받을 수 있었다. 메자닌까지 하면 프로젝트 비용의 85%에서 90%까지도 대출을 일으킬 수 있었다. 부채 수준이 높아진다는 것은 조달할 자본이 적어진다는 것을 의미하며, 레버리지가 높을수록 프로젝트 수익은 높아진다. 경쟁 업체들 중 일부에게는 가능한 모든 수단을 동원해서 수익과 이익을 높일 수 있다는 것이 매우 매력적으로 다가왔다. 하지만 시장이 바뀌면 가치는 급락한다. 간단히 설명하자면, 프로젝트의 대출이 총 비용 85%인데 가치가 25% 하락하면 문제가 있는 것이다. 우리는 시장과 가치가 변동할 것을 알았기 때문에 절대로 가치 대비 70% 이상의 대출을 받지 않았다. 우리는 과도한 부채에 대한 걱정으로 밤잠을 설치고 싶지 않았다.

경기가 침체되자 대부분의 경쟁 업체들은 즉시 방어 모드로 돌입했으며, 대출 기관과 협의하여 자산을 회수하거나 대출금 회수 계획을 마련했다. 이러한 프로세스 진행에 몇 년이 걸리는 경우가 많았는데, 그 결과 많은 투자 회사는 꽤 오랫동안 손을 놓고 있을 수밖에 없었으며, 2011년, 2022년까지 이어지는 경우도 꽤 있었다.

투자자들이 질문할 때 우리는 우리의 베타 팩터, 즉 위험 척도가 대부분의 경쟁사들보다 낮다고 얘기했다. 특히 한 경쟁사가 생각나는데, 그 회사는 항상 매우 높은 레버리지를 사용했다. 시장이 좋을 때는 그 회사가 우리보다 더 많은 돈을 벌었다. 그러나 하락장에서는 투자받은 자본을 항상 잃었다. 우리는 그런 식으로 하고 싶지 않았다. 많은 부동산 투자 회사들이 자산을 은행에 압류당했다. 감사하게도 지난 20년 동안 투자하면서 우리에게 그런 일은 한번도 일어나지 않았다.

레버리지를 낮게 한 결과 2009년, 2010년, 2011년에 배당금이 어느 정도였는지 궁금할 것이다. 경쟁사들이 부실 채권 문제 해결에 분주했던 대불황 기간 동안 우리에게는 단 한 가지 사소한 문제가 있었다. 우리가 진행하던 프로젝트들 중 하나의 가치가 떨어졌고 대출 기관은 대출금 일부 상환을 요청했다. 우리에게 이것이 어려운 일이 아니었다. 부실 채권 문제가 우리의 발목을 잡는 일은 없었으며, 우리는 경쟁사들보다 적어도 12개월에서 24개월 앞서 적극적인 투자를 시작할 수 있었다.

2010년이 되자 투자 분야에 온기가 돌 조짐이 보였다. 부채 시장의 폭탄이 터지기 시작하자 데이비드와 워커는 우리가 원하는 부동산을 할인된 가격으로 매입할 목적으로 은행에서 채권을 구매하기 시작했다. 우리는 이전에 은행 대출 채권을 구매한 적이 없었기 때문에 펀드II 운영 약관을 수정해야 했다. 그 후 얼마 지나지 않아 부실 부동산 대출 채권을 경기 침체 이전보다 대폭 할인된 가격으로 매각하고 싶어하는 은행들에게 전화를 걸기 시작했다.

우리는 사우스캐롤라이나주 찰스턴에 있는 대규모 산업 시설 부동산의 대출 채권을 매입했다. 그리고 이어서 이곳 샬럿에서 매우 주목을 받았던 나스카플라자NASCAR Plaza의 대출 채권을 매입했다. 우리는 39만 스퀘어피트(약 1만 1천 평) 규모로 약 50%가 임대형인 도심 오피스 타워인 나스카플라자와 앨리센터, 두 곳을 소유하게 되었다. 지난 부동산 사이클 중에 샬럿에 건설된 4개의 최신 다운타운 오피스 타워 중 2개를 갖게 되었다. 두 타워가 네 블록 밖에 떨어져 있지 않았고, 테넌트 유치를 위해 경쟁해야 한다는 점이 해결해야 할 과제로 떠올랐으며, 관리해야 할 갈등도 그만큼 많아졌다.

데이비드와 워커가 지분 파트너와 함께 나스카에서 일하기로 결정했고, 나는 트리니티캐피털을 대표하면서 지분 파트너와 함께 앨리센터를 담당하기로 했다. 그리고 경쟁 관계에 있는 두 투자 사이에서 지켜야 할 윤리적 벽은 여기 트리니티에서 지키기로 했다. 트리니티파트너스가 경쟁 관계의 두 타워를 임대하는 것이 매우 어려웠기 때문에 나스카의 임대 에이전트로 CBRE를 세웠다.

이 두 타워 중 하나는 우리가 개발한 것이고 다른 하나는 인수한 것인데, 두 타워 모두 소규모 투자 플랫폼으로는 세간의 이목을 끄는 거래가 되었으며, 약 3년 후 성공적으로 매각했을 때 헤드라인을 멋지게 장식했다. 이제는 트리니티캐피털을 더 이상 '부업'이라고 부를 수 없게 되었다. 우리 사업은 탄력을 받았고, 부동산 투자 회사로서 주목을 받기 시작했다.

두 번째 부동산 투자 펀드 중 일부는 경기 침체 이전에 투자되었고 일부는 경기 침체 이후에 투자되었다. 거래 건수는 8건이었고, 전체 규모는 180만 스퀘어피트(5만여 평)에 달하고, 총 비용 약 2억 5천만 달러(약 3천 2백억 원)에 이르렀다. 경기 침체로 모든 펀드 투자금의 이익을 확보하는 진행 속도가 느려졌지만, 결국에 가서는 프로젝트 수준 수익률 20.7%와 투자자 순수익률 13.1%를 달성했다. 대불황 시기를 헤쳐가면서 투자했다는 점을 고려하면 나쁘지 않은 결과였다.

2011년 말경 펀드II를 모두 투자했다. 그래서 트리니티캐피털의 세 번째 부동산 투자 펀드를 모으기 시작했다. 이 기간에는 자금 조달이 어려웠다. 대불황에 대한 기억이 투자자들의 마음에 아직 생생했으며, 그들은 지난 부동산 사이클에서 많은 돈을 잃었기 때문에 부동산 투자에 대한 확신이 낮았다. 세 번째 펀드를 모집하는 데 약 18개월이 걸렸고, 3천 5백만 달러를 목표로 했지만 결국 2천만 달러를 모으는 데 그쳤다.

2012년에 펀드III 투자를 시작하면서 생각을 바꿔서 모든 거래에 기관 지분 파트너가 참여하는 식으로 진행했다. 보스턴에서의 워커의 경험은 기관 투자자들 중 한 곳을 위해 일한 것에서 비롯되었으며, 그가 예전 회사에서 했던 일은 그의 회사가 투자할 운영 파트너(트리니티캐피털 같은 운영 파트너), 즉 스폰서를 찾는 것이었다.

워커의 개념에 익숙해지고 이러한 그룹에 투자하는 새로운 경험을 하면서 우리는 그 길로 계속 가고자 했다. 2012년에 샬럿에 있는 40만 스퀘어피트(1만 1천여 평) 규모의 복합 산업 단지를 매입했고, 맥케슨^{McKesson}을 위한 30만 스퀘어피트(8천 4백여 평) 규모의 산업 단지를 건설했다. 사우스 샬럿에 52만 스퀘어피트(약 1만 5천 평) 규모로 6개 건물로 구성된 오피스 파크가 있었는데, 이곳이 4개 은행에 과도한 부채를 지고 있었다. 워커는 이곳의 대출 채권을 매입하는 일을 맡았다. 우리가 이 파크를 모두 구매하여 소유주를 하나로 만들 수 있다면 더 큰 포트폴리오를 보유함으로써 가치 창출 과정이 향상될 것으로 생각했다. 맞춤형개발 이외에, 이렇게 규모가 큰 인수에는 기관 투자자를 파트너로 데려오는 작업이 수반되었다.

기관 투자자와 일을 진행하는 방식을 잠깐 살펴보자. 먼저, 우리가 매입하고 싶은 자산이나 개발하고 싶은 땅을 찾는다. 그런 다음에 기관 투자자들을 만나 파트너 참여 여부를 타진한다. 그들이 참여하겠다고 하면 프로젝트가 구성이 되고, 프로젝트 진행을 위해 함께 대출을 일으키는데, 대출 규모는 프로젝트 가치의 65%로 잡는다. 필수 자기자본 35% 중에서 기관 투자 파트너는 90%를 투자하고, 우리는 10%를 투자한다. 투자와 지분 파트너마다 조건이 약간씩 다르지만 대략적으로 이 정도 비율로 진행된다.

이런 방식의 프로젝트 진행이 우리에게 주는 이점은 엄청나게 컸다. 예를 들어 5천만 달러 규모의 프로젝트를 진행하고 싶으면 기관 투자자와 함께 3,250만 달러의 대출을 받는다. 지분 구조가 9:1이라면 기관 투자자는 1,575만 달러의 자기자본을 투자하고 우리는 175만 달러를 투자한다. 우리가 투자하는 175만 달러는 우리의 고액 순자산 투자자 부동산 펀드에서 충당되는데, 물론 여기에는 우리가 개인적으로 투자한 자본도 항상 포함된다.

기관 투자자들과 함께 투자하면서 얻는 실제 인센티브는 우리가 매입하고 개발한 자산을 임대하고 관리하면서 받는 수수료 수입이 아니다. 실제 동기는 성과보수에 있었다. 프로젝트를 매입, 개조, 재임대, 매각하고 나서 프로젝트에서 높은 수익이 창출되면 투자 파트너는 수익과 연계된 금전적 인센티브를 우리에게 제공한다. 이것을 성과보수 carried interest라고 한다. 초기 투자와 이익은 각 당사자에게 반환되는데, 예를 들어 모든 당사자는 반환된 수익의 처음 12퍼센트를 비례 배분으로 돌려받는데, 각 당사자가 투자한 지분에 따라 90%와 10%의 비율로 받는다. 그러나 초기 12%를 초과하는 수익에 대해서 80/20을 지급하고, 그 다음 기준점에서는 70/30을 지급한다. 이렇게 되면 트리니티캐피털의 수익은 10%가 아닌 20~30%가 된다. 프로젝트가 정말 잘되면 성과보수로 받는 금액이 상당할 수 있으며, 더 큰 프로젝트에 투자하면 확실히 수익도 그만큼 더 커진다.

기관 투자자와 함께 규모가 큰 투자를 하면서 기존에 트리니티파트너스가 임대, 관리, 판매했던 것보다 더 큰 규모의 자산을 획득하고 개발할 수 있었다. 앨리센터를 개발하고 나스카플라자를 매입하기 전에는 트리니티캐피털이 진행한 대부분의 투자가 소규모였는데, 펀드111에서는 거의 모든 투자가 대규모 투자자들과의 합작투자였다. 그리고 이런 방식의 사업이 큰 이익을 낼 가능성이 있다는 것을 깨달았다.

투자 과정의 또 다른 의미 있는 측면을 살펴보고자 하는데, 이것이 업계의 젊은 전문가에게는 다소 생소할 수도 있다. 부동산 개발은 과학에 속하지만 인수 과정은 기술에 더 가깝다. 오늘날 '사모펀드 부동산 투자'라고 멋지게 부르지만 지금 우리가 하는 일이 28년 전에 내가 처음으로 주택 투자 때 했던 것과 매우 비슷하다. 당시 주거용 부동산 시장에 비효율성이 있다는 것을 발견하고 임대료가 저렴한 듀플렉스 건물을 찾고 이를 매입해서 개조하고 임대료를 높인 후 시장에 팔아 수익을 내는 방식으로 이득을 창출했다.

오늘날 상업용 부동산을 매수할 때도 같은 방식으로 한다. 우리는 먼저 관리가 잘 되지 않으면서 공실률이 평균보다 높거나 임대료가 시장가보다 낮은 부동산을 찾는다. 부동산 인수 기술에서 중요한 부분은 해당 부동산이 고칠 수 있는 문제로 인해 실적이 부진한지, 아니면 위치가 좋지 않거나 오래된 건물의 기능적 노후화 같이 고칠 수 없는 문제로 인해 실적이 부진한지를 파악하는 것이다.

상업용 부동산 시장에서는 매입 대상 부동산을 취득하고, 개조를 통해 '훼손된' 부분을 수리한 다음에, 재임대를 한다. 그런 다음에 새롭게 안정화된 투자를 담보하는 안정적인 수입원을 찾는 투자자 그룹에게 해당 부동산을 매각한다. 이것이 우리와 경쟁사들이 부가가치를 창출하는 기본적인 실행 과정이다. 다이아몬드 원석을 찾아서, 가공해서, 큰 이익을 남기고 판매하는 것과 같은 원리다.

19

불황기에 지사를 세우다

> 세상의 모든 거짓말 중에서 때때로 최악의 거짓말은 우리 자신의 두려움이다
>
> - 러드야드 키플링

불황의 터널을 지나며 트리니티파트너스는 도전과 기회를 모두 얻었다. 2009년에 접어들면서 경제에는 진한 먹구름이 잔뜩 끼었다. 시장 전반과 트리니티파트너스의 임대 및 매각 거래가 2008년 중반부터 서서히 둔화되더니 2009년 새해 들어서도 전망이 그다지 좋아지지 않았다.

    신생 부동산 투자 회사인 우리는 항상 워렌 버핏의 역발상의 투자 철학을 존경했다. 그래서 우리를 둘러싼 주변 시장 상황은 끔찍했지만 역발상을 활용하고 싶었다. 2009년을 낙관적이고 미래 지향적으로 바라보는 것이 상당히 어려운 일이었지만 그래도 우리는 최선을 다하기로 다짐했다.

    트리니티파트너스에서 몇 년 동안 추진했던 목표들 중 하나는 다른 도시에 지사를 두는 것이었다. 우리가 부동산 업계에 있는 동안 개인 기업인 일부 경쟁사들이 그렇게 하는 것을 보았고, 일부는 성공했지만 또 다른 일부는 결과가 좋지 않았다. 솔직히 말해서 다른 도시에 지사를 세운다는 생각을 할 때 우리 중 어느 누구도 그 일을 실제로 어떻게 하는지 알지 못했다.

때때로 몇몇 고객들은 우리를 동부의 스트림리얼티Stream Realty라고 불렀다. 이 회사를 찾아보니 텍사스에 본사를 둔 회사로 텍사스에서 가장 큰 네 곳의 대도시에 사무실을 두고 있었으며, 로스앤젤레스와 애틀랜타에 다섯 번째와 여섯 번째 사무실이 있었다. 그들은 우리보다 2년 먼저 시작했지만, 텍사스의 빠른 성장에 힘입어 우리보다 훨씬 빠르게 성장했다. 스트림리얼티의 웹사이트에 가 보니 우리가 중요하게 여기는 가치들과 그들이 중요하게 여기는 가치들이 많이 겹친다는 것을 알았다. 우리 고객들은 그들이 텍사스 지역의 강력한 플레이어로, 그 지역에서 전국 규모의 경쟁사들과 대등한 위치에 있다는 것을 확인해 주었다.

나는 그 회사 웹사이트에서 최대한 많은 정보를 얻은 후 두 창립자 중 한 명인 마이크 맥빈Mike McVean에게 전화를 걸었다. "마이크, 당신들은 분명히 우리보다 더 크고 더 잘 해낸 회사입니다. 텍사스에 방문해서 당신들이 걸어온 길을 들으면서 무엇이든 배우고 싶습니다." 마이크는 나의 초대를 정중하게 받아들였고, 피터와 데이비드와 나는 몇 주 후 비행기에 올라 댈러스로 갔다. 경쟁 관계에 있는 사업가로서 상대방에게 전화를 걸어 "당신들이 우리보다 훨씬 뛰어납니다. 당신에게서 배울 수 있을까요?"라고 말하는 것은 결코 쉬운 일이 아니었다. 그러나 우리 자신을 낮추는 것은 올바른 접근 방식이었다.

댈러스 회의에서 마이크와 그의 공동 창립 파트너인 리 벨랜드Lee Beland는 두 시간 동안 시간을 내주었고, 우리는 두 회사의 연혁을 비교하면서 여러 질문을 했다. 우리는 그들이 새 지사들을 어떻게 구성했는지, 통제권을 얼마나 많이 유지했는지, 멀리 떨어져 있는 중요한 전문가 그룹을 어떻게 관리하는지 궁금했다. 대화 중에 우리의 피드백이 그들에게 얼마나 도움이 되었는지는 잘 모르겠지만 그들은 그들을 그렇게 만든 고유한 문화와 생각을 기꺼이 공유했다.

댈러스 방문 후 우리는 새로운 지사 오픈에 대한 확신을 새롭게 하고 집으로 돌아왔다. 우리는 롤리-더럼$^{Raleigh-Durham}$ 지역에 새 사무실을 열 생각이었다. 그렇게 생각한 이유는 기관 투자자들의 의견이 있었기 때문인데, 그들이 캐롤라이나 지도를 보니 캐롤라이나에서 두 점, 즉 가장 큰 대도시권인 샬럿과 롤리-더럼만 보였다는 것이었다. 댈러스 방문은 우리에게 아드레날린 주사 같았다. 우리의 생각을 '어떻게 해야 할지 모르겠다'에서 '우리는 반드시 할 것이고, 가서 해 보자'로 완전히 바꾸어 놓았다.

롤리-더럼 시장에서 우리가 알고 있는 모든 인맥을 스프레드시트에 정리했고, 여기저기 전화하기 시작했다. 별다른 소득 없이 시간이 지나는 가운데 우리 중 누군가가 GVA어드밴티스$^{GVA\ Advantis}$의 한 부동산 에이전트에게 전화했다. 우리는 점심을 같이 하기 위해 그와 만났고 그는 자리에 앉자마자 "우리 모회사가 사무실 전체를 폐쇄했어요!"라고 말했다. 실제로, 더세인트조^{The} $^{St.\ Joe}$는 2009년 봄에 동부 해안에 있는 16개의 GVA 지사를 모두 폐쇄하기로 결정했고, 모든 직원을 집으로 돌려보냈다.

GVA의 한 부동산 에이전트와의 점심 식사는 다른 세 명의 GVA 출신 핵심 인력과의 저녁 식사로 이어졌다. 같은 GVA 지사의 수석 에이전트인 데이비드 타운센드$^{David\ Townsend}$, 스콧 스탠카비지$^{Scott\ Stankavage}$, 데이브 브라운$^{Dave\ Brown}$과 만났고 이 중에서 타운센드는 해당 지사의 리더였다. 우리는 그들이 일을 한 운영 방식과 우리의 철학과 문화에 대해 몇 시간 동안 이야기를 나누었다. 그러고 나서 몇 주에 걸쳐 해당 지점에 있던 16명에게 스카우트 제의를 했다. 그들 모두는 이제 더 이상 소속 회사가 없으므로 각자 구직 활동을 하고 있었으며, 자연스럽게 우리와 경쟁 관계에 있는 여러 회사들과도 이야기를 나누고 있었다.

최종적으로 그들은 트리니티 플랫폼에 합류하기로 결정했고, 우리는 2009년 8월에 마침내 롤리 지사를 열고 새 일을 시작했다. 당시 롤리 시장에서 GVA의 존재감은 작았다. Top 5는커녕 아마도 Top 10에도 들지 못했을 것이다. 하지만 우리는 지역 회사가 되었다는 사실에 매우 흥분했으며, 새 도시에서 데이비드 타운센드 및 그의 팀과 협력하게 되어 매우 기뻤다.

2009년 10월에 샬럿 본사 사무실을 시내에 있는 카리용빌딩에서 최근에 준공된 앨리센터 오피스 타워로 옮겼다. 주변은 불경기였지만 우리는 업무공간을 확장해서 약 55명을 수용할 수 있는 충분한 공간을 확보했다. 또한 도시 여러 곳에 사무실을 두어서 수십 명의 직원이 일할 수 있는 공간을 확보했다. 앨리센터는 트리니티파트너스와 트리니티캐피털의 새로운 보금자리가 되었다.

12년 밖에 안된 우리 회사가 롤리 지사를 오픈하는 것은 쉽지 않은 결정이었다. 트리니티파트너스는 여전히 수익을 내고 있었지만 불황으로 인해 수익성은 불과 몇 년 전보다 3분의 1 수준으로 떨어져 있었다. 그럼에도 불구하고 우리는 경기 침체 시기에 아무도 해고하지 않았다. 어려움이 있었지만 시장 점유율을 늘리면서 직원도 계속 추가했다.

연말에 한 해를 돌아보던 데이비드는 우리에게 아주 감동적인 편지를 썼다. 전문은 다음과 같다.

2009년 크리스마스

게리, 피터, 테리에게

정말 대단한 한 해였습니다. 느낌표를 붙여야 하지만 일부러 넣지 않았습니다. 올해는 안 그래도 좌절, 위험, 실망이 가득한데 느낌표까지 붙여서 더 흥분하게 만들고 싶지 않았기 때문입니다. 하지만 올해를 돌이켜보니 유난히 설레고, 만족스럽고, 매우 자랑스러운 일들이 몇 가지 있었습니다. 두 번째 10년을 함께 맞으면서 제가 느낀 생각을 여러분들과 나누고 싶었습니다.

우선, 우리의 독특한 파트너십에 대해 여러분 한 사람 한 사람에게 감사의 말씀을 전하고 싶습니다. 나는 정말로 좋은 친구이자 사업 파트너인 여러분들과 진짜로 많은 시간을 보냈습니다. 그 사이에 업무상 의견 충돌도 있었고 좌절할 때도 있었지만 내가 아주 특별한 사람들과 파트너가 된 것이 얼마나 행운인지를 그 어느 때보다도 많이 절감하고 있습니다. 우리의 파트너십은 중요한 문제에 대해 서로의 조언을 진심으로 구하고, 또 존중한다는 점에서 매우 특별한 것 같아요. 의견이 서로 다를 때도 불화에 연연하지 않고 한 팀이 되어 앞으로 나아갈 수 있었습니다. 우리의 공동 결정을 저해하는 장벽은 없었습니다.

둘째, 우리의 파트너십에서 질투와 자존심이 설 자리가 없다는 사실이 매우 자랑스럽습니다. 우리는 모두 자존심이 강하고, 그래서 부동산 업계에서 일하고 있는지도 모릅니다. 그러나 우리 행동의 가장 중요한 목표가 우리 팀의 목적과 일치하지 않았던 적은 없었습니다. 한 사람의 순간적인 영광을 위해 우리 팀이나 우리가 정한 원칙이 훼손된 적도 결코 없었습니다. 이에 대해 모두에게 감사드립니다.

셋째, 우리는 엄청나게 성공적인 몇 년을 함께 보냈습니다. 돈과 성공이 흘러 넘쳐 행복한 시간을 보냈습니다. 하지만 올해는 '이런 젠장'에 더 가까운 해였습니다. 프로젝트에 들어간 우리의 자산이 하룻밤 사이에 날아가 버리고 신용 시장이 얼어붙으면서 두려움에 떨기도 했습니다. 어떤 사람들은 '역경이 인격을 형성한다'라고 말하지만 나는 '역경이 인격을 드러낸다'라고 말하고 싶습니다. 올해 여러분 각자가 보여준 캐릭터는 독보적이었습니다. 우리 모두는 올해 내내 많은 노력을 기울였지만 우리가 무엇을 하든 지금까지 우리가 일군 모든 것이 하루아침에 사라질 수 있다는 것을 깨달았습니다. 이 상황에서 여러분 이상으로 대처할 수 있는 이들을 주변에서 찾을 수 없었습니다.

"우리가 어떻게 하더라도 완전히 실패할 수 있다"는 말을 전하고 싶습니다. 네, 우리는 투자한 것, 자산, 소유한 것, 심지어 우리 회사까지 잃을 수도 있습니다. 하지만 우리를 여기까지 오게 만든 우리의 모토인 정직, 겸손, 성실, 열망 그리고 경쟁 정신은 잃지 않을 것입니다. 이것들은 우리가 개인적인 삶과 사업적인 삶에서 함께 쓸 수 있었던 하나님의 선물입니다. 이것들을 결코 잃을 수는 없습니다.

그래서 저희가 가장 힘든 한 해가 될 수도 있는 2010년을 시작하면서 여러분과 함께 한다는 사실이 정말 큰 위안이 됩니다. 여러분 덕분에 많은 짐을 덜게 되었습니다. 우리는 서로 다른 시간과 장소에 있지만, 공평하게 받는 몫보다 더 많은 부담을 짊어질 능력이 있고 또 기꺼이 열심히 하고 있습니다. 이 사실 때문에 저는 좋을 때나 나쁠 때나 우리의 미래를 생각하면 흥분이 됩니다.

지난 10년 동안 감사했습니다. 내년에 어떤 일이 일어날지 기대됩니다. 가족들과 함께 즐거운 성탄절 보내기 바랍니다.

데이비드 드림

이 편지를 읽으면 아직도 소름이 돋는다. 이 편지에는 우리가 추구하는 파트너십과 회사 전체에 녹아들었으면 하는 문화가 들어 있었다. 12년이 지난 지금도 나는 이 편지에서 데이비드가 한 말을 인용해서 쓰고 있는데, 내가 가장 좋아하는 말은 '역경이 인격을 형성하는 것이 아니라 인격을 드러낸다'이다. 그가 우리에게 보낸 편지에서 이 말을 보고 정말 멋진 말이라고 여겨서 곱씹어서 계속 생각했다. 4년 후의 사건들로 인해 그의 메시지는 훨씬 더 강력하고 의미 있게 다가왔으며, 나는 전혀 새로운 방식으로 전개된 우리의 파트너십과 그 편지를 보낸 데이비드에게 감사하게 되었다.

―――――

다음 해 역시 경제적으로 힘들었다. 경제의 톱니바퀴가 돌아가기 시작했지만 빠르지는 않았다. 다행히 우리의 산업용 건물 임대 및 관리 사업은 순조롭게 잘 진행되고 있었다. 이 즈음에 우리는 한 고객을 위해 약 350만 스퀘어피트(약 10만 평)를 임대하고 있었는데, 이 포트폴리오에서 올스타 에이전트는 바로 몇 년 전에 해고하려고 했던 빌 우드였다.

2011년과 2012년이 지나면서 트리니티파트너스의 수익은 거의 정상 수준으로 회복되었고, 2011년에는 몰리 캐롤$^{Molly\ Carroll}$이라는 활력 넘치는 여성을 고용하여 트리니티의 마케팅팀을 공식적으로 출범시켰다. 당시 우리는 '이건 사치 아닌가? 우리가 감당할 수 있을까'라고 생각했지만, 불과 1년 만에 '우리가 마케팅 없이 지금까지 어떻게 살았을까'라는 생각을 하게 되었다.

사업이 모든 면에서 계속 성장함에 따라 직원은 70명으로 늘었고, 우리는 거의 1천만 스퀘어피트(28만여 평)에 달하는 오피스 빌딩과 산업용 건물을 임대하고 관리했다. 또한 느리긴 하지만 경제가 천천히 살아나기 시작했고, 투자자들의 활동 역시 다시 활발해지기 시작했다. 롤리 사무실은 3년차에 접어들었는데 2년이 지나면서 손익분기점을 넘기고 약간의 이익을 냈다.

샬럿에서 두 명의 새로운 파트너를 영입함으로써 매우 중요한 단계로 넘어갔다. 한 명은 테리 브레넌$^{Terry\ Brennan}$으로 산업 부문을 이끌었으며, 다른 한 명은 레아 그린$^{Rhea\ Greene}$으로 오피스 임대 에이전트 부문을 여러 해 만에 급격하게 성장시켰다. 레아는 그 해에 오피스 임대 부문 리더가 되어서 피터가 지난 14년 동안 수행했던 역할을 맡았다. 우리는 언젠가 은퇴할 것이고, 그때 회사를 운영할 만한 젊은 전문가들로 구성된 탁월한 리더 그룹을 만들고 있었다.

그런 의미에서 2012년이 끝나갈 무렵 은퇴에 대해 좀 더 구체적으로 생각하기 시작했다. 우리는 트리니티캐피털에서 경제적인 성공을 거두기 시작했고, 업계 친구와 선배들이 40대 후반에서 50대 중반 사이에 은퇴하는 것을 많이 보았다. 나는 47세였고, 은퇴 후 재정적으로 어떻게 될지 계획을 세워야 했다. 나는 재정적인 목표와 그 목표를 어떻게 이룰지 방법을 강구해야 했다. 당시 데이비드와 피터는 둘 다 52세였고, 나는 우리 모두 8년 더 일하고 나서 은퇴할 것으로 추측했다.

나는 8년이라는 숫자를 토대로 정기 수입과 트리니티파트너스 매각으로 얼마를 저축할 수 있는지, 그리고 그 기간 동안 내가 보유한 주식과 채권 포트폴리오가 얼마나 많이 성장할 수 있는지 파악하고자 했다. 또한 트리니티캐피털을 통해 더 많은 돈을 벌 수 있으리라 생각했고, 투자 활동에서 얻는 이익이 트리니티파트너스를 통해 경험했던 그 어떤 것보다 훨씬 더 큰 획기적인 변화를 가져올 수 있다는 것을 깨닫기 시작했다. 나는 구체적인 목표를 세워서 55세에 은퇴하고, '한 달 동안 매일 늦잠을 자고, 그 다음 40년 동안 내가 무엇을 하고 싶은지 생각해 보자'라고 나 스스로에게 서면으로 약속했다.

그 해에 문득 이런 생각이 들었다. 지난 9년 동안 트리니티캐피털에서 트리니티파트너스와 관련해서 두 가지 일을 하려고 노력했다. 첫째, 트리니티파트너스가 강력하고 독립성을 확보한 제3의 기업으로 존속하기를 원했다. 이를 위해 트리니티파트너스의 임대, 관리, 판매 고객의 80~90% 이상이 트리니티캐피털과 관련이 없는 곳으로 하고 싶었다. 첫 번째 목표만큼이나 중요하지만 다소 모순되는 두 번째 목표는 트리니티캐피털의 투자 플랫폼에서 트리니티파트너스가 필수적인 부분이 되게 만드는 것이었다. 이를 두 번째 목표로 둔 이유는 트리니티파트너스는 트리니티캐피털이 매입하고 개발한 부동산을 운영하고, 트리니티캐피털이 투자한 것에 우리가 가까이 머물 수 있게 하고, 테넌트나 자산 자체에 문제 발생 시 그 상황을 우리에게 알려 주기 때문이었다.

우리의 기관 투자 파트너들은 트리니터캐피털과 파트너 관계를 맺는 것을 좋아했다. 왜냐하면 트리니티캐피털은 트리니티파트너스와 같이 깊이가 있고 경험이 풍부한 운영 플랫폼을 보유하기 있기 때문이었다. 기관 투자자들은 업계 최고의 임대 및 관리팀이 가까이 있는 것이 투자에 큰 이점이 된다고 인식하고 있었으며, 그들의 그런 생각은 틀리지 않았다.

그해에 다시 한번, 트리니티파트너스를 매수하려는 또 다른 전국 단위 부동산 기업들이 구애를 보내 왔다. 창업하고 3년 후 JLL에 회사를 매각한 친구들이 있었는데 예전에 그 상황을 몇 년 동안 유심히 살펴보았다. 우리가 지금 14년차가 되었는데 이 정도 시점에 완전 매각을 한다면 괜찮은 결과가 나왔을 것이다. 전국 단위 경쟁업체를 고려하더라도 샬럿 시장에서는 우리가 Top 3, 확실히 Top 5위는 들어갈 것이다. 그리고 롤리의 존재로 인해 트리니티파트너스는 더욱 매력적인 인수 대상이 되었다.

트리니티파트너스 매각이 트리니티캐피털에 얼마나 끔찍한 영향을 미칠지 어느 순간 깨달았다. 또한 트리니티파트너스의 고유한 문화는 강한 힘을 가지고 있었고 그 힘은 우리와 함께 일하는 것을 좋아하는 재능 있는 전문가들을 계속 유입시키고 있었다. 전국 단위 기업들과 논의했던 많은 세부 사항을 지금 다 기억하지 못하지만 피터와 데이비드는 내가 그 내용들을 자세히 들여다보도록 유도했고 나는 그들의 생각에 반대했었다.

어느 시점에 나는 그들의 의견을 옆으로 물리고 내 의견을 주장했다. "여러분, 우리가 트리니티캐피털을 통해 투자하면 트리니티파트너스의 가치를 몇 배로 올릴 가능성이 있습니다. 우리가 지금 트리니티파트너스를 매각한다면 트리니티캐피털에게도 끔찍한 일이 될 것이고, 트리니티파트너스의 기업 문화도 완전히 뒤집어질 것입니다."

매각하지 않고 독립을 유지하기로 한 결정이 쉬운 것처럼 보일 수 있다. 특히 문화적인 고려 사항을 염두에 두면 더 그렇게 보일 수 있다. 그러나 전국 단위 기업들은 전국 각지의 많은 지사에 구축되어 있는 네트워크를 통해 사업을 추천받아서 일을 수월하게 할 수 있는데 우리 트리니티의 에이전트들은 그런 회사에 다니고 있는 많은 업계 동료들이 얼마나 일을 쉽게 하는지 지켜보고 있었다. 전국 단위 플랫폼을 가지고 있으면 임차 대행 사업을 분명히 더 수월하게 진행할 수 있다. 당시 트리니티파트너스가 샬럿의 오피스 임대 시장에서 1~2위의 점유율을 확보하고 있었지만 대규모 인베스트먼트 세일즈 사업은 전국 단위 기업들이 우위를 점하고 있었다. 특히 데이비드가 이 부문에 더 이상 전력을 다해서 집중하고 있지 않았기 때문에 더욱 그랬다.

나는 나의 임차 대행 사업을 내가 직접 챙기는 것을 항상 선호했다. 그렇게 하는 이유는 다른 시장에 의뢰할 경우 6~8명과 수수료를 나눠야 하는데 내가 직접 관리하면 우리 회사 내부 중개팀의 한 명과만 수수료를 나누면 되기 때문이었다. 그러나 우리 회사의 에이전트 입장에서 동료들이 신규 사업을 하지 않고 기존 사업을 실행하는 데 대부분의 시간을 보내는 것을 바라보면 남의 떡이 더 커 보이는 분위기가 만들어지기도 했다.

감사하게도 나의 메시지는 피터와 데이비드에게 반향을 불러일으켰다. 때론 우리 셋 중 한 명이 반대 입장일 때도 있었다. 그러나 우리는 더 큰, 즉 다수결의 지혜에서 나온 판단을 신뢰했다. 여기에는 내가 소수 의견이고 상대방의 의견이 다수일 때 상대방의 관점에서 내려진 논리가 더 맞을 것이라는 믿음이 깔려 있었다.

데이비드와 피터는 트리니티캐피털에서 일한 노력의 결실이 조금씩 실현되기 시작하는 것을 보면서 트리니티파트너스의 매각이 두 회사 모두에게 좋지 않을 것이라는 데 동의했다. 이 시점에서 트리니티파트너스를 매각하더라도 은퇴에 필요한 충분한 재정 목표를 달성할 수 없다는 확신이 들면서 우리는 결정을 굳혔다. 트리니티파트너스를 매각했다면 몇 년 전에 떠났던 대기업의 부속품으로 다시 일하게 되었을 것이다. 이후 우리는 매각에 대한 생각을 접고 혹시라도 매수 의향자들에게 전화가 오면 단호히 거절하기로 합의했다.

20

불확실성에 휩싸인 한 해, 비극이 닥치다

> 불확실성이 유일한 확실성이며,
> 불안감을 안고 사는 방법을 아는 것이 유일한 안전이다
> - 존 앨런 파울로스

2013년이 되면서 트리니티파트너스에서 중요한 변화를 만드는 일에 집중했다. 지난 몇 년 동안 우리 셋은 경영 파트너 역할을 함께하면서 각자가 역할의 일부를 맡았지만 우리 중 어느 누가 경영 전반을 도맡아 하지는 않았다. 종종 역량 있는 영업사원들이 능력이 있어 보여서 관리직 업무 수행에 필요한 훈련도 받지 않은채 관리직으로 배치되기도 하는데 우리 상황과 다르지 않았다. 팀원들은 트리니티에서 일하는 것을 여전히 좋아하는 것 같았지만 조직이 커지고 우리 셋 모두 점점 더 바빠지면서 직원들의 의견이 전달되지 않기 시작했다. 그러다 보니 어떤 문제들이 해결되지 않은 상태로 남아 있게 되었다. 사업을 시작한 지 15년이 지났지만 회사에는 매뉴얼이 없었고, 심지어 직원이 열 명 남짓일 때와 다를 바 없이 운영되는 부서도 있었다. 그렇다고 우리가 다 처리하기에는 시간이 허락되지 않았다. 그래서 이 일을 할 관리 전문가를 영입하기로 했다.

1월에 트리니티캐피털과 지분 파트너는 다운타운 오피스 타워인 나스

카플라자를 매각했고, 이는 큰 화제가 되었다. 나스카플라자를 약 5천 5백만 달러에 사서 1억 달러에 팔았기 때문에 사람들은 우리가 복권에 당첨되었다고 생각했다. 하지만 파트너와 우리가 건물을 개조하여 새로 고치고 수수료를 지불하고 시장에 재배치하기 위해 수천만 달러를 썼다는 사실을 모르고 하는 말이었다. 하지만 그 매각 건이 모든 사람에게 환상적인 결과이기는 했다.

이는 기관 지분 파트너와 연계해서 진행한 투자들 중 상당한 성과보수를 받은 최초 사례 중 하나였다. 각 파트너에게 지급된 수익은 매우 커서 내가 한 달에 받은 보수가 두 건의 주택 담보 대출을 상환할 수 있을 정도였다. 하나는 샬럿에 있는 주택 대출이었고, 다른 하나는 노스캐롤라이나주 브레바드에 있는 별장 대출이었다. 그것은 초현실적인 성과였다. 우리 모두가 이렇게 기분 좋게 한 해를 시작하게 되어 매우 기뻤다.

2월에 데이비드와 나는 새로운 물류센터 투자 기회를 찾기 위해 사우스캐롤라이나주의 그린빌로 차를 몰고 갔다. 차를 타고 가는 동안 데이비드는 등이 너무 아프다고 했다. 혹시 모를 감염에 대비해 지난주에 병원에서 항생제도 처방받았지만 크게 달라지는 것이 없다고 했다. 우리는 출장 일정을 소화했고 데이비드의 문제는 잊고 있었다.

몇 주 후 데이비드는 나와 피터에게 음성 메시지를 하나 보내 왔다. "끔찍한 소식이 있습니다. 췌장암 진단을 받았습니다." 그러면서 다음 날 아침 근처 식당에서 테리 브레넌과 함께 만나 자세한 이야기를 나누자고 했다.

정말 깜짝 놀랄 소식이었다.

다음 날 아침 우리는 플라잉 비스킷 카페에서 만나 아침 식사를 했다. 평소처럼 아침을 먹고 있는 다른 사업가 친구들을 보았지만, 그들에게 인사할 수 있는 상태가 아니었다. 그들은 우리 네 명이 왜 식탁에 앉아 같이 울고 있는지 궁금했을 것이다. 이 소식이 데이비드의 미래에 어떤 영향을 미칠지 깊이 생각하는 것은 물론이고, 이 끔찍한 소식을 받아들이는 것 자체도 많이 힘들었다.

나는 데이비드와 같은 경험을 겪어보지 못해서 이런 암울한 진단 소식에 어떻게 대처해야 할지 몰랐다. 다행히 데이비드의 태도는 희망적이었고 처음에는 우리도 그랬다. 식사 도중에 우리 중 누군가가 이렇게 말했다. "가족들과 시간을 내서 유럽을 여행하거나 호주를 여행해 보는 게 어때요, 디즈니랜드에 가도 되구요."

데이비드는 바로 반응했다. "나는 지금 내가 원하는 삶을 살고 있습니다. 여행을 가고 싶은 마음은 전혀 없어요." 그의 가족과 농장은 모두 근처에 있었기 때문에 그는 자신에게 정말로 필요한 모든 것을 가지고 있는 셈이었다.

데이비드는 화학 요법과 방사선 치료를 시작했다. 치료 결과가 좋은 날엔 함께 기뻐했고, 안 좋은 소식이 들릴 때는 같이 걱정하면서 심리적인 롤러코스터를 타는 가운데 몇 달을 보냈다. 데이비드는 가발로 굵고 검은 완벽한 헤어스타일을 유지하면서 항상 낙관적인 태도를 보였다. 생존율을 높일 수 있다면서 의사들이 권유한 실험적인 수술과 힘든 치료를 받는 몇 달 동안 데이비드는 병가를 냈다.

관리 파트너를 찾는 일에 진전이 있었다. 2013년 5월, 지난 20년 동안 경쟁 업체에서 근무했던 아담 콜빈(Adam Colvin)에게 함께 일하자고 제안했다. 그는 문화적으로 변화를 주고 싶어하던 차였고, 그가 수년 동안 맡았던 중요한 은행 고객을 잃게 되었고 그로 인해 물러나야 할 위기에 처한 상황이었다.

2013년 가을 데이비드가 복귀했을 때 우리는 특별한 축하 이벤트를 하고 싶었다. 그 당시, 할렘 셰이크 댄스 열풍이 전국적으로 불고 있었기 때문에 데이비드를 주인공으로 하는 우리만의 할렘 셰이크 댄스 동영상을 만들기로 했다.

유튜브에서 그 동영상을 볼 수 있으므로 한번 보기 바란다. 이 영상에서 데이비드가 책상에서 조용히 일하고 있는 사람 뒤로 걸어가는 모습을 볼 수 있다. 사람들은 데이비드가 춤을 추고 있는 사실을 알지 못하는 것처럼 보인다. 사무실 여기저기서 모두 일을 하고 있는데, 어떤 사람은 머리를 숙이고 있고, 어떤 이는 전화 통화를 하고 있다. 우리는 데이비 크로켓 너구리 모자를 쓰고 춤추는 남자가 없는 것처럼 일상을 보내고 있다. 비디오 중간에 데이비드 혼자 조용히 춤추고 모두 일하는 사무실 장면은 대혼란의 사무실 장면으로 전환된다. 약 30명이 각자 찾을 수 있는 가장 미친듯한 의상을 입고 춤을 춘다. 영상 말미에 하단에 트리니티파트너스 로고가 있는 화면에 'David's back.' 자막이 뜨고 사라지면서 영상이 끝난다.

이 동영상에서 주목할 만한 점은 데이비드의 춤은 내가 본, 춤을 잘 추려고 노력하는 사람들이 춘 춤들 중 최악이었다는 것이다. 그해 말 데이비드의 아들 중 한 명을 만났을 때 나는 "댄스 유전자는 어머니에게서 물려받았으면 좋겠구나"라고 말했다. 어쨌든 우리는 그 영상을 만들면서 매우 즐거웠다.

개인적으로 낙관적이려고 노력했다. 주변에서 췌장암 진단을 받은 사람들의 95%가 행복한 결말을 맺지 못했다는 현실이 나를 힘들게 했다. 어쨌든 우리는 아직 해야 할 일이 많았기 때문에 트리니티에서 계속 일을 했다. 하지만 데이비드가 이 끔찍한 질병과 싸우는 것을 곁에서 보면서 우리 모두는 혼란 가운데 있었다.

―――――――

사무실 복귀 후 데이비드는 1년 전 트리니티캐피털에서 시작한 신규 사업에 온 힘을 쏟았다. 몇 가지 이유로 인해 우리는 오피스 빌딩과 산업용 부동산 투자 활동을 보완하기 위해 택지 개발을 추진하기로 결정했다. 택지 개발의 경우 주거용 택지를 구입하고 도로와 기반 시설을 넣은 다음에 주택 건설업자들에게 해당 부지를 매각한다. 이것이 우리 핵심 사업은 아니었지만 데이비드는 예전에 그 일을 해 본 경험이 있었다. 그리고 2009년 경기 침체로 인해 거의 모든 택지 개발업체가 사라지자 데이비드는 이것을 트리니티캐피털의 새로운 분야로 추가하고 싶어했다.

2012년에 이 분야에 특화된 직원을 두 명 채용했었고, 데이비드가 아프기 전에 이 분야에서 몇 건의 거래를 빠르게 성사시켰었다. 데이비드가 2013년에 사무실로 돌아왔을 때 그는 한정된 모든 에너지를 이 새로운 투자 라인에 쏟아 부었다. 그는 상당한 규모의 신규 택지 투자 두 건을 준비했고, 이외에 더 많은 투자를 추진했다. 여기서 문제는, 워커와 나는 둘 다 택지 투자 분야에 대해 전문적으로 잘 알지 못했고, 피터는 트리니티캐피털에 거의 관여하지 않았다는 것에 있었다. 물론 알아내려면 우리도 알 수 있었겠지만 우리가 지켜 왔던 경험의 법칙은 가능한 한 우리가 하던 일만 고수하는 것이었고, 우리의 전문 분야는 오피스 빌딩과 산업 부문 투자였다.

어느 시점에 데이비드가 추진하는 새로운 주거용 택지 투자에 대해 논의하기 위해 회의를 했고 나는 곧바로 회의를 종료할 수 밖에 없었다. 나는

"데이비드, 이 특별한 투자 분야로 더 깊숙이 들어가는 것이 걱정됩니다"라고 말했다. 하지만 데이비드는 내 말을 막았다.

데이비드는 "지난 경기 침체기에 주거용 개발업체들이 모두 사라져서 공백이 큽니다. 따라서 우리 같은 디벨로퍼가 주거용 개발업체들에게 많은 것을 제공해야 할 필요성이 있다는 점을 생각하면 좋겠습니다"라고 말했다.

그의 말이 틀리지는 않았지만 동전의 양면과 같았다. 나는 "데이비드 당신이 한 말을 다시 살펴봅시다. 지난 불경기 때 모든 주거용 개발업체가 문을 닫았다고 했습니다. 나는 그런 점이 마음에 들지 않습니다"라고 말했다. 나의 이런 입장은 확실히 두려움에 기반한 것이었지만 더 큰 우려를 표명하기 위해 용기를 내서 다음과 같이 말했다. "데이비드, 당신은 지금 암과 싸우고 있습니다. 모든 게 잘 될 거라는 걸 알 수 있는 방법이 있다면 난 당신을 따라 어두운 골목으로 같이 갈 겁니다. 하지만 당신이 이곳으로 오지 못한다면 그때는 어떻게 합니까. 나는 이 투자 분야에 대해 아무것도 모릅니다. 그건 워커도 마찬가지입니다."

다소 어색했지만 우리는 늘 서로에게 솔직했기 때문에 우리 모두 알고는 있지만 말하기 쉽지 않은 이슈를 꺼낸 것이었다. 나는 데이비드가 신규 사업에 몰두하는 것을 지켜보면서 마치 그가 그것을 움켜쥐고 있다는 느낌을 받았다. 왜냐하면 그 일이 암 투병에서 빠져나갈 충분한 필요성을 주었기 때문이었다. 이 사업은 우리 투자 플랫폼의 핵심은 아니었지만 데이비드의 삶을 건 전투에서 그의 마음을 사로잡은 일에서 물러나라고 요구하는 것이 이기적이라는 생각을 했다.

결국 우리는 트리니티캐피털의 택지 사업에 대한 심의 회의를 했다. 우리는 주거용 택지에 대한 신규 투자를 추진하지 않기로 결정했을 뿐만 아니라, 2013년 말 이전에 이미 진행했던 두 건을 매각하기로 했다.

롤리 지사의 상황도 그다지 좋지 않았다. 2009년에 함께 시작한 세 명의 임원 중 두 명이 나갔다. 그들은 소규모 부동산 중개팀이 있는 우리와 문화적으로 맞지 않았고, 장기적으로 볼 때 우리가 기대했던 사람들이 아니었다.

2013년 중반쯤 롤리에서 샘 디프란코Sam DiFranco라는 임원급의 노련한 에이전트를 만났는데, 그는 그의 팀과 함께 새로운 회사를 찾고 있었다. 샘은 수십 년 전에 버팔로에서 롤리-더럼 지역으로 이사했고 낯선 새로운 도시에서 에이전트로 성공했다. 샘은 전형적인 자수성가한 사람으로, 부동산 업계에서 매우 인기가 있었고 다양한 자선 단체에서 활발한 활동을 하고 있었다.

이 모든 것이 말해주듯이, 그는 전형적으로 절제된 남부 신사 스타일의 부동산 에이전트와는 매우 달랐다. 그는 화려한 고가의 자동차를 좋아했다. 그는 크고 검은 픽업 트럭을 가지고 있었고, 값비싸고 화려한 벤틀리, 람보르기니, 특히 페라리를 좋아했다. 그리고 우리가 알지도 못하는 차도 몇 대 가지고 있었다. 그의 자동차 번호판들 중 하나와 업무용 음성 메일은 '거래합시다'였다. 그는 자존심이 강한 이탈리아 사람이자 뛰어난 사람이었으며, 매우 성공한 에이전트였다.

우리는 샘과 그의 아들 그리고 샘의 팀을 이끄는 또 다른 노련한 에이전트를 영입할 기회을 얻었다. 세 사람은 하위 기관 투자 영업, 의료용 부동산 영업, 임차 대리 영업이 주종목이었으며, 이들은 업계에서 계속해서 탁월한 성과를 내고 있었기 때문에 이들의 영입을 고민할 필요가 없었다. 2013년에 샘과 그의 팀을 영입함으로써 롤리 사무실이 앞으로 훨씬 더 안정적인 궤도에 올라설 수 있을 것 같았다.

그해 일어났던 모든 일이 끔찍했던 것은 아니었다. 토지 에이전트 중 한 명인 샘 슈마테Sam Shumate는 데이비드가 진통제가 잘 듣지 않아서 어려움을 겪고 있다는 소식을 들었다. 췌장암은 매우 심한 통증을 유발하는데 의사들이 처방한 약이 통증을 완벽하게 다스리지 못했다. 사무실에 있는 어느 누구도 모르게, 샘은 어느 날 저녁 작은 마디로 만 마리화나가 가득 담긴 가방을 들고 와서 이를 데이비드에게 건넸다. 정상적인 상황이라면 데이비드는 마리화나를 절대 피울 리가 없었지만 췌장암으로 인한 고통을 줄이기 위해 데이비드는 하는 수 없이 마리화나를 피웠다. 덕분에 효과가 있어서 그의 통증은 없어졌다.

데이비드를 곧 잃을 수 있다는 현실은 나를 정신차리게 만들었다. 어느 날 밤 아내와 이야기를 나누는 가운데 데이비드가 호수를 끼고 있는 집과 두 번째 농장을 구입했고, 다른 준비를 많이 했지만 그가 은퇴를 완전히 즐기지 못할 수도 있다는 생각이 들었다. 2013년 봄, 아내와 나는 가족 여행을 시작할 계획을 세웠다. 데이비드를 보면서 인생에서는 아무것도 보장되지 않는다는 것을 깨달았기 때문에 은퇴할 때까지 기다리지 않고 여행 계획을 바로 실행하기로 했다.

그해 여름, 19살, 16살, 8살 된 딸들을 데리고 하와이로 갔다. 먼저 오아후섬에서 시간을 보낸 뒤 그 다음에 카우아이섬에서 시간을 보냈다. 그 다음에 타히티로 날아가서 파파에테로 갔고, 다시 보트를 타고 무레아섬으로 들어갔다. 무레아섬에서 수정처럼 맑은 물 위에 있는 호텔 방 오두막에서 일주일 동안 머물렀는데, 몇 걸음 가서 바로 스노클링을 할 수 있었다. 우리는 약 2주 반 동안 여행했는데, 이 여행을 시작으로 8년 동안 여름마다 정기적으로 해외 여행을 즐겼다.

그해 말 데이비드가 사무실에 출근한 어느 날, 뉴욕에 본사를 둔 우호적인 기관 투자자가 사우스캐롤라이나주 그린빌에서 대규모 사무실 포트폴리오를 계약했다는 소식을 들었다. 우리가 이 그룹을 알게 된 것은 그들이 지난 2년 동안 새로운 투자를 위해 샬럿 시장을 샅샅이 뒤졌지만 성공하지 못했기 때문이었다. 우리는 서로 호감을 가지고 있었고, 운영 파트너로서 트리니티캐피털을 통해, 혹은 그들이 인수한 자산의 임대 및 관리 에이전트로서 트리니티파트너스를 통해 함께 일하고 싶어했다.

그 기관 투자자가 우리를 좋아하기 때문에 그린빌에 있는 70만 스퀘어피트(약 2만 평) 오피스 포트폴리오를 인수하고 우리에게 관리를 맡길 것이라는 게 데이비드의 직감이었다. 우리는 그린빌에 사무실이 없었지만 이 문제는 쉽게 해결되었다. 우리는 그들에게 전화를 걸어 우리 생각을 제안했고 그들은 우리의 제안을 흔쾌히 받아들였다. 그렇게 해서 우리는 12월에 트리니티파트너스의 세 번째 지사를 그린빌에 열게 되었다. 이 오피스 포트폴리오를 관리하는 것 외에도 다른 관리 사업을 빠르게 시작했고, 얼마 지나지 않아 그린빌 시장에서 2백만 스퀘어피트(5만 6천여 평)를 관리하게 되었다.

한 해를 마무리하면서 데이비드는 사무실에 나오기도 했지만, 주로 가족과 농장에서 시간을 보냈다. 그해에는 트리니티파트너스의 실적이 떨어졌다. 아마도 내부 구성원들 중 많은 사람들이 충격을 받은 상태에서 한 해를 보냈기 때문일 것이다. 연말 보너스 지급 시기가 되자 회사의 현금 보유량이 낮다는 사실을 알게 되었다. 그럼에도 불구하고 보너스 지급 및 이익 공유 전통을 유지하기로 했다. 트리니티 창업 후 23년 만에 처음이자 유일하게 우리 셋의 개인 자금으로 보너스를 지급했지만 그때까지 우리가 받은 축복에 비하면 그 정도는 아주 작은 대가에 불과했다.

21

전략적 사고와 비전을 공유하다

> 묵시가 없으면 백성이 방자히 행하거니와
>
> 율법을 지키는 자는 복이 있느니라
>
> - 잠언 29장 18절

사업을 시작할 때 피터와 데이비드에게 첫 해에 우리가 수주한 것들 중 두 개를 거절할 것이라고 얘기한 적이 있었다. 둘은 내가 제 정신이 아니라고 생각했다. 왜냐하면 보통은 사업을 시작하면 할 수 있는 모든 것을 맡기 때문이다. 그렇지 않은가?

우리가 신규 업체이기는 했지만 상당한 가치를 더할 수 있을 만한 업무들만 수행하기 위해 노력했다. 이는 우리가 초창기 몇 년과 그 이후 몇 년 동안 도움을 줄 수 없다고 많은 사람들에게 말을 했다는 것을 의미한다. 우리는 가능한 최고의 매물과 테넌트를 확보하고 싶었다. 왜냐하면 우리가 가진 것은 시간뿐이었고, 임대하기 어려운 오래되고 낡은 자산에 매달리면 처음부터 우리의 잠재 수입이 저절로 줄어들기 때문이었다. 상식처럼 들리겠지만 실패에 대한 두려움이 들어올 경우 대부분의 사람들은 어떤 물건이든 혹은 어떤 고객이든 일단 맡게 된다.

많은 사업가들은 자신들이 뛰어난 기술자라면 훌륭한 사업가도 될 수 있다고 생각한다. 하지만 어떤 일을 할 때 훌륭한 기술자가 되는 것은 전투 승리 요인의 절반밖에 되지 않는다. 사업가로서 회사를 제대로 운영하려면 업무에 머물기 보다 사업을 위해 노력해야 한다.

창업 초기 몇 년 동안 나의 강점들 중 하나는 전략적으로 사고하는 것이었다. 데이비드와 피터는 훌륭한 행동가였고, 나는 우리 셋이 만나서 전략적으로 생각하고 행동할 수 있는 팀 회의를 꾸준히 가졌다. 단순히 업무를 실행하는 기술자가 아니라, '우리가 가는 길이 우리가 가고 싶은 방향이 맞는가?', '최소한의 고객 규모는 얼마나 되어야 하는가?', '특정 사업 분야가 진짜로 수익성이 있는가?', '우리의 수익원이 무엇이고, 해당 수익원을 사업화하기 위해 충분한 시간을 들이고 있는가' 같은 질문을 계속 던졌다.

수년 동안 우리가 배운 것은, 우리의 경우 그냥 두면 주변 숲에 있는 나무들을 피하면서 며칠, 몇 주, 몇 달 동안 앞으로만 돌진한다는 것이었다. 나무들을 피하는 것을 멈추고 숲 위로 올라가서 위에서 나무들을 바라볼 수 있도록 필요한 조치를 해야 했다. 그렇게 해야만 '우리가 올바른 길을 가고 있는가?'라고 자문할 수 있다는 생각이 들었다. 나는 이것을 '헬리콥터 타러 가기'라고 불렀다.

전략적이 된다는 것은 육체 건강을 유지하는 것과 매우 비슷하다. 전략 수립에 시간을 정기적으로 할애하지 못한다면 회사는 추진력을 잃을 것이며, 결국에는 운동을 하지 않아서 몸매가 망가지고 건강도 망치는 것과 같게 될 것이다. 이 주장에 반대하는 사람들은 "회의가 너무 많고, 회의는 시간 낭비인 것 같습니다. 나가서 일을 합시다"라고 얘기할 것이다. 물론 전략을 짠다고 앉아서 말을 너무 많이 하기도 하므로 말과 실행 사이에서 적절한 균형을 찾아야 한다.

시간을 내서 전략을 세울 때 5~6개 부서 중 어느 부서가 긍정적인 모멘텀을 갖고 있는지, 어느 부서가 부정적인 모멘텀을 갖고 있는지, 또 어느 부서가 정체되어 있는지를 의도적으로 파악하고자 했다. 우리는 종종 이 새로운 인식을 적용해서, 우리가 원하는 방향으로 일을 진행하는 데 있어 어떤 변화가 필요한지를 결정했다. 고개를 숙인 채 앞에 놓인 일상의 장애물만 치우면서 간다면 그렇게 할 수 없었을 것이다.

전략 회의에서 훌륭한 아이디어들이 많이 나왔으며, 우리 각자가 실행할 6개의 새로운 아이디어도 나왔다. 단기 전략 이외에 1년, 3년, 5년 후에 회사를 어떻게 만들지에 대한 논의도 이루어졌다.

전략 회의는 매우 흥미로운 토론이었고, 우리가 항로를 벗어나거나 방향성이 부족할 때마다 우리 셋을 안내하는 역할을 했다. 더 중요한 것은 회의에서 논의한 내용을 요약하고 이를 회사의 비전으로 전환하여, 이를 팀과 정기적으로 공유하는 방법을 배웠다는 점이었다. 사람들은 모두 긍정적인 추진력을 갖춘 승리하는 팀에 소속되기를 원한다. 여러분이 되고 싶은 것이 무엇인지 명확하게 말할 수 있고, 그 일이 일어나기 시작하면 팀원들은 본인들이 특별한 것의 일부가 되었다고 느낀다.

회사의 비전을 지속적으로 공유하면 팀원들은 회사와 파트너들이 전력을 다해 참여하여 회사를 이끄는 일에 집중하고 있다고 생각한다. 칵테일 파티에서 팀원들이 회사의 비전과 회사의 특별한 장점을 확실하게 설명할 수 없다면 비전 공유가 제대로 되지 않은 것이다. 나는 여러 회사를 다녔는데 그 회사들의 비전은 '회사 오너를 더 부유하게 만들기 위해 지금 이 자리에 있습니다'로 요약되었다. 이런 비전은 많은 사람들에게 영감을 주거나 동기부여가 되지 못할 것이다.

회사의 비전을 모든 팀원이 받아들이고, 그들 각자가 회사 일에 전력을 다하고, 회사가 승승장구해서 모든 구성원이 재정적으로나 직업적으로나 승리하는 것이 승리 공식의 시작이다.

우리가 팀원들에게 전달한 비전의 근간에는 우리가 정한 기업 문화가 깔려 있었다. 우리는 가족을 최우선으로 생각하고, 즐거운 시간을 보내고, 개인 생활과 직장 생활의 균형을 유지하는 데 초점을 맞춘 회사를 만들고 싶었다. 또한 우리는 성공하고 싶었다. 그래서 우리는 매우 경쟁적이었으며, 직원을 채용할 때 우리와 비슷한 성향의 사람들을 뽑았다. 우리는 이러한 가치들을 말로 표현하고, 우리 각자의 삶에서 그 가치들을 실현해 나갔다.

직장 생활과 사업을 하면서 한 가지 도구를 사용하는데 나는 그걸 빅픽처 타임$_{\text{Big-Picture Time}}$이라고 부른다. 이것은 개인적인 방향을 전략적으로 가늠하기 위한 방법으로, 나는 이를 활용하여 나만의 개인적인 비전을 만들었다. 내가 극도로 외향적이었다면 내 계획에 문제가 발생할 때 누군가를 찾아서 그 문제를 상의했을 것이다. 하지만 나는 어떤 부분에서는 내성적인 사람이라 직업적으로나 개인적으로 내가 가는 방향을 스스로 평가해야 할 상황이 되면 정기적으로 시간을 내서 메모를 한다. 회사에서 전략 회의를 할 때와 같은 프로세스를 개인적인 전략 구상에 활용하는 셈이다. 무언가에 압도당하는 느낌이 들거나 열차가 경로를 벗어난다는 느낌이 들 때면 빅픽처 타임에 들어간다. '나는 내가 그곳에 어떻게 갈지 알 수 없으나 내가 어디로 가고 있는지는 정확하게 알고 있다'라는 원칙을 가지고 있으며, 개인적인 전략을 수립하다 보면 이 원칙에 대한 답을 찾는 데 도움이 된다.

    2006년에 작성한 메모를 보면, 나는 일과 관련해서 다양한 업무를 조사한 다음에 개인적으로 네 가지 레벨에서 나의 상태를 평가했다. 첫 번째는 신체적 웰빙으로, 운동을 꾸준히 하고 있는지, 현실적으로 일만 너무 많이 하고 있는 건 아닌지를 평가했다. 두 번째는 정신 건강으로, 재미가 있었는지, 긴장을 풀기 위해 무엇을 하고 있는지를 살펴보았다. 세 번째로는 가족 관계로, 결혼 생활과 세 딸에게 충분히 집중하고 있는지를 확인했다. 그리고 다른 가족과 친구들에게 연락을 하는지도 메모되어 있었다. 마지막으로 영적인 여정이었다. 나는 몇 년 동안 이런 식으로 재설정하는 것을 매우 중요하게 여겼다. 이런 돌아보는 과정이 없었다면 아마 여러 번 폭발했을지도 모른다.

    시간이 지나면서 데이비드와 피터도 부족한 점들을 발견했고, 나처럼 시간을 따로 빼서 전략을 수립해야 할 필요성을 느꼈다. 그들은 사업 진행 및 실행에 있어 나보다 더 탁월했다. 그러나 다양한 관점을 가진 우리 셋이 합쳐지면서 우리는 한 팀으로써 더 강력해졌다.

22

2014: 상실의 한 해를 떠나보내다

빛이 꺼지면 빛이 비추지 않았을 때보다 훨씬 더 어두워진다

- 존 스타인벡

2014년부터는 기억을 억누른 탓인지 일들이 어떻게 전개되었는지 정확히 기억나지 않는다.

　한 해를 시작하면서 데이비드의 어쩔 수 없는 진단 결과가 내 생각을 헤집어 놓았다. 특히 우리가 원래 의도했던 대로 회사의 생명보험 중 일부를 조정해 달라고 데이비드가 요청했을 때 생각이 더 복잡해졌다. 데이비드는 가족, 농장, 새로 장만한 호숫가 별장에서 더 많은 시간을 보냈다. 무언가를 하면서 하루를 재미있게 보낸 후 아이들 중 한 명을 데리고 사무실에 들르곤 했다. 그는 살이 빠지고 있었지만 외모와 목소리는 여전히 꽤 괜찮았다. 우리는 적어도 우리 자신에게 그렇게 말했다.

　데이비드를 잃을 수 있다는 생각은 나를 두려움으로 몰아넣었다. 개인적으로 볼 때, 그는 좋은 친구였다. 트리니티에서 스트레스가 되면서 해결하기 쉽지 않은 프로젝트를 쉽게 풀어내는 일에 있어 데이비드는 매우 탁월했다. 업무적으로 볼 때, 우리 세 사람의 역량과 힘이 모여서 트리니티파트너스

와 트리니티캐피털이 앞으로 전진하면서 성장할 수 있었는데, 이제 세 주축 중 한 축이 우리 곁을 떠난다는 느낌을 강하게 받았다. 의자의 세 다리 중 하나가 없어지면 어떤 일이 일어날 것인지는 불을 보듯 뻔하지 않은가? 의자는 넘어진다.

또한 데이비드는 우리 셋 중에서 분별력이 가장 좋았다. 데이비드의 경력이 어느 시점에 이르렀을 때 트리니티가 직면한 많은 상황들 중 그가 직시하지 못한 것은 없었다. 꽤 복잡한 상황에 부딪힐 때마다 데이비드의 의견과 그의 차분하고 이성적인 시각은 우리에게 큰 위안이 되었다. 아담을 경영 파트너로 고용하기 전, 우리 셋이 공동 경영 파트너로 있을 때 직원들은 최소한의 노력으로 가장 빠른 결정을 내릴 수 있는 파트너로 데이비드를 선택했다. 이 때문에 데이비드는 일부 팀원들과 긴밀한 관계를 유지했다. 그들은 데이비드의 현명한 조언을 그리워할 것이다.

2014년이 시작되면서 데이비드 가족들에게 많은 일들이 벌어졌다. 데이비드는 우리 중 아무에게도 인정하고 싶지 않을 만큼 육체적으로 매우 힘들어했다. 2013년에 희망적이라 믿었던 신약과 치료 옵션을 모두 써 보았지만 더 이상 할 수 있는 게 없었다. 2014년 초 그의 투병 생활에 대해 우리가 아는 것이 많지 않다.

경제 상황이 개선되면서 트리니티파트너스는 성장을 지속했다. 롤리, 샬럿, 그린빌의 직원 수는 81명에 달할 정도로 우리는 차츰차츰 성장했으며, 임대 및 관리 포트폴리오도 1,150만 스퀘어피트(32만여 평)로 성장했다. 트리니티캐피털에서는 세 번째 펀드에 투자하기 시작했고 대규모 투자로 진행되었는데, 대부분의 경우 기관 지분 투자자들이 합작투자 파트너로 참가했다. 트리니티캐피털의 사업이 도약하기 시작하는 시점에 우리는 리더 중 한 명을 잃기 직전이었다. 데이비드의 개인적인 상황을 고려하면 일과 관련된 어떤 사안을 처리할 시기는 확실히 아니었다.

데이비드 토마스 앨런David Thomas Allen은 2014년 5월 29일에 세상을 떠났다. 아내 마리 앤Mari Ann과 스물두 살 딸 레이첼, 스무 살 아들 블레이크, 열일곱 살 아들 윌을 비롯한 수백 명의 친구, 부동산 전문가들, 가족들이 참석한 가운데 성대한 장례식이 거행되었다. 데이비드의 부고 소식을 전하면서 그의 삶을 요약하려고 했지만 데이비드가 트리니티의 우리 모두에게 끼친 영향을 담기엔 역부족이었다.

데이비드는 1960년 9월 12일 샬럿에서 태어났지만 카바루스 카운티Cabarrus County의 오델Odell 커뮤니티에서 자랐습니다. 그는 그곳에서 정직, 청렴, 연민, 친절, 근면이라는 가치를 배웠습니다. 1978년 노스웨스트 카바루스고등학교를 졸업하고 1982년 웨이크포레스트대학교를 졸업한 후 농부와 가축 딜러로 일했습니다. 데이비드는 1982년부터 1985년까지 메릴린치에서 농산물 에이전트로 일했으며, 이후 콜드웰뱅커커머셜에서 상업용 부동산 경력을 시작했습니다. 데이비드는 1998년에는 상업용 부동산 중개 회사인 트리니티파트너스를 공동 창업했으며, 2001년에는 상업용 부동산 관련 투자 및 개발 회사인 트리니티캐피털어드바이저스를 공동 창업했습니다. 상업용 부동산 분야에서 29년 동안 일하면서 데이비드는 모든 당사자가 공정하게 대우받는 것처럼 느끼게 하는 데 있어 출중한 능력을 보였으며, 상업용 부동산 분야에 진출한 모든 사람에게 전문적인 멘토 역할을 하는 것으로도 유명했습니다. 그는 미국 전역의 부동산 업계에 뿌리 깊은 관계를 많이 남겼습니다. 그의 직업적 유산은 성실성, 전문성, 창의성으로 귀결됩니다.

데이비드가 자신의 일에서 성취한 업적을 자랑스러워했지만 그에게 가장 큰 기쁨을 주는 것은 가족 및 친구들과 야외에서 함께 보낸 시간이었습니다. 최근 몇 주 동안, 그는 자신의 '영혼의 안식처'를 카바루스 카운티에 있는 가족 농장에 꾸렸다고 했습니다. 그는 그곳에서 가축을 키우고 정원을 가꾸었습니다. 그는 해변을 좋아했습니다. 특히 라이트빌비치Wrightsville Beach를 좋아했는데 이곳에는 행복한 추억들이 많이 깃들어 있습니다.

평생 장로교 교인이었던 데이비드는 샬럿의 마이어스파크장로교회Myers Park Presbyterian Church의 신도였으며, 그 전에는 카바루스 카운티에 있는 길우드장로교회Gilwood Presbyterian의 신도였습니다. 그는 교회에서 집사로 섬겼고, 사람들에게 충실한 조언을 하는 스테판 미니스터Stephen Minister로 활동했습다. 그는 바이블 스터디를 소중히 여겼는데, 이 스터디에서 자신이 사랑하는 지인들과 성경의 중요한 이야기들을 깊이 사유했습니다. 데이비드는 열여덟 살 때 아버지를 갑자기 잃고 큰 충격을 받았으며, 그 이후 진지한 신앙 생활을 하기 시작했습니다. 그는 모든 것이 잘될 것이고, 두려워할 필요가 없으며, 매일을 선물로 여기고, 감사하며 살아야 한다는 믿음 가운데 항상 담대하게 살았습니다.

데이비드의 아버지인 블레이크 휴스턴 앨런Blake Houston Allen과 형인 필립 블레이크 앨런 주니어Blake Houston Allen, Sr가 그보다 먼저 유명을 달리했습니다. 유족으로는 콩코드에 사는 어머니인 잔 해리스 앨런Jeanne Harris Allen이 계시고, 26년 동안 동고동락한 아내 마리 앤 크리스티 앨런Mari Ann Christy Allen이 계십니다. 자녀로는 22세인 레이첼 엘리자베스Rachel Elizabeth, 20세인 블레이크 해리스Blake Harris, 17세인 윌리엄 스티븐William Steven이 있습니다. 누이로는 잔 에젤(래리)Jeanne Ezzell(Larry)과 메러디스 앨런(폴 세틀마이어)Meredith Allen(Paul Settlemyer)이 있고, 형제로는 마크 앨런(샌디)Mark Allen(Sandy)이 있습니다. 장인 장모인 레이첼Rachel과 스티브 크리스티Steve Christy가 있고, 처남과 처제인 랄프(크리스) 박사Dr. Ralph(Chris)와 케이 크리스티Kay Christy가 있습니다. 또한 소중한 이모, 삼촌, 조카, 사촌, 수많은 소중한 친구들을 남겼습니다.

앨런 가족은 우리 친구인 루스Ruth와 클락 비어바움Clark Bierbaum에게 특히 감사해 하셨는데, 그들은 데이비드의 암 진단 이후 매일 우리 곁을 지켰습니다. 또한 식사, 방문, 기도, 위로의 말을 전하기 위해 온 다른 많은 친구들에게도 감사의 말을 전하셨습니다. 또한 레자 나젬자다Reza Nazemzadah 박사가 이끄는 레빈 암연구소Levine Cancer Institute에서 데이비드의 치료를 맡은 의료진 선생님들에게도 감사의 말을 전하고 싶습니다. 데이비드는 인정 많은 보살핌, 온화한 정신, 변함없는 믿음으로 우리에게 여전히 귀감이 되고 있습니다.

6월 3일 화요일 오후 2시, 마이어스파크장로교회 성전에서 하나님께 영광을 돌리고 데이비드의 삶을 기리는 추모식이 열리고 조문이 이루어졌습니다.

2014년 6월, 사무실로 돌아왔을 때, 나는 트리니티의 모든 리더들이 서로를 바라보며 이렇게 말했던 것을 정확히 기억한다. "이제는 우리가 더 열심히 해야 할 때입니다. 어려운 상황에 직면할 때 데이비드가 우리 옆에 더 이상 없을 것이기 때문입니다. 우리 스스로 모든 것을 해결해야 합니다." 우리는 젊은 팀원들뿐만 아니라 우리 각자도 한 걸음 더 나가야 하며 지금까지 하지 않았던 일도 감당해야 한다는 것을 알고 있었다.

23

개발 플랫폼 + 인수 플랫폼 = 마법이 시작되다

행운은 효율적인 것에 열광한다

- 페르시아 속담

2014년 하반기를 시작하면서 트리니티캐피털의 전략을 바꾸기로 했다. 2010년부터 2013년까지 주요 전략은 대출 기관 및 곤경에 빠진 소유주의 부실 자산을 인수하는 것이었지만, 2013년 말경에 부동산 시장의 부실 문제가 거의 사라졌다. 다행히 직원 수가 12명인 아주 작은 회사인 우리는 민첩하고 신속하게 전략을 전환할 수 있었다.

 인원 수가 적다는 것은 트리니티캐피털이 간접비를 낮게 유지하는 데 도움이 된다는 의미지만, 규모가 훨씬 더 큰 트리니티파트너스의 자원을 마음대로 사용할 수 있다는 의미이기도 해서 우리는 이를 투자자들에게 부각시켰다. 이는 기관 투자 파트너들이 우리 플랫폼을 매력적으로 생각한 주요 이유 중 하나이기도 했다. 우리에게는 재능 있는 인력들이 두꺼운 층을 유지하고 있었으며, 이들은 기관 투자자들이 투자한 자산을 탁월하게 관리하고 운영했다.

 우리가 선망하는 로컬 부동산 투자 회사들 중 대다수는 대규모 개발 플랫폼을 보유하고 있었지만, 그들 중 어느 곳도 사모펀드 인수 플랫폼을 보유함으로써 가질 수 있는 다양성을 제공하는 회사는 없었다. 우리가 개발 물건만 취급한다면 새로운 개발이 일어나지 않는 불경기 중에 우리 회사의 자원 중 최소 50%는 손을 놓고 있을 것이다. 그러나 우리는 강력한 인수 플랫폼을 보유하고 있었기 때문에 개발 물건과 실물 취득, 두 가지 업무를 모두 수행할 수 있었고, 이로 인해 투자 규모도 크게 증가시킬 수 있었다.

2014년 들어서 부가가치 투자 전략으로 방향을 전환했다. 그 전에는 공실이 많거나 차입이 과도한 부실 자산에 주력했다면 2014년부터는 임대료가 낮아서 시장에 내놓기 쉬운 자산에 주력하기 시작했다. 이렇게 하면 이론상으로는 투자의 순영업 수익을 증가시켜 더 높은 가치를 창출할 수 있다.

이 전략에 따라 인수한 첫 번째 자산은 샬럿 도심에 있는 58만 5천 스퀘어피트(1만 6천여 평) 규모의 오피스 타워였다. 이 건물은 임대가 완료되었지만 임대차 만기가 2년밖에 남지 않은 단기 임대 계약 비율이 높았다. 이 건물을 인수할 당시에는 임대료가 시장보다 최소 스퀘어피트당 3달러 낮았다. 그러나 임대료가 빠른 속도로 계속 상승해서 임대료가 시장보다 스퀘어피트당 약 5달러 낮은 것으로 확인되어 꽤 놀랐다.

이 건물을 사는 것은 잠깐 보고는 결점을 발견할 수 없는 오래된 집을 사는 것과 같은 느낌이었는데, 구매 후 살면서 천천히 살펴보아야 발견할 수 있는 수리 항목이나 '이게 왜 이렇게 되어 있지'라고 생각할 만한 하자가 가득한 건물이었다. 70년대에 지어진 이 건물에는 석면도 있었으며, 앵커 테넌트가 떠나고 재임대할 경우 문제가 될 수 있는 난해한 창호 라인이 있었다. 건물의 85%를 차지하고 있는 앵커 테넌트의 단기 임대 만료와 이러한 장애물들을 종합해서 볼 때 많은 투자자들이 인수를 고민할 수밖에 없었다.

우리는 50만 스퀘어피트(1만 4천여 평)의 대규모 공간에 입주해 있는 앵커 테넌트들이 옮겨갈 곳이 시장에 없다는 것을 알고 있었다. 이는 이들이 기존 자리에서 임대차 계약을 갱신할 가능성이 매우 높다는 것을 의미했다. 또한 오래된 건물 노후화가 어떤 영향을 미칠지 우려했기 때문에 트리니티파트너스의 엔지니어 및 자산관리팀을 보냈고, 그들은 건물 시스템과 물리적 상태를 평가하고 어떤 유지보수와 수리가 필요한지를 설명하는 상세 보고서를 만들었으며, 여기에는 시기와 비용도 들어 있었다. 우리는 이러한 상세 데이터를 가지고 지분 파트너들을 설득하여 이 오피스 타워에 투자하도록 했다.

이렇게 투자할 때 투자 기간은 일반적으로 3년에서 5년이다. 자산을 취득하고 개조한 후 재임대하거나 테넌트와 재계약하는 데 이 정도로 긴 시간이 걸린다. 우리는 이 기간 동안 입주율과 순영업이익과 건물에서 발생하는 이익을 개선한다. 이러한 단계를 거치면서 끊임없이 변화하는 부동산 시장 상황뿐만 아니라 자본 시장과 경제 전반을 항상 탐색하고 모니터링한다. 자산을 매입하거나 개발한 다음에 부동산이나 자본 시장이 악화되면 자산을 임대하고 성공적인 투자 결과를 얻을 기회가 없어지거나 상당히 지연될 수 있다.

우리는 이 오피스 타워를 2018년에 매각하였으며 트리니티캐피털의 기록을 깨는 수익을 냈다. 이 프로젝트의 에쿼티멀티플 Equity Multiple 은 4.0배였다. 즉, 우리와 기관 파트너는 투자한 자기자본 1달러당 4달러를 돌려받은 셈이다. 우리의 목표는 거래의 위험 프로필에 따라 1.75배 또는 2.0배의 자기자본 배수를 달성하는 것이었으므로 이 결과는 매우 고무적인 수치였다.

매각 당시 매수자는 트리니티캐피털이 운용 파트너이자 투자자로 남아 주기를 바랬다. 우리는 부동산 시장, 앵커 테넌트, 건물을 아주 잘 알고 있었다. 최근에는 앵커 테넌트 임대를 갱신했고, 이 테넌트는 평균 5년 정도의 임대 기간이 남아 있었기 때문에 이번 투자 프로필은 우리가 건물을 최초 매입했을 때보다 훨씬 더 좋은 안전 자산이 되어 있었다.

우리가 새 파트너와 재투자를 했을 때 앵커 테넌트는 도심의 오래된 시설을 철거하고 새 오피스 타워를 짓기 위해 도심에 있는 부지를 매입했다. 그러면서 우리 건물에 대한 그들의 임차권에는 아무런 영향이 없을 것이라고 장담했다. 그러나 약 18개월 후 상황이 바뀌었고 임대 기간이 만료되면 우리 건물에서 사용하고 있는 50만 스퀘어피트(1만 4천여 평)를 모두 비워야 한다고 했다.

이 투자에 대한 회수 시나리오를 작성했지만 이는 우리가 투자를 하면서 한번도 해 본적이 없었던 일이었다. 이를 통해 동일한 물건에 대한 투자인데 전혀 다른 결과가 나온다는 것을 알았다. 2014년에 이 건물을 처음 매입했을 때 매우 위험한 프로필이 있었지만 결과는 좋았다. 하지만 2018년에 진행한 두 번째 투자에서는 비교적 안전한 프로필이 확보되어 있었지만 실망스러운 결과가 나왔다. 이것이 바로 투자자인 우리가 끊임없이 직면하는 일종의 함정이다.

2015년에도 이 부가 가치 전략을 계속 이어갔지만 한 해 동안 눈에 띄는 성과는 단 한 건뿐이었다. 그해 봄 초에 오랜 친구인 케이시 월드 Casey Wold가 찾아왔다. 케이시는 트리젝한을 운영하던 2002년에 페리미터우즈를 우리에게 매각했고, 지금은 시카고의 새로운 스타트업인 벤더빌트파트너스 Vanderbilt Partners의 투자처를 찾고 있었다. 피터와 나는 케이시와 이야기를 나눈 후, 그

에게 워커를 소개했다. 워커는 이 무렵 인수 담당 이사에 이어 트리니티캐피털에서 약 3년 동안 우리와 동등한 수준의 파트너로 일을 하고 있었다. 데이비드가 없는 상황에서 트리니티캐피털의 성공을 이끄는 데 있어 워커의 도움이 필요했고 이에 부응하여 워커는 탁월한 능력을 발휘하고 있었다.

다행히 워커와 케이시는 마음이 잘 맞았고, 케이시는 우리 모두가 함께 투자할 수 있는 방법을 찾아보자고 이야기하고 돌아갔다. 우리는 예전에도 다른 부동산 투자 회사들과 합작투자를 성공적으로 진행한 경험이 있었기 때문에 이 방식에 열려 있었다. 우리는 케이시와 협력해서 규모가 매우 큰 인수 작업을 일사천리로 진행했다. 트리니티 측 책임자로 나선 워커는 케이시와 벤더빌트와 협력해서 한 리츠가 소유한 4개 주 68개 건물로 구성된 오피스 포트폴리오에 대한 장외 인수를 추진했다.

리츠는 오피스나 산업용 건물 같은 자산을 보유하며, 주된 목적은 주주에게 소득을 제공하는 것이다. 리츠가 상장되어 공개적으로 거래되기도 하고, 때로는 사모 성격의 개인 소유로 운용되기도 하지만, 일반적으로 목적은 다르지 않다. 리츠는 점유율을 높게 유지하기 위해 프로젝트의 임대료를 인위적으로 낮게 유지하는 것으로 알려져 있다. 반면에 우리나 파트너와 같은 개인 투자자들은 가능한 한 임대료를 높이고자 하며, 이는 건물의 순이익을 증가시켜서 건물의 가치를 높이기 위해서다. 그러나 전통적으로 리츠는 가치 추가에 관심이 없고 꾸준히 발생하는 수익에만 관심이 있다.

또한 리츠는 자산을 거의 매각하지 않는다. 다만 해당 자산이 주주에게 일정한 수익을 더 이상 줄 수 없는 경우에는 매각을 하기도 한다. 리츠가 자산을 매각하는 주된 이유는 해당 자산이 기능적으로 쓸모가 없거나, 너무 오래되어 시장에서 매력적이지 않기 때문이다. 이것은 우리가 리츠에서 건물을 거의 매입하지 않는 이유이기도 하다.

 리츠가 다른 이유로 매각되기도 하는데, 2015년에 듀크리얼티$^{Duke\ Realty}$가 월스트리트 애널리스트로부터 산업 부문에만 집중하기 위해 오피스 투자 전략을 포기하라는 압력을 받고 있다는 소식을 듣기도 했다. 이러한 정보에 능통한 케이시와 워커는 7백만 스퀘어피트(약 20만 평)에 이르는 듀크의 A급과 B급 오피스 포트폴리오를 매입하겠다는 오프마켓 제안을 듀크에게 던졌다. 이의 가격은 11억 달러(약 1조 4천억 원)에 이르렀다. 이 포트폴리오의 순영업 이익은 8천 2백만 달러(약 1,070억 원)로 단일 거래로는 그때까지 진행했던 것들 중에서 최고 높았다.

 우리는 지분 파트너를 구성했고 롤리, 내슈빌, 사우스 플로리다, 세인트루이스에 건물이 산재해 있는 이 오피스 포트폴리오를 성공리에 마무리했다. 이 자산의 소유 및 운영을 위해 벤더빌트와 합작 회사를 창업했고, 사실상 이 포트폴리오의 공동 후원자, 즉 공동 협력 파트너가 되었다. 포트폴리오의 약 50%가 롤리에 있었기 때문에 트리니티캐피털이 자산관리를 맡았고, 트리니티파트너스는 롤리에 있는 3백만 스퀘어피트(8만 4천여 평)와 25개 오피스 빌딩의 운영을 돕기 위해 듀크리얼티의 전직 직원 24명을 채용했다. 벤더빌트는 다른 3개 시장에 있는 나머지 절반의 포트폴리오를 맡았다.

 이 포트폴리오를 인수할 때 이 포트폴리오에 들어 있는 대부분의 테넌트가 시장보다 낮은 임대료를 부담하고 있다는 것을 확인할 수 있었다. 임대 기간이 만료됨에 따라 낮은 임대료를 시장 가격으로 올리는 전략을 마련했다. 이를 통해 포트폴리오의 순영업 이익을 자연스럽게 증가시키고, 포트폴리오의 가치를 높이고자 했다. 우리는 이것을 '도매에서 소매로' 투자 전략이라고 불렀다. 이는 우리가 리츠에서 이 자산들을 도매가로 매입한 후에 임대료를 인상해서 가치를 높인 후 미래의 구매자에게 시장 혹은 소매 가치로 판매하려는 전략이었다.

이 글을 쓰는 지금도 나는 2005년의 내 입장으로 돌아가서 "당신과 당신의 파트너는 도대체 어떻게 10억 달러(약 1조 3천억 원)가 넘는 거래를 성사시켰습니까?"라고 나 스스로에게 묻는다. 인수 후 6년이 지난 지금, 이 전략은 훌륭하게 진행되었지만 아직도 실감이 나지 않는다.

마라톤을 하거나 첫 번째 지사를 열 때 개인적인 관점이 바뀌었는데, 이번 거래도 그와 같은 방식으로 나의 관점을 확장시켰다. 나는 불가능해 보이는 일을 하기 전에 '그것은 내가 도저히 감당할 수 있는 일이 아니야'라는 장애물을 마음속에 둔다. 그러나 마음의 장애물을 제거하고 난 후 되돌아보면 '원래 생각했던 것만큼 불가능하지 않았다'라고 이제는 분명히 얘기할 수 있다. 10억 달러 규모의 인수 계약을 성사시키는 것은 분명 어려운 일이었지만, 이를 성공함으로써 비즈니스를 전혀 새로운 방식으로 생각할 수 있게 되었다. 이제는 '그것이 어떻게 가능할까?'에서 '왜 안돼지?'라고 생각하게 되었다.

새로운 포트폴리오는 트리니티캐피털이 다른 방식으로도 성장하는 데 도움이 되었다. 듀크리얼티가 전국에 보유한 오피스 포트폴리오 절반을 우리가 구입하고 트리니티파트너스가 롤리에 있는 자산들을 운영하기 위해 듀크의 롤리 지사 전 직원 24명을 고용하자 듀크는 롤리에 있는 동부 해안 지사를 유지할 필요가 없다고 결정했다. 이는 마흔다섯 살의 재능 넘치는 제프 시한 Jeff Sheehan이 새 직장을 찾아야 한다는 것을 의미했다.

제프는 롤리-더럼 지역에서 여러 해 동안 활동했으며, 우리가 인수한 포트폴리오인 페리미터파크의 25개 오피스 빌딩들 중 여러 개를 개인적으로 개발했다. 그는 전형적인 디벨로퍼였으며, 트라이앵글 지역 여러 곳에서 오피스 빌딩과 산업용 자산을 다룬 경험이 풍부했다. 당시 트리니티캐피털의 경우 투자 활동의 75%는 인수였고, 25%만이 신규 개발이었다. 워커와 나는 개발 경험이 부족했으며 개발 역량을 강화해야 한다는 것을 알고 있었다. 우리는 제프를 설득해서 트리니티캐피털에 합류시켰다. 더 좋은 소식은 제프가 롤리에 머물면서 트리니티캐피털의 첫 번째 지사를 세우도록 한 것이었다.

제프는 인맥이 두터웠고, 개인적으로나 업무적으로나 평판이 좋았다. 노스캐롤라이나의 두 번째 상업용 부동산 투자 시장에서 확보한 그의 인맥과 경험치를 생각하면 1 + 1 + 1은 7과 같다는 시너지 개념을 떠올리지 않을 수 없었다. 제프가 우리 팀에 합류하면서 롤리-더럼 시장에서 이전에는 없었던 내부자 지위를 확보하게 되었다. 몇 년 후에는 뜨겁게 달아오르는 롤리-더럼 지역에서 트리니티캐피털이 1등은 아니지만 세 손가락 안에 꼽히게 만드는 데 있어 제프의 존재가 얼마나 도움이 되었는지 알게 되었다.

제프의 트리니티캐피털 합류 시점과 비슷한 시기에 트리니티파트너스는 페리미터파크에 있는 3백만 스퀘어피트(8만 4천여 평) 규모의 사무실 포트폴리오 임대를 처리할 최고의 오피스 임대 에이전트를 찾고 있었다. 시장에서 가장 뛰어난 임대 에이전트를 데려와야 한다는 것을 알고 있었고, 운이 좋게도 윌리엄 앨런^{William Allen}을 영입할 수 있었다. 윌리엄은 트리니티파트너스로 오기 전에 그럽앤엘리스^{Grubb & Ellis}에서 근무한 20년 이상의 업계 베테랑으로, 우리 지역에서 오피스 임대 에이전트 Top 3에 들 정도로 이름이 나 있었다.

2015년에 트리니티파트너스 롤리 지사의 파트너로 윌리엄을 영입하고, 3백만 스퀘어피트(8만 4천여 평) 규모의 오피스 임대 및 관리 업무를 새로 맡음으로써 트리니티파트너스는 롤리-더럼 시장에서 5대 상업용 부동산 회사로 자리잡게 되었다. 이것은 우리가 줄곧 지향했던 목표였으며 이제 그 목표가 실현되고 있었다.

2015년뿐만 아니라 부동산 업계에서 일을 하는 내내 행운과 주변의 상황이 우리의 성공에 얼마나 영향을 미쳤는지를 인정하지 않을 수 없다. 트리니티파트너스와 트리니티캐피털을 시작했을 때 샬럿과 롤리-더럼은 전국적으로나 전 세계적으로 기관 투자자들 사이에서 미국 상위 30대 도시 정도로 인정받고 있었다. 결과적으로 1990년대 후반 노스캐롤라이나의 대도시 시장으로의 기관 자본 유입은 그다지 강하지 않았으며, 실제로 투자를 한 몇 안되는 기관 투자자들은 개척자로 간주될 정도였다. 그 당시에 샬럿과 롤리-더럼은 투자 2순위는커녕 3순위 시장에 머물러 있었다.

역사적으로 볼 때 기관 투자자의 자본은 항상 뉴욕, 로스앤젤레스, 보스턴, 시카고 같은 투자 1순위 도시로 주로 향했다. 그러다가 가격이 너무 오르면 그 도시들을 떠난 자금은 경쟁이 덜하고 더 높은 수익을 낼 수 있는 2순위나 3순위 도시에서 새로운 투자처를 찾는다. 나는 2000년대 초중반에 기관 투자자들이 노스캐롤라이나 시장에 몰려들기 시작한 때를 분명히 기억한다. 그러나 2008~2009년 경기 침체 기간 동안 그들 중 많은 기관 투자자들이 안전한 1순위 도시에 투자하기 위해 샬럿과 롤리를 순식간에 떠났던 것도 선명하게 기억하고 있다.

시간이 지나면서 기관 투자자들은 롤리와 샬럿으로 대거 다시 돌아왔다. 이는 미국 남동부 도시의 일자리와 인구가 경이로울 수준으로 증가했기 때문이었다. 지난 20년 동안 샬럿과 롤리-더럼은 3순위 시장에서 전국 상위 15대 투자 시장으로 바뀌었다. 오늘날 샬럿과 롤리-더럼은 모든 기관 투자자들의 관심을 받고 있으며, 오스틴 및 내슈빌과 함께 상업용 부동산 투자에 있어 가장 인기 있는 시장으로 인정받고 있다.

노스캐롤라이나 시장이 투자 관문 도시는 아니다. 하지만 지금까지의 성장과 추이를 살펴보면 우리가 확실히 투자 목록 최상위에 있는 것은 확실하다. 지난 10년 동안 노스캐롤라이나에서 가장 큰 두 대도시 시장은 상당한 규모의 국제 투자를 유치했다. 역사적으로 유럽, 일본, 중국, 싱가포르, 남미, 호주, 기타 국가의 투자자들은 관문 도시나 1순위 도시에만 투자했다. 그러나 최근에는 해외 투자자들에게 샬럿과 롤리-더럼의 자산들을 직접 판매하기도 했다.

이러한 관점에서 우리의 성공을 이끄는 데 도움이 된 지난 20년 동안의 인구와 일자리의 급격한 증가를 높이 평가한다. '밀물은 모든 배를 뜨게 한다'는 속담처럼 최근 몇 년 동안 이 나라에서 가장 인기 있는 두 시장에서 우리는 임대, 관리, 판매, 투자를 진행했다. 우리의 경우 단순히 배만 띄운 것이 아니라 경제적 행운이라는 파도를 서핑할 수 있었다. 이런 유형의 서핑에 기술이 필요한 것은 사실이지만 주변의 물결이 잔잔하면 서핑하기가 매우 어려웠을 것이다.

2015년이 끝날 무렵, 두 회사가 얼마나 멋진 한 해를 보냈는지 돌아보았다. 트리니티캐피털은 지리적 투자 범위를 캐롤라이나에서 남동부로 확장했고, 130

만 스퀘어피트(3만 6천여 평)에 이르는 오피스 및 산업용 포트폴리오에서 성공적인 매각과 수익을 거두었다. 트리니티파트너스도 더 성장해서 샬럿, 롤리-더럼, 그린빌의 직원 수가 110명을 넘어섰다. 어느 순간 지난 18개월 동안 너무 바쁜 나머지 우리 중 어느 누구도 데이비드를 먼저 보낸 것에 대해 미안해할 시간도 없었다는 것을 깨달았다.

분위기를 밝게 해 주는 데이비드의 유머와 우스꽝스러운 미소가 그리웠지만 직장에서는 흥미로운 일이 벌어지고 있었다. 데이비드가 맡았던 자리는 젊은 파트너와 동료들이 책임감 있게 대신했다. 우리에게는 선택지가 없었기 때문에 일을 조금씩 나누어 가졌고, 회사는 전혀 예상하지 못했던 방식으로 성장하기 시작했다. 불과 18개월 전만 해도 데이비드의 리더십과 파트너십 없이 우리가 살아남을 수 있을지 의문이었다.

지금 생각해 보면 젊은 파트너들과 팀원들에게 일을 맡기면서 우리 세 창업자가 가지고 있었던 지엽적인 사고방식이 희석되고 회사가 새롭게 성장한 것 같다. 마법은 트리니티 안에서 일어나고 있었고, 그것은 이제 막 시작되었다.

24

비즈니스가 전부가 아니다 - 노숙자를 위한 자원봉사

> 많은 것을 받은 자에게는 많은 것을 요구할 것이다
> - 누가복음 12장 48절

　나는 내가 욕심 많은 자본가라는 사실을 인정한다. 농담조로 얘기하지만 나에게 그런 꼬리표를 붙이는 것이 틀리지 않다고 생각한다. 하지만 내가 그저 탐욕스럽기만한 자본가일 뿐이라면 한 인간으로서 완성된 모습은 갖추지 못한 셈이 될 것이다. 부동산 사업으로 처음 돈을 벌기 시작했을 때 우리 도시의 많은 사람들이 어려움을 겪고 있다는 것을 알고 나서 내 성공에 대해 죄책감을 느꼈다. 그래서 아내와 함께 지역과 전국에 있는 수십 개의 자선 단체를 지원하기 시작했고 그러자 그 죄책감은 사라졌다.

　하지만 돈을 기부하는 것만으로는 충분히 만족스럽지 않았다. 우리 지역 사회를 더 나은 곳으로 만들기 위해 더 많은 일을 할 필요가 있었다. 그래서 시간을 내어, 교회 및 지역 내 여러 비영리 단체에서 자원봉사를 하기 시작했다. 내가 참여한 봉사 단체들은 행동과 정신 건강에 어려움을 겪는 아이들을 지원하거나, 거주지가 없는 한부모 가정을 위한 주택을 제공하거나, 경제적으로 어려운 성인 남녀를 위한 약물 및 알코올 재활 서비스를 제공했다.

인간은 기본적으로 자기 중심적이며 내향적인 삶을 사는 것에 익숙하며 나도 그랬지만 지역 사회에 참여하면서 성경 공부 모임 친구들이 말하는 이타적이고 외향적인 삶을 살게 되었다. 지난 몇 년 동안 6개 비영리 단체의 이사회에서 봉사했지만 특히 한 곳에 내 에너지의 90%를 사용했다.

어반미니스트리센터Urban Ministry Center: UMC는 샬럿의 노숙자들을 돕기 위해 1994년 12월에 설립된 단체다. 노숙자 이웃들에게 따뜻한 샤워, 점심 식사, 상담, 우편물 서비스를 제공한다. 노숙자가 우편물을 받으러 어디로 갈지 생각해 보았는가? 노숙자들은 이 센터에서 우편물을 받아간다.

UMC에 참여한 계기는 교회에서 2000~2005년에 운영한 룸인더인Room in the Inn 프로그램 때문이었다. 룸인더인 프로그램은 UMC가 운영하는 프로그램들 중 하나로 약 60개 지역 교회가 참여하고 있었으며, 운영 목적은 샬럿에서 가장 추운 겨울 기간 동안 도시의 노숙자들에게 쉼터를 제공하는 것이었다. 우리 교회는 매주 수요일 오후 6시부터 다음 날 아침 6시까지 12명의 이웃을 맞이했다. 그들에게 저녁 식사를 제공하고, 샤워를 할 수 있게 하고, 교회 친교실에 매트리스를 깔아서 잠을 잘 수 있게 하고, 다음 날 아침 식사를 제공하고, 그날 먹을 점심 도시락을 들려서 아침에 시내로 데려다 주었다. 노숙자 이웃들은 하루 종일 일하고 나서 매일 밤 룸인더인 프로그램에 참여했다. 겨울 프로그램 기간 동안 매일 밤에 8~9개의 교회가 각각 12명의 이웃을 맞이했다.

2005년에 한 친구가 우리 교회에서 룸인더인 프로그램을 운영하기 시작했을 때 노숙자들을 위한 봉사에 더 많이 참여하기로 마음먹었다. 그래서 UMC의 상임 간사에게 연락을 했고 이사회에 참여해 달라는 요청을 받았다. 2005년에 UMC 이사회는 특별한 곳이었고 지금도 그렇다. 이 조직의 모든 곳에는 동료애, 헌신, 봉사 정신이 깃들어 있다. 샬럿 각 지역에서 온 자원봉사자들과 재정 후원자들의 노력 덕분에 UMC는 샬럿 지역 사회에서 가장 사랑받는 비영리 단체들 중 하나가 되었다.

우리의 사명 선언문은 '지역 사회가 힘을 합쳐서 한 번에 한 명씩 노숙자 생활을 끝내게 만들자'였고, 우리는 매일 이를 이루기 위해 노력했다. 내가 처음 이사회에 들어가고 약 3년 전까지 데일 멀레닉스$^{\text{Dale Mullennix}}$ 목사가 이 모임을 이끌었다. 데일 목사는 샬럿에서 유명한 분으로 모금 활동에 항상 참여해서 훌륭한 연설을 했다.

UMC에서는 두 가지 유형의 노숙자를 섬겼다. 하나는 상황상 어쩔 수 없는 노숙자이고 다른 하나는 만성 노숙자였다. 어쩔 수 없이 노숙자가 된 사람들은 평균 6주 동안 집 없이 지낸다. 주로 직장을 잃었거나, 건강 문제가 있거나, 중독 문제로 인해 일시적으로 탈선한 사람들이었다. 어떤 사람은 젖과 꿀이 흐르는 땅으로 여겨진 샬럿으로 왔는데 일자리를 구하기도 전에 돈이 떨어진 경우도 있었다. 이들은 보통 다양한 프로그램을 통해 상당히 빠르게 일상으로 복귀하며 UMC는 절망의 시기에 있는 그들을 지원한다.

만성 노숙자는 상황이 다르다. 그들은 UMC의 무료 급식소에 가끔 나타나지만 노숙자 생활에서 벗어나기 위해 도움을 구하는 경우는 거의 없다. 정신 건강이나 중독 문제가 있는 경우가 꽤 많으며, 놀랍게도 최소 2년에서 길게는 25년 동안 거리에서 살고 있는 사람들이 많다.

아내와 갓 결혼했을 당시, 만성 노숙자 중 한 명을 만난 적이 있었고 그때는

노숙자에 대해 아무것도 몰랐다. 1990년 여름 딜워스 지역의 이스트대로에서 루이스 '버스터' 브라운 씨를 만났다. 그때 나는 25세였고 버스터는 38세였다. 아내와 저녁을 먹고 집으로 가는 길에 버스터가 우리를 보더니 돈을 달라고 했다. 나는 몇 달러를 쥐어 주었고, 그 다음 주에 시내에서 그를 다시 만나기 전까지 잊고 지냈다.

퇴근 후 차로 걸어가던 중 그를 발견하고 멈춰 서서 말을 붙였다. "저기요, 지난주에 이스트대로에서 만났던 분 아닌가요?" 그는 놀란 눈으로 나를 쳐다보며, "아뇨, 저 아닌데요? 착각했나 보네요." 나는 그 사람이 맞다는 걸 확신했기 때문에 그가 우리의 만남을 기억할 때까지 대화를 계속했다.

알코올 중독자였던 버스터는 그 후 9년 정도 유서 깊은 동네인 딜워스의 거리에서 살았다. 그는 노숙자라고 불리는 것이 싫어서 늘 "거리에서 살았다"라고 말했다. 출근길에 자주 버스터를 만났는데 그때마다 말을 걸었다. 버스터는 말을 할 때 항상 내 눈을 똑바로 쳐다보았고, 그의 눈에는 자신감이 가득 차 있었다. "저는 어머님과 아버님 밑에서 자랐고, 저는 제가 누구인지 알고 있어요. 저를 건들지 마세요." 그는 항상 친절하고 따뜻했으며, 아내와 어린 딸들은 그가 우리 집 현관 앞에 앉아 있을 때면 그와 항상 이야기를 나누었다. 아내와 딸들은 그가 동네를 돌아다니는 것을 볼 때면 늘 경적을 울려서 '버스터에게 손을 흔들었다'.

버스터를 두어 달 못 본 기간이 있었는데, 어디에 있는지 궁금했다. 얼마 뒤 그에게 전화가 왔는데 차에 치여 병원에 한 달 정도 있었다고 했다. 그래서 나는 두 살, 다섯 살 난 딸들을 데리고 캐롤리나스 메디컬 센터에 병문안을 갔다. 교통사고는 버스터에게 일어날 수 있는 최고의 일이 되었다. 왜냐하면 신체적 장애(다리 부상)로 인해 샬럿주택위원회의 숙소 거주 명단에 올랐고, 부상에서 회복되자마자 집에 들어갈 수 있었기 때문이었다.

　　버스터의 새 아파트는 딜워스에 있는 우리 집에서 멀지 않았기 때문에 우리는 꽤 정기적으로 연락을 주고받았다. 가끔 점심을 먹으러 갔는데 주로 그의 생일인 7월 15일에 갔다. 샬럿에서 지원한 집에 들어간 지 1년쯤 지났는데도 여전히 UMC에서 음식을 지원받는 것을 보고 아내와 나는 그에게 식료품 구입에 필요한 돈을 매달 지원하기 시작했다. 버스터는 매달 받는 은혜를 갚기 위해 일을 할 수 있는지 항상 물었고, 때로는 할 일이 있었지만 없을 때가 더 많았다. 그렇게 약 15년 동안 1~2년 정도의 공백기를 빼고 우리는 매달 그에게 경제적인 도움을 주었다.

　　2020년 68세에 인후암으로 세상을 떠날 때까지 버스터와 나는 좋은 친구로 지냈다. 그의 대가족은 나에게 장례식에서 연설을 해 달라고 부탁했다. 나는 장례식 연설에서 그에 대한 재미있는 이야기를 했고, 그의 형제와 누이들이 버스터의 어린 시절에 대해 이야기하는 것을 들으며 즐거운 시간을 보냈다. 나는 그의 일곱 형제 자매의 이름, 사는 곳, 나이를 모두 알고 있었지만, 그가 아프기 전에는 그들 중 누구도 만난 적이 없었다. 그들도 예전에 나에 대해 들었는데, 몇몇은 버스터가 딜워스에 사는 백인 친구가 있다고 지어냈을 거라고 추측했다고 했다. 버스터의 형제와 누이들은 모두 은행가와 약사 등 성공한 전문직 종사자였다. 버스터는 알코올 중독으로 인해 젊은 나이에 군대를 떠났고 그 이후 회복 불가능한 상태에 빠졌다고 했다.

　　버스터와 나의 30년 우정에 대한 나의 마지막 감사의 표현은 그의 장례 비용을 모두 지불하는 것이었다. 그것은 내가 매우 좋은 친구라고 생각하는 누군가를 위해 내가 할 수 있는 최소한의 일이었다.

UMC 이사회에서 몇 년을 보낸 후 나는 기금 모금 담당으로 자리를 잡았다. 이는 놀랄 일이 아니었다. 왜냐하면 트리니티캐피털에서 내가 하는 일들 중에서 돈을 모으는 것이 큰 부분을 차지하고 있었기 때문이었다. 누군가에게 돈을 달라고 하는 것은 나에게 자연스러운 일이었으며, 특히 이렇게 가치 있는 일을 위해서라면 더욱 그랬다. 이사회에 참여하면서 재미있었던 것 중 하나는 트리니티파트너스와 트리니티캐피털이 UMC와 동시에 같이 성장하고 있다는 것이었다. 간혹 조직 성장통과 지역적 사고가 두 회사와 비영리 단체인 UMC의 서비스 확장을 가로막는 것을 경험하기도 했다. 이사회에서 활동한 초기 10년 중 3년은 이사회 회장으로 있었고, 주로 데스크에서 상담을 하거나 무료 급식소 도우미를 하거나 이웃들에게 우편물을 나눠주는 등의 자원봉사를 했다.

2010년경 UMC는 하우징 퍼스트Housing First라는 모델을 통해 도시의 만성 노숙자 커뮤니티를 위해 봉사하기 시작했다. 당시 8백 명이 넘는 사람들이 2년에서 길게는 25년 동안 샬럿의 거리에서 살고 있었다. 과거에는 이 사람들을 집에 거주시키기 전에 이들이 먼저 약을 끊고 정상인이 되어야 한다고 생각했다. 하지만 그 방법에는 허점이 많았고 전혀 효과를 보지 못했다. 하우징 퍼스트 모델의 취지는 먼저 주택을 마련해 주고, 그 다음에 안정화에 도움이 되는 서비스를 제공하자는 것이었다. 이것은 그들이 정기적으로 재활, 건강 관리, 상담 서비스, 약물 치료를 받을 수 있다는 것을 의미했다.

UMC는 13명의 개인을 대상으로 시범 프로그램을 진행한 후, 2012년에 무어플레이스Moore Place라는 120가구 규모의 아파트 단지를 지었다. 그리고 이 프로그램을 전담해서 진행할 관리단을 별도로 새로 꾸렸다. 그 이후 몇 년 동안 우리는 스캐터드 사이트Scattered Site라는 프로그램을 통해 노숙자들이 안정적으로 주거할 수 있는 주택을 제공했다. 이를 위해 지역 집주인들로부터 아파트를 임대한 다음, 상담원과 입주자에게 필요한 다른 서비스들까지 함께 제공했다.

이사회 임기는 2016년에 끝났고 더 이상 UMC 활동에 참여하지 않았다. 다행스럽게도 약 18개월 후에 이사회는 이사회에서 오래 활동했던 세 명, 마이크 클레멘트Mike Clement, 캐시 이자드Kathy Izard 그리고 나에게 이사회 멤버로 다시 봉사해 줄 것을 요청했다. 우리 셋은 기쁜 마음으로 다시 참여하기로 했다.

UMC는 큰 변화를 겪고 있었다. UMC는 샬럿멘즈쉘터Charlotte Men's Shelter와 합쳐져서 루프어보브Roof Above라는 새로운 조직을 꾸리는 중이었다. 그리고 UMC의 리더로 오랫동안 사랑받았던 데일 목사는 은퇴할 예정이었고, 재능 있고 열정적인 리즈 클라센-켈리Liz Clasen-Kelly가 루프어보브의 리더로 임명되었다. 이런 변화가 진행되는 동안 어느 시점에 만성 노숙자들에게 주거지를 제공하려는 사업의 동력이 서서히 떨어졌다.

이 무렵, 우리와 지역 사회는 약 천 명 정도의 만성 노숙자 이웃들에게 집을 제공하고 있었다. 하지만 샬럿이 커짐에 따라 노숙자 수는 계속 증가했고 2018년에도 4백 명의 만성 노숙자가 샬럿의 거리에 있었다. 우리의 모멘텀이 둔화되는 가장 큰 이유는 도시 전역의 임대료가 급격하게 오르면서 스캐터드 사이트 프로그램에서 저렴한 주택을 찾는 데 어려움을 겪고 있었기 때문이었다. 모멘텀을 유지하기 위해 무언가 변화가 필요했다. 다른 단일 부지 아파트 단지를 건설하거나 어떻게든 스캐터드 사이트 프로그램을 정상 궤도에 올려놓아야 했다. 하지만 이 두 방안을 진행할 자금이 없었다.

2018년에 달리기를 하던 중에 한 가지 생각이 떠올랐다. 우리 지역의 한 신사가 최근에 본인의 사업체를 통으로 매각했다는 얘기를 들었는데, 만성 노숙자를 종식시킬 수 있도록 큰 기부를 해 달라고 그에게 이야기해야겠다라는 생각이 떠오른 것이었다. 나는 이 생각을 그냥 넘겼는데 일주일 후에 그 생각이 다시 떠올랐다. 나는 이것이 어쩌면 하나님의 계시일지도 모른다는 것을 깨달았고, 이 목소리를 무시하면 안 될 것 같은 느낌이 들었다.

그 신사는 결국 5백만 달러를 기부했고, 이 돈은 만성 노숙자 150명을 위해 집을 사거나 짓는 데 필요한 4천만 달러의 자금을 모금하는 캠페인을 시작하는 마중물이 되었다. 아내와 나는 이 캠페인의 의장을 약 2년 동안 맡으면서 개인적으로 가장 많은 기부를 했다. 그리고 마크 에드리지Mark Ethridge라는 이름의 젊은 부동산 전문가와 함께 내가 잘하는 사모펀드 투자 기술을 활용해서 160명의 이웃에게 집을 주기 위한 두 가지 프로젝트를 진행했다. 하나는 기존 아파트를 활용하는 것이었고 다른 하나는 호텔을 개조하는 것이었다. 나는 루프어보브에 아래 글을 게재했는데 이 글은 위에서 언급한 프로젝트를 잘 요약하고 있다. 나처럼 부동산에 관심이 많은 독자라면 이 글이 흥미로울 것이다.

사모펀드로 노숙자 문제를 해결하는 방법

NOAH, PSH, 사모펀드와 비영리 단체의 교차점

루프어보브 이사, 게리 체슨

2020년 8월

10년 전, 샬럿 거리에는 2년에서 25년 동안 거리에서 살았던 8백 명 이상의 만성 노숙자들이 있었습니다. 10년이 지난 지금 지역 사회의 다양한 노력 덕분에 천 명 이상의 만성 노숙자가 거리를 떠나 이웃으로 안착했습니다. 그러나 샬럿이 성장하면서 인구도 증가했고 아직도 약 4백 명의 만성 노숙자가 거리에 남아 있습니다.

우리 프로젝트는 성공한 것 같은데 왜 거리에는 아직 만성 노숙자가 있는 건가요? 더 많은 PSH^{Permanent Supportive Housing}를 추가하는 것을 가로막는 두 가지 큰 장애물이 있었습니다. 하나는 더 많은 주거 공간을 구입하거나 개발하고 꾸준히 들어오는 기금을 조성하기에 충분한 자금을 모으는 것이 어려웠습니다. 다른 하나는 섹션8^{Section 8} 바우처를 충분히 조달하기가 힘들었습니다. 자금이 부족하다 보니 기금 운영비를 프로그램 운영비로 사용하게 되었습니다.

무엇보다 바우처 조달이 가장 어렵습니다. 현재 샬럿의 주택 당국인 인리비안^{Inlivian}의 바우처 대기자 명단에 등재되어 있는 지원자는 수천 명에 이릅니다. 이의 주된 이유는 샬럿 주택 당국의 예산이 우리 지역 사회가 필요로 하는 금액에 비해 턱없이 부족하기 때문입니다.

동시에 샬럿의 눈부신 경제적 성공과 치솟는 임대료 상승으로 인해 빈곤한 근로자를 위한 NOAH^{Naturally Occurring Affordable Housing}가 빠른 속도로 사라지고 있습니다. 기관 투자자들은 위치가 좋은 곳에 있는 오래된 아파트를 찾는데, 이런 아파트를 매입한 후에 리모델링을 하고 편의시설을 개선해서 임대료를 인상하기 위해서입니다. 이렇게 자본과 투자 활동이 엄청나게 활발해지면서 오래된 아파트에 살고 있던 가난한 사람들은 다른 곳으로 갈 수밖에 없게 되었습니다. 저렴한 주택 공급을 유지하고 추가하기 위한 별도의 계획이 진행 중이지만 이런 노력이 가시화되려면 오랜 시간이 걸립니다. 그리고 수익성이 더 높은 멀티패밀리 투자 건이 나오면 뒷전으로 밀릴 것입니다.

저렴한 주택의 경우 투자자는 15~20년 또는 그 이상 오랜 기간 동안 투자할 수 있는 자기자본이 있어야 합니다. 이는 일반적인 투자 기간인 3~5년에 비해 훨씬 더 긴 기간입니다. 게다가 저렴한 주택을 구입해서 낮은 수익률을 감수하는 자본을 찾는 일과 임대료를 저렴하게 유지하기 위해 제약 사항을 두는 것도 또 다른 장애물입니다.

<u>NOAH와 PSH 병합</u>

우리는 전통적인 사모펀드 투자 모델을 사용해서 두 개념을 하나의 거래로 병합했으며, 이를 통해 NOAH 아파트 가구는 보존하고 만성 노숙자 75명을 추가로 수용했습니다. 우리는 이스트샬럿에 있는 341가구의 B급 아파트 단지를 매입했습니다. 모든 가구는 27년 동안 거래가 제한되며, 그중 266가구의 임대료는 지역 중위 소득 약 60%에 해당하는 사람들에게 제공되는 수준으로 유지됩니다. 이 266가구 중 50가구는 상당히 낮은 금리로 대출

을 받는 대가로 파트너로 참여한 한 기업의 근로자들에게 제공됩니다. 341가구 중 나머지 75가구는 샬럿의 만성 노숙자에게 제공될 것입니다.

이 모델이 기존 투자와 무엇이 다르며 돈의 흐름은 어떻게 작동할까요? 전통적인 투자 시나리오의 경우 임대료는 먼저 부채 상환에 사용되고 초과 현금 흐름은 지분 수익의 일부로 투자자에게 돌아갑니다. 이 투자 모델의 경우 266개 가구에서 나온 임대료는 부채 상환에 사용되지만 초과 현금 흐름을 투자자에게 반환하지 않습니다. 먼저 노숙자가 입주한 75개 가구의 임대료를 보조하는 데 사용됩니다. 그리고 PSH 프로그램을 운영하기 위한 급여와 간접비로 사용됩니다. 즉, 노숙자 세입자를 지원하는 간사, 간호사, 세입자 서비스를 담당하는 코디네이터의 급여로 사용됩니다. 노숙자 세입자 케이스를 관리하는 요원의 급여는 시 당국이 지원합니다. 제일 좋은 것은 바우처나 바우처 수입이 필요 없다는 점입니다. 즉 프로젝트에서 나온 현금 흐름으로 프로그램 관련 비용의 100%를 충당할 수 있습니다.

자본 구성 및 운영 파트너

간단히 말해, 우리는 병합된 NOAH/PSH 투자를 위해 루프어보브에서 조달한 자본을 만성 노숙자 거주에 사용했으며 샬럿시 주택신탁기금City of Charlotte Housing Trust Fund의 자금과 기업 파트너의 기부금은 프로젝트 자산으로 사용했습니다. 그리고 총 프로젝트 비용의 60%를 패니메이Fannie Mae에서 대출을 받아서 자본 구성을 마무리했습니다.

루프어보브는 341가구 규모의 대규모 아파트를 운영할 수 있는 인력과 운영 노하우를 갖고 있지 않았습니다. 그래서 지역의 한 아파트 관리 업체와 전형적인 사모펀드 부동산 투자에서 일반적으로 이루어지는 스폰서-투자자 제휴를 맺었습니다. 이 관리 업체는 이 프로젝트의 존속에 필요한 운영 전문 지식이 풍부했으며, 이를 이용하는 것은 아파트 전체 단지의 장기적인 성공에 매우 중요했습니다. 루프어보브는 PSH 프로그램을 운영할 것이며, 스폰서-파트너로 참여한 관리 업체는 루프어보브가 소유한 아파트 단지를 운영할 것입니다. 루프어보브와 관리 업체는 둘 다 이 프로젝트가 오랜 기간 동안 경제적으로 성공하는 것에 관심을 가지고 있었습니다.

<u>성공의 비결</u>

이번 프로그램에 필요한 요소들을 하나씩 살펴보겠습니다.

· PSH 프로그램의 운영 능력을 갖추고 있으면서 이를 무료로 제공할 수 있는 비영리 노숙자 단체

· 사모펀드, 부동산, 금융 전문 지식을 갖춘 비영리 이사회

· 멀티패밀리 부동산 투자 공간에 대한 운영 전문 지식을 갖추고 있으면서 시장이나 오프마켓에서 인수 소싱을 성공적으로 진행할 수 있는 스폰서나 운영 파트너. 한 가지 더 필요한데 금전적 보상을 일반적인 사례보다 훨씬 더 오래 기다릴 의향이 있어야 함

- 자본 캠페인을 통해 조달된 현금 형태의 자본

- 시 당국에서 발행하는 주택신탁기금. 추가 자산으로 사용됨

- PSH 프로그램의 케이스 관리자/상담사 급여를 자비로 제공하는 파트너. 이는 PSH 운영비 절감에 도움이 됨

- 패니메이나 프레디맥^{Freddie Mac}에서 대출을 진행할 수 있는 상업용 모기지 에이전트

자본을 조달하고, 특정 아파트를 확보하고, 실제로 인수를 하고, 운영 계획을 수립하고, 프로젝트를 성공시키려면 해결해야 할 일이 매우 많지만 적절한 팀이 함께한다면 얼마든지 달성할 수 있습니다. 이렇게 진행해서 프로그램이 성공하면 빠르게 사라지고 있는 저렴한 주택을 확보할 수 있으며, 이는 지역 사회의 '승리'가 됩니다. 또한 수년 동안 거리에서 생활한 만성 노숙자들에게도 집을 제공할 수 있습니다. 이 두 가지 결과는 아무리 보아도 모두의 '승리'가 됩니다.

나는 샬럿에 살면서 지난 20년 동안 노숙자 후원 단체에서 활동하면서 160명의 노숙자들에게 집을 마련해 주는 일에 약간이나마 힘을 보탤 수 있었던 것에 감사한다. 노숙자들에게 살 곳을 마련해 주기 시작한지 얼마 되지 않아서 루프어보브의 리즈 클라센-켈리^{Liz Clasen-Kelly}가 다음과 같은 이메일을 보냈다.

"힐록^{HillRock}아파트 프로젝트 대상 인원 75명 중 22명이 입주했습니다. 우리 예상보다는 느리지만 지난주에는 4명이나 이사를 했습니다! 어제 그곳에서 홈풀 하우징에 사는 한 주민을 만났습니다. 그는 그곳으로 이사 오기 두 달 전에 모텔 쉼터에 있었고 서로 다른 시간대에 두 번이나 총격을 받았다고 합니다. 그 전에는 북쪽 지역 끝에 있는 텐트 캠프에 있었다고 합니다. 그는 "이곳은 지루할 정도로 평화로운데 이게 너무 좋습니다"라고 말했습니다. 그는 아침에 그를 깨우는 새소리가 너무 좋아서 미닫이문을 열어 놓고 잠을 잔다고 합니다."

슬픈 점은 우리가 진전을 이루고 있지만 샬럿의 만성 노숙자 이웃들을 모두 수용하려면 아직 갈 길이 멀다는 것이었다. 한때 우리는 미국 주요 도시들 중 샬럿을 만성 노숙자를 종식시킨 최초의 도시로 만들고 싶었지만 샬럿의 경제 호황이 계속되고 저렴한 주택이 빠르게 사라지면서 우리의 목표는 점점 더 멀어지고 있다. 하지만 우리는 언젠가 그 목표를 실현할 것이다. 그런 점에서 나는 아직 할 일이 많이 남아 있다!

25

트리니티파트너스, 성장하다
2016~2019년

변화는 삶의 법칙이며,

과거와 현재만 바라보는 사람은 반드시 미래를 놓친다

- 존 F. 케네디

2016년이 시작되면서 다가오는 선거가 혼란스러울 것으로 예상되었다. 그러나 선거로 인해 나라가 얼마나 분열될지는 감이 오지 않았다. 7년 동안 지속된 경기 사이클이 거의 끝나고 있다는 느낌이 들었다.

트리니티파트너스에서 피터는 의도적으로 속도 조절을 하기 시작했다. 피터는 은퇴에 대해 생각하기 시작했고 레아 그린Rhea Greene이 오피스 임대팀을 이끌고 있기 때문에 피터가 다음 단계를 계획할 수 있는 자유 시간이 더 많아졌다. 2017년에 피터와 아내 산드라Sandra는 산드라의 고향인 채플 힐Chapel Hill 외곽에 약 150에이커(18만여 평)의 땅과 작은 오두막을 매입했고, 은퇴 후 살 집으로 그 오두막을 개조하기 시작했다. 그리고 몇 년 후, 피터와 산드라는 어린 시절 여름을 보냈던 부모님의 집에서 멀지 않은 마서즈 빈야드에 있는 별장을 하나 구입했다.

애덤 콜빈Adam Colvin은 트리니티에서 근무한 지 3년차였는데, 트리니티파트너스 샬럿 지사의 관리 파트너 역할을 맡았다. 군대를 한 사람이 이끄는 것은 좋지 않다는 것을 알았기 때문에 샬럿 사무실을 그와 내가 공동으로 이끌었다. 아담은 그 역할을 매우 능숙하게 해냈으며, 특히 팀원들의 의견을 경청하고 HR 문제를 해결하는 데 탁월한 능력을 보였다. 세 명의 현지 파트너가 이끄는 롤리 팀은 1년 전 30명에서 55명으로 늘었다.

    2016년은 일어날 수 있는 모든 거래가 모두 일어난 한 해였다. 어려움이 더 컸던 어떤 해에는 우리가 소싱한 잠재 기회의 절반 미만으로 마감하기도 했지만 올해에는 좋은 소식과 좋은 거래가 연달아 진행되었다. 모든 지사와 사업 부문은 활기를 띠고 있었고, 트리니티파트너스 샬럿 지사의 총 수익과 순이익이 신기록을 달성했다. 게다가 롤리 지사의 순이익이 신기록을 세운 샬럿의 순이익의 3분의 2라는 사실은 더 놀라웠다. 롤리-더럼 지역에서 사업을 시작한 지 7년 만에 달성한 엄청난 성과였다.

    2017년 1월, 나는 회사를 성공적으로 이끌고 있는 120명의 직원에게 감사의 이메일을 보냈다.

보낸 사람: 게리 체슨

발송일: 2017년 1월 6일 금요일

받는 사람: 트리니티파트너스와 트리니티캐피털어드바이저스 전 직원

제목: 새해 복 많이 받으세요!

새해 복 많이 받으세요.

지금은 우리 모두가 되돌아보고, 앞을 내다봐야 할 때입니다. 최근에 샬럿의 데비 콜드웰Debi Caldwell이 트리니티 창업 파트너 중 한 명인 데이비드 앨런이 2003년 2월에 보냈던 오래된 이메일을 발견해서 첨부합니다. 데이비드는 이 이메일에서 창립 5주년을 축하하기 위해 회사 생일 파티를 열어 준 14명의 팀원들에게 감사를 표했는데, 그는 당시에 아주 작았던 우리 회사의 미래를 낙관적으로 보았습니다.

새해가 시작되고 우리가 함께한 19년을 마무리하고 20주년을 맞이할텐데, 이 시점에 몇 가지 말이 떠오릅니다. 첫 번째는 감사입니다. 내가 진심으로 좋아하고 존경하며 뛰어난 성품을 가진 사람들과 함께 전쟁터에 서 있는 게 너무 감사합니다. 데이비드가 한때 자주 피력했듯이, 우리는 사업에서 이기거나 질 수도 있지만, 우리를 여기까지 이르게 한 덕목들인 정직, 겸손, 성실, 열망 그리고 경쟁 정신을 결코 잃지 않을 것입니다. 데이비드는 이런 덕목들은 하나님이 우리에게 주신 것들이며, 이런 덕목들이 있음으로 인해 우리의 개인 생활과 사회생활이 함께 영위될 수 있었다고 말했습니다. 이런 가치들을 포용하고 있는 여러분들과 함께 매일 전투에 나설 수 있다는 사실에 한 분 한 분에게 정말 감사를 드립니다.

우리는 이러한 모든 가치를 높이 평가하지만 2016년을 특별하게 만드는 데에는 경쟁 정신이 큰 역할을 했습니다. 여러분 각자는 자신이 하는 일에서 '업계 최고'가 된다는 것이 무엇을 의미하는

지를 몸소 보여 주었습니다. 여러분 모두 이 사업에 열정을 가지고 있으며, 그 열정은 일에 임하는 여러분의 모습에서 충분히 드러났습니다. 우리의 경쟁 정신은 우리 각자에게 기업가적 사고 방식을 갖게 하고, 이로 인해 우리가 함께할 때 이룰 수 있는 것에 제한이 없어졌습니다. 데이비드는 2003년 이메일에서 "5년이 지났지만 미래가 너무 기대됩니다!"라고 말했습니다. 14년이 지난 지금도 저는 트리니티 파트너에 대해 그때와 똑같은 생각을 하고 있습니다. 세월이 정말 많이 흘렀지만 우리 앞에는 여전히 최고의 날들이 있는 것처럼 느껴집니다.

불확실한 2017년에 접어들면서 상업용 부동산 시장은 경쟁이 매우 치열해지고 있습니다. 이 상황에서 우리 팀은 그 어느 때보다 강하고, 재능 있고, 깊이가 있다는 것을 알고 있기에 저는 긍정적인 생각과 자신감을 가지고 올해를 시작하려 합니다. 우리가 중점을 두어야 하는 것은 즐거운 시간을 보내고, (함께) 최선을 다하고, 여정을 즐기는 것임을 기억하기 바랍니다. 이 세 가지를 먼저 성취할 수 있다면 다른 모든 일도 자연스럽게 잘 흘러갈 것입니다. 다시 한번, 여러분 모두 새해 복 많이 받으시고, 우리 모두 함께 멋진 한 해를 보내도록 합시다!

마음을 담아, 게리 체슨 드림

몇 년 동안 급속한 성장을 거치면서 우리는 성장통을 겪고 있었다. 2017년 말경 직원 수가 140명을 넘었지만 회사의 인프라는 그만큼 성장하지 못했다. 마케팅 부문과 인사 부문에서 고군분투하고 있었으며, 회계팀은 새로운 임대 및 관리 업무에 필요한 다량의 보고 업무에 시달리고 있었다. 성장에 따른 이러한 문제들을 해결하고 미래 성장을 위한 강력한 기반을 구축하기 위해 충분한 시간을 두고 속도 조절을 할 필요가 있었다.

2017년 가을, 아담 콜빈^{Adam Colvin}과 나는 사우스캐롤라이나주 콜롬비아에 있는 상업용 부동산 회사의 경영 파트너인 브루스 하퍼^{Bruce Harper}를 만났다. 브루스와 그 밑에서 일하고 있던 20명의 에이전트와 부동산 관리인은 8년 전 롤리 팀이 그랬던 것처럼 새로운 회사를 찾고 있었다. 그들의 조직 문화는 좋아 보이지 않았으며, 그들의 최우선 과제는 신선하고 새로운 것을 찾는 것이었다. 그해에 아담과 나는 여러번 회의를 하면서 브루스와 그의 팀이 우리에게 합류했을 때 그들이 우리 문화에 잘 적응할지에 대해 꽤 오랜 시간 동안 많은 이야기를 나누었다.

약 1년 후인 2018년에 브루스, 닉 스톰스키^{Nick Stomski}, 매콘 러브레이스^{Macon Lovelace}, 로저 윈^{Roger Winn}이 트리니티파트너스에 합류했다. 그들은 약 15명의 팀 동료들을 데리고 왔으며, 이렇게 해서 2018년 9월 24일에 트리니티파트너스는 콜롬비아에 네 번째 지사를 열었다. 롤리 지사는 오랜 시간을 두고 팀을 꾸리면서 그 지역에서 최고가 되었는데 콜롬비아는 그 지역 최고의 팀과 단기간에 시작했기 때문에 우리는 이 과정을 흥미롭게 바라보았다.

2018년 2월 16일, 우리는 트리니티파트너스 20주년을 기념했다. 재정적으로 볼 때 2017년과 2018년에 트리니티의 샬럿과 롤리 지사에서 놀라울 정도의 긍정적인 모멘텀이 계속 이어졌다. 실제로 2018년에는 역전되었는데, 후발 주자인 롤리는 2016년 샬럿 본사가 올린 순이익을 뛰어넘는 신기록을 세웠다. 두 곳 모두 모든 면에서 번창하고 있었다.

회사는 승승장구했으나 나는 그렇지 않았다. 2018년은 나에게 매우 벅찬 한 해였다. 나와 아담 콜빈은 빠르게 성장하고 있는 트리니티파트너스를 경영하고 있었고, 나와 워커 콜리어는 기하급수적으로 성장하고 있는 트리니티캐피털을 경영하고 있었다. 나는 두 회사 중에서 트리니티캐피털에서 일을 할 때 더 즐거웠다. 왜냐하면 트리니티캐피털에서는 여러 가지 일을 계속 배우고 있었기 때문이었다. 그러나 두 회사 중 어느 한 곳에도 온전히 집중할 수 없었다. 두 회사 중간에서 자주 압도당하는 느낌을 받았다. 나는 일정 기간 동안 스스로 정한 혹독한 마라톤 훈련을 했고, 훈련 기간 동안 숨가쁘게 달리면서 시간을 보냈다.

2018년 연휴 기간 동안 아내와 몇 명의 친구들 그리고 가족들 중 일부와 깊은 대화를 나눴다. 그리고 2019년 초 사무실로 복귀한 후 파트너들을 모아놓고 한발 물러나고 싶다고 말했다. 반은퇴 기간을 시작했다.

트리니티파트너스 입장에서 이 말은 내가 샬럿에서 개인적으로 가지고 있는 경제적 이익의 절반 정도를 젊은 파트너들에게 넘긴다는 것을 의미했다 (롤리-더럼 사무소는 별도의 법인이다). 피터도 나와 같은 결정을 하기에 적절한 시기였다. 그래서 우리 둘은 이 거래를 진행했으며, 2019년 9월에 우리 지분 매각을 완료했고, 이렇게 해서 트리니티파트너스 샬럿 지사의 주도권을 7명의 젊은 파트너에게 넘겼다.

슬플 것 같았지만 실제로는 내 어깨에 올려져 있던 무거운 짐을 내려놓은 느낌이었다. 피터는 채플 힐에서 거의 지냈기 때문에 자주 보지 못했고, 5년 전에 데이비드도 먼저 떠났으므로 원년 파트너였던 두 명 모두 내 곁을 떠난 셈이 되었다. 내부적으로 지난 3~4년 동안, 나는 의사결정의 정점에서 최고 경영자 역할을 하면서 간혹 파트너들의 다툼을 중재하고, 4개 지사가 연계되어 원활하게 운영되도록 했다. 또한 워커와 제프 시한이 트리니티캐피털을 잘 경영할 수 있도록 옆에서 도왔다. 이 모든 일을 잘 해내기에는 너무 벅찬 일이었으며, 그동안 자주 이야기했던 개인 생활과 회사 생활의 균형을 유지하기가 현실적으로 힘들었다.

트리니티파트너스는 2천만 스퀘어피트(56만여 평)가 넘는 공간을 임대 및 관리하고 있었으며, 직원 수도 약 155명으로 성장했다. 나는 54세였고, 늘 55세에 은퇴할 계획이었으므로 이번에 결정한 반은퇴는 적절한 것 같았다.

2019년 봄, 이 큰 발걸음을 내딛는 와중에, 데이비드 앨런을 추모하는 시간을 갖고 싶어서 회사 구성원들에게 아래의 이메일을 보냈다.

보낸 사람: 게리 체슨

발송일: 2019년 5월 28일 화요일

받는 사람: 트리니티파트너스와 트리니티캐피털어드바이저스 전 직원

제목: 데이비드 앨런을 기리며

모두 좋은 아침이에요!

내일 우리는 안타까운 기념일을 가지려고 해요. 내일이 되면 5년이 되는데요, 그날 우리는 창립 파트너인 데이비드 앨런을 잃었습니다. 그는 2013년 2월에 췌장암 진단을 받았어요.

그가 세상을 떠난 후에도 우리가 최고의 5년을 보냈다는 것을 알면 데이비드는 매우 기뻐할 것입니다. 정말 믿기 힘든 일이 일어났습니다. 왜냐하면 그가 우리 곁을 떠날 것을 알았을 때 우리 중 많은 사람은 트리니티의 전성기가 끝났다고 걱정했기 때문입니다. 그러나 우리는 다른 사람들을 일으켜 세우고 그들을 도와 트리니티를 끌고 나갔습니다. 매우 특별한 누군가를 잃었지만 우리의 최고의 날이 여전히 우리 앞에 있다는 것을 우리 중 어느 누구도 부인하지 않게 되었습니다.

데이비드를 모르는 분들이 매년 더 많아지고 있으므로 그에 대해 몇 가지 알려드리려 합니다. 데이비드는 샬럿 북쪽에 있는 NC 콩코드의 한 농장에서 자랐습니다. 그의 아버지는 소를 길러 팔았고, 데이비드는 트리니티에서 풀타임으로 일할 때도 목축을 취미 삼아 계속 했습니다. 데이비드의 아들 중 한 명인 블레이크는 현재 할아버지의 뒤를 이어 농장에서 목축 일을 하고 있습니다.

데이비드는 웨이크포레스트대학교를 졸업했으며 남부 억양이 강했습니다. 그는 매우 똑똑했고, 부동산 분야에 매우 정통했습니다. 그는 상대방을 배려하고(물론 완벽하지는 않았어요!), 매력적이고, 재미있고, 항상 정직했으며, 결코 흔들리지 않는 성격의 소유자였습니다. 직장에서 힘든 일이 있을 때면 일찍 퇴근해서 콩코드에 있는 농장으로 가서 소에게 먹이를 주거나 불도저로 나무를 쓰러드리면서 스트레스를 해소하곤 했습니다.

피터와 저 그리고 데이비드, 세 사람이 함께한 16년의 파트너십은 너무나 특별했습니다. 우리는 거의 완벽하게 서로를 보완했답니다. 피터는 세련되었기 때문에 사람들은 피터를 좋아했습니다. 나는 추진력이 있어서 항상 새로운 목표를 향해 나아갔습니다. 데이비드는 우리 셋 중 가장 현명했기에, 모든 상황에서 무엇을 해야 할지 가장 잘 알고 있는 사람이었습니다. 게다가 데이비드는 결정을 내리기 전에 조준하고 조준하고 다시 조준하는 것을 좋아했습니다. 나는 보통 먼저 쏜 다음에 나중에 조준했고, 피터는 그 중간이었습니다. 우리 셋은 함께 훌륭한 결정을 내렸고 완벽한 파트너십을 보여 주었습니다.

데이비드의 아내 마리 앤, 아들 블레이크와 윌, 딸 레이첼 역시 잘 지내는 것 같습니다. 아이들은 이제 모두 대학교를 졸업했고 각자의 인생을 살고 있습니다.

샬럿에서 일하시면, 혹은 다른 지사에 있는데 샬럿에 오시면 휴게실 옆 벽에 붙어있는 명판을 읽어보시기 바랍니다. 데이비드의 사진과 데이비드가 인생에서 중요하게 여긴 것이 무엇인지 볼 수 있습니다.

오늘 이 이메일을 여러분에게 보내는 이유는 내일을 트리니티의 '데이비드 앨런 데이'로 선포하기 때문입니다. 데이비드를 아는 모든 사람은 그를 모르는 다른 사람에게 데이비드에 대한 이야기를 들려주면서 내일, 우리 모두 데이비드를 기억했으면 합니다.

행복한 화요일 보내기 바랍니다!

진심을 담아, 게리 체슨 보냄

2019년이 끝날 무렵, 나는 정신적으로 매우 좋아졌다. 구름이 걷히고 햇빛이 다시 비치는 것 같았다. 금전적으로는 예상을 뛰어넘는 보상을 받았지만 그 과정에서 많이 지쳤었다. 나는 두 회사를 풀타임으로 경영하지 않고, 다른 새로운 기대를 품고 2020년을 순항할 계획이었다. 생각만 해도 정말 기분이 좋았다. 트리니티에 있는 동안 항상 "성공에도 불구하고, 여전히 우리의 최고의 날들이 우리 앞에 있는 것 같다"라고 말했었다. 지금 내가 정확하게 말할 수 있는 것은, 사회생활에서 나의 최고의 날들은 내 뒤에 놓여 있는 트리니티에 있고, 그 사실에 나는 매우 편안했다.

26

트리니티캐피털, 도약하다
2016~2019년

돈으로 행복을 살 수는 없지만
더 많은 곳에서 행복을 찾을 수 있도록 도와준다
- 밀턴 베를레

2016년을 시작하면서 트리니티캐피털은 2015년에 4개 주에서 인수한 7백만 스퀘어피트(약 20만 평), 68개 건물의 오피스 포트폴리오를 소화하는 데 집중했다. 다행히 우리는 많은 도움을 받았는데, 시카고에 본사를 둔 공동 후원자의 자산관리 회사가 자산의 약 절반 가량을 관리했고, 나머지 절반의 자산은 롤리에서 맡아서 관리했다. 밴더빌트와 함께 만든 이 합작투자사를 우리가 만든 세 번째 회사라고 생각한다.

합작투자인 VPTC^{Vanderbilt Partners & Trinity Capital}는 모든 자산을 관리하고 자산 중 일부를 임대한다. 우리는 트리니티와 밴더빌트의 플랫폼을 사용하여 뒷단에서 이루어지는 운영을 모두 처리하는 팀을 만들었으며, 여기에는 남동부 전역에 넓게 퍼져 있는 자산에 대한 회계도 포함되었다.

오피스 포트폴리오 중 롤리가 맡은 3백만 스퀘어피트(8만 4천여 평)의 페리미터파크는 트리니티캐피털을 롤리-더럼 시장에서 가장 큰 오피스 빌딩 소유주 중 하나라는 생소한 위치로 격상시켰다. 또한 트리니티캐피털에 제프

시한과 트리니티파트너스에 윌리엄 앨런이 합류하면서 갑자기 외부에서 내부를 바라보는 내부자와 내부에서 외부를 바라보는 외부자 구도가 되었다. 우리는 트라이앵글의 최고 오피스 파크들 중 하나를 소유하게 되면서 오피스 임대 거래 흐름의 주류로 뛰어들게 되었고, 빠른 속도로 임대 계약을 체결하기 시작했다.

이 포트폴리오 및 이 포트폴리오의 초과 개발 가능 토지와 관련해서 처음 몇 년 동안 제프는 샬럿 시장에서 매우 특별한 일을 이루었다. 제프는 총 55만 스퀘어피트(1만 5천여 평)에 달하는 새 사무실 3곳을 건물이 준공되기도 전에 앵커 테넌트들과 사전 계약하는 매우 이례적인 성과를 달성했다. 건설에 약 1억 3천 5백만 달러가 들어가야 하는데 공사가 시작되기도 전에 앵커 테넌트들과 계약을 체결함으로써 투자의 위험 프로파일을 크게 줄일 수 있었다.

샬럿에서 대부분의 오피스 디벨로퍼들은 샬럿 시장에서 오피스 테넌트들을 끌어들이기 위해 사전 임대 없이 약간의 투기성을 갖고 오피스 빌딩을 올려야 한다고 알고 있었다. 그러나 제프는 이전에도 페리미터파크 및 롤리의 다른 곳에서 사전 임대 테넌트 계약을 체결한 적이 몇 번 있었기 때문에 그가 그런 특이한 업적을 달성한 것에 우리는 크게 놀라지 않았다.

긍정적인 일자리 증가와 롤리-더럼 경제 확장의 물결은 이전에 경험하지 못한 테넌트 수요를 일으켰다. 금융 서비스 테넌트 기반이 탄탄한 샬럿과 달리 트라이앵글 지역에는 기술 기업들이 밀집해 있었고, 미국에서 네 번째로 큰 생명 과학 분야 임차 시장이었다. 페리미터파크에서의 거래를 통해 금방 알게 된 것처럼 대학들(듀크대학교, UNC대학교, NC주립대학교)은 그 지역을 경제적, 사회적으로 이끄는 강력한 동력이었다.

24개 건물로 구성된 페리미터파크 오피스 포트폴리오 중 3개 건물에는 레노버의 미니 캠퍼스가 있었으며, 총 면적은 50만 스퀘어피트(1만 4천여 평)가 조금 넘는다. 레노버의 임대 갱신에 대한 것 외에, 페리미터파크에서의 임대차는 대부분 계획대로 실현되었다. 페리미터파크 인수 후 얼마 지나지 않아서 레노버는 기존의 세 건물을 떠나 인근 리서치트라이앵글파크Research Triangle Park에 위치한 다른 건물로 이전할 것이라고 발표했다.

레노버가 사용하던 50만 스퀘어피트(1만 4천여 평)를 임대하는 것은 부담스러운 일이었지만 윌리엄 앨런William Allen은 단기간에 세 건물 중 두 개를 UNC헬스케어UNC Healthcare에게 임대했고, 세 번째 건물은 워싱턴 주에 본사를 둔 마이크로소프트에게 임대했다. 보통은 이 정도 규모의 세 개 건물을 여러 테넌트에게 임대해서 안정적인 궤도로 올리려면 최소 수 년이 걸렸을 것이다. 하지만 핫한 이 지역에서 장기 계약과 신용이 있는 테넌트를 확보한 상태에서 건물을 완전히 임대하는 데 약 1년밖에 걸리지 않았다.

롤리 부동산 시장의 강점은 우리가 성공하는 데 크게 작용하였으며 지금도 그렇다. 그러나 우리는 투자 전략을 수립할 때 다른 자본 시장 동향도 활용한다. 우리는 투자자들이 단일 건물을 여러 개 구입하고 이것들을 하나의 포트폴리오로 구성해서 산업용 건물로 통합하고, 이렇게 통합된 포트폴리오는 개별 산업용 건물보다 스퀘어피트당 훨씬 더 높은 가격에 판매된다는 사실을 몇 년에 걸쳐 알게 되었다. 이것이 사용자 중심의 소규모 산업용 건물에는 적용되지 않았다. 이는 최소 15만~20만 스퀘어피트(약 4천 2백~약 5천 6백 평)

이상의 기관 투자 규모의 산업용 건물에만 적용되었다.

이렇게 가격 차이가 나는 이유는 간단했다. 대부분의 기관 투자자들은 모든 거래에서 최소 천만 달러 이상의 자본을 투자하기를 원한다, 즉 가능한 한 대규모 투자를 더 선호한다. 기관 투자자들이 투자할 수 있는 주식형 펀드 규모는 5억~10억 달러 이상이며, 이것보다 규모가 더 작은 수십 건의 거래를 하고 싶어하지 않는다. 기관 투자자들은 규모는 더 크고, 건수는 더 적은 것을 선호한다.

역사적으로 개별 산업용 건물의 거래 금액 규모는 상대적으로 작았다. 20만 스퀘어피트(5천여 평) 규모인 산업용 건물의 스퀘어피트당 판매 금액은 80달러였는데, 이 건물의 총 구매 비용은 1천 6백만 달러(약 207억 원)이고, 필요한 자기자본은 5백만 달러(약 65억 원)가 되지 않는다. 만약 투자자가 2천만 달러(약 260억 원)의 자기자본을 투자하고 싶다면 앞서 예로 든 규모의 개별 거래를 4건이나 소싱하고 인수하고 마감해야 하는데, 이를 모두 처리하려면 시간이 많이 걸린다. 결과적으로 산업용 건물에 투자하는 투자자들은 한 번에 더 많은 자본을 투자할 수 있는 대규모 포트폴리오에 상당한 프리미엄을 지불했다.

이 전략의 이점은 투자자인 우리에게 두 번째 부가가치 구성 요소를 제공한다는 것이었다. 첫 번째 구성 요소는 항상 단일 자산에 초점을 맞춰야 했다. 즉, 부동산의 가치를 더하고 우리와 투자자의 이익을 창출하는 방식으로 리노베이션이나 재임대를 통해 각 건물의 수익을 개선하는 일에 집중해야 했었다. 우리는 이러한 통합 전략을 통해 전환 또는 자산 매각 시 포트폴리오에 추가적인 가치를 창출하는 두 번째 구성 요소를 공고히 할 수 있었다.

제프 시한은 우리 팀을 데리고 이 전략을 실행한 결과, 2016년과 2017

년에 롤리와 샬럿에서 약 90만 스퀘어피트(2만 5천여 평)의 산업용 부지를 인수했다. 이 전략은 결과적으로 성공적이었으나, 우리는 두 가지 이유로 인해 이 전략을 계속 진행하지 않았다. 첫째, 창출 이익 대비 시간이 많이 걸렸다. 언급한 바와 같이, 대규모 기관 투자자들은 앞서 언급한 것과 비슷한 이유로 단일 산업 자산을 자주 구매하지 않았으며, 우리도 제프를 통해 같은 경험을 하고 있었다. 둘째, 이 분야 외에 다른 분야도 여건이 좋아지고 있어서 투자 초점을 다른 곳으로 옮길 필요가 있었다.

우리가 집중하기 시작한 분야는 산업용 부동산 개발이었다. 워낙 많은 자본이 시장에 투입되었기에 산업용 부동산 인수 가격이 천정부지로 치솟았고, 수익률도 유난히 낮아 인수 분야에 성공적으로 투자할 여지가 거의 없었다. 그리고 가장 중요한 것은 산업용 부동산 에셋 클래스가 전자 상거래에 의해 변화하는 과정에 있다는 것이었다. 간단히 말해서, 과거에 상점에서 판매되던 상품들이 이제 온라인에서 판매되는 걸로 전환되고 있었다. 이는 소매업체들이 전자 상거래 채널에서 유통되는 재고를 저장할 창고 공간이 필요하다는 것을 의미했다.

놀랍게도, 전자 상거래는 2019년 전체 소매 매출의 10%에 불과했지만, 2020년이 되자 15.7%로 증가했다(출처: 미국 인구조사국). 아마 많은 독자들은 그 숫자가 25%에서 35%, 어쩌면 그 이상이라고 생각했을 것이다. 우리와 다른 많은 사람들은 창고 수요가 폭발적으로 증가하는 것을 보았지만, 데이비드가 떠나면서 트리니티캐피털의 산업용 전문 능력이 옅어졌다. 물론 한 가지 예외가 있었는데, 그것은 바로 제프 시한이었다.

제프는 롤리-더럼 지역의 듀크리얼티에 있을 때 산업용 부동산 개발을 경험했었다. 그 시장은 역사적으로 샬럿, 그린빌, 애틀랜타와 같은 남동부 산업 중심지의 대규모 크기에 비해 규모가 아주 작은, 그러나 매우 활성화된 산업 부동산 시장이었다.

2019년 초, 제프는 이스트롤리East Raleigh에서 총 96만 8천 스퀘어피트(2만 7천여 평)의 물류센터를 지을 수 있는 부지와 함께 15만 스퀘어피트(4천 2백여 평)의 신규에 공실인 A급 산업용 건물을 인수할 기회를 얻었다. 이 파크의 소유주는 인디애나폴리스에 본사를 둔 높은 등급의 전국 단위 디벨로퍼였는데 그 회사는 18개월 전에 최초의 물류센터 건물을 개발했지만 하나도 임대를 주지 못했다. 그래서 쉽게 포기하고 파크 전체를 매각할 최적의 상태였다.

이 상황에서 제프는 이 투자에 대해 고민했다. 유명한 그 디벨로퍼이자 소유주가 성공하지 못했는데 우리는 할 수 있을까? 제프는 이것이 확실한 기회라고 우리를 설득했다. 그 근거로, 듀크에 있을 때 서브 마켓에서 비슷한 규모의 산업 단지 두 곳을 개발하고 임대했다는 점을 내세웠다. 그것은 우리가 투자 결정을 하도록 설득하기에 충분했다.

야구로 치면 이 투자는 처음에는 1루타나 2루타로 보였으나, 실제로는 만루 홈런 혹은 끝내기 홈런이 되었다. 불과 2년 만에, 우리는 5개의 건물을 모두 지었고, 여섯 번째 건물을 짓기 위해 20에이커(약 2만 5천 평)를 더 매입했다. 우리는 파크의 모든 건물을 임대했는데, 테넌트들 중 대다수는 성장이 예상되는 전자 상거래에 대비하려는 이들이었다. 이들 테넌트 중 상당수가 이곳 공간을 임차하기 위해 경합했다는 사실에 놀라지 않을 수 없었다. 파크 인수 후 시장에 내놓은지 26개월 만에 임대율 95%를 달성했다. 이것은 일생에 한 번쯤 있을까 말까 한 행운이자 큰 일이었다.

매각 결과는 놀라웠고, 이를 주도한 것은 거품이 잔뜩 낀 자본 시장 환경이었다. 우리는 7.25%의 비용 수익률로 이번 개발을 인수했으며, 6.0%의 캡레이트$^{cap\ rate}$로 종료할 것으로 예상했는데, 이는 스퀘어피트당 약 107달러의 매각가로 환산되었다. 비용 기준으로 스퀘어피트당 80달러를 약간 넘었던 원래의 인수는 2.0배의 자기자본 배수를 내도록 설계되었다. 이는 1달러를 투자할 때마다 1달러의 이익이 추가로 생기기를 원한다는 것을 의미했다. 우리의 에이전트는 우리에게 가격을 더 공격적으로 책정해도 된다고 했으며, 자기가 생각하기에 4.75%의 캡레이트, 즉 스퀘어피트당 약 135달러 정도로 매각할 수도 있다고 제안했다.

에이전트의 의견은 우리를 매우 흥분시켰고, 제프는 에이전트에게 파크를 시장에 내놓으라고 했다. 우리는 산업용 부동산 가격이 계속 오르고 있어서 매수자들이 절망하고 있다는 소식을 들었다. 입찰 과정에서 생긴 매수 열기가 너무 강한 탓에 해당 파크가 캡레이트 3.53%에 판매되었으며, 이는 스퀘어피트당 182달러에 해당하는 가격이었다. 불과 몇 년 전만 해도 산업용 파크는 그 가격의 절반 가격에 판매되었다. 이 프로젝트에 대한 이익은 프로젝트 단위에서 우리가 투자한 에쿼티 1달러에 대해 전체 원가 기준을 초과했으며, 우리와 우리의 투자 파트너는 불과 2년여 만에 6달러를 벌었다.

이 매각을 통해 트리니티캐피털은 2018년에 400사우스트라이온$^{400\ South\ Tryon}$ 매각으로 낸 기록적인 이익보다 무려 두 배가 넘는 이익을 창출했다. 우리 각자는 단 한 번의 투자로 평생 벌만한 수익을 낼 수 있었다. 그리고 몇 년 전에 트리니티캐피털의 핵심 요소였던 트리니티파트너스를 매각하려던 것이 얼마나 끔찍한 생각인지 주장했던 나의 믿음도 입증되었다. 우리가 이 거래를 마감한 지 약 일주일 후에 피터는 채플 힐에서 나에게 문자를 보냈다. "저기, 이렇게 큰 돈을 벌 때마다 나는 너무 기분이 좋습니다. 내가 어떻게 여기까지 왔는지 정말 믿기지가 않습니다."

―――――――――

여담이지만, 그때 이루어진 산업용 부동산 투자는 투자 전략에 대한 나의 인식을 완전히 뒤집었다. 지난 20년간 내가 진행한 투자를 돌아볼 때 2010년부터 2013년 사이에 고민고민하면서 진행했던 투자가 가장 큰 수익과 이익을 냈을 것으로 생각했지만 사실은 그렇지 않다는 것을 깨달았다. 그 당시 투자가 수익률은 매우 좋았지만 역대 최고는 아니었다. 대출 가치의 65~75%에 해당하는 매우 낮은 가격으로 대출 기관으로부터 건물을 구매한다면 이러한 유형의 투자는 항상 최고의 결과를 내야 한다, 그렇지 않은가?

우리는 과거에, 어려움을 겪고 있던 프로젝트들을 인수해서, 자본을 재구성하고, 문제점을 해결한 후, 매각했는데 이렇게 매각한 자본 시장이 가장 강력한 시장은 아니었다. 자산 가격이 좋기는 했지만 훌륭하지는 않았다. 경제 회복 초기에 이들 프로젝트를 마무리하고 나서 몇 년 후 자본이 우리 시장으로 유입되었고, 24개월 후에 동일한 프로젝트가 훨씬 더 높은 가격에 재판매되는 것을 지켜보았다.

여기서 눈여겨볼 미묘한 차이는 캡레이트 압축(자본 유입, 캡레이트 하락, 가격 상승)이 경기 회복 초기에 투자한 사람들에게 예상치 못한 호재로 작용해서 자산이나 임차를 개선하기 위해 실제로 아무것도 하지 않았지만 프로젝트 재판매를 통해 상당한 수익을 올릴 수 있었다는 점이었다. 핵심은 이러한 초기 사이클 투자를 더 오래 보유했다면 더 많은 수익을 낼 수 있었겠지만 캡레이트 압축 같은 이벤트를 예측하기가 어렵고 인수도 불가능하다는 것이다.

부실 자산에 대한 투자 수익율이 매우 좋았지만 우리가 이룬 사상 최고의 수익과 이익은 부동산 사이클이 거의 끝날 무렵인 2019년에 산업용 부동산 개발 사업에서 나왔다. 우리는 사이클 중간 시점인 2014년에 부실 자산에 대한 투자를 종료했는데 이 당시에 두 번째로 좋은 투자 성과를 냈다.

이러한 투자 성공 순위는 내가 10년 전에 예상했던 것과 정반대였다. 왜냐하면 역사적으로 볼 때 산업용 부동산 신규 개발 사업은 상대적으로 낮은 수익을 내는 사업이었기 때문이었다. 산업용 부동산 산업은 놀라움으로 가득 차 있었으며, 매번 새로운 것을 가르쳐 주었다.

나는 지난 20년 동안 투자를 성공적으로 진행했다. 그러나 지난 5년 동안 우리가 달성한 많은 성과에서 또 새로운 것을 배웠고, 새로운 정보를 받아들였다. 그리고 시장이 지나온 곳이 아니라 시장이 나아갈 곳으로 방향을 맞추고자 했다. 하키의 거장인 웨인 그레츠키 Wayne Gretsky는 "나는 퍽이 지나온 곳이 아니라 나아갈 곳을 향해 스케이트를 탄다"라고 말한 적이 있다. 사업가로 살면서 나는 2~3년마다 투자 회사로 우리 자신을 혁신해야 한다는 것을 배웠다. 이렇게 해야 앞으로 나가거나 현재 시장 기회와 보조를 맞출 수 있었다.

우리는 롤리-더럼 지역에서 매우 활발하게 활동했고, 플로리다 지역에서도 적극적으로 투자하고 있었다. 2015년, 대규모로 진행된 듀크리얼티 인수의 일부는 플로리다 남부에서 이루어졌다. 우리는 벤더빌트와 함께 투자를 계속해

서 잭슨빌Jacksonville과 웨스트 팜 비치West Palm Beach의 오피스 빌딩들과 파크들을 인수했다. 2010년대 후반에는 벤더빌트와 함께 플로리다 남부 시장에서 250만 스퀘어피트(7만여 평; 약 20개 건물)가 넘는 교외 및 시내 오피스 빌딩을 인수했다.

우리가 이러한 전략들을 실행하는 동안 스폰서/운영 파트너 및 기업으로서 트리니티캐피털의 위상은 전국 규모급으로 성장하고 있었다. 우리는 남동부 지역에만 투자를 했지만 이 지역이 미국에서 가장 주목받는 지역이었기 때문에 기관 투자자들은 크게 성장하고 있는 이 시장에서 괜찮은 투자처를 찾고 싶어했다. 이 기간 중 어느 시점부터는 우리가 기관 투자자를 찾는 것이 아니라 기관 투자자들이 우리를 찾기 시작했다는 것을 알아차렸다.

기관 투자자들이 우리를 찾는 이유는 훌륭한 투자 기회를 얻는 최전선에 우리가 있었기 때문이었다. 트리니티캐피털은 업력상 단순히 매물을 찾는 수준에 머물러 있지 않았다. 우리는 건물을 확보한 다음에 재임대를 통해 가치를 올린 후 매각함으로써 매우 강력한 재무적 성과를 창출하는 실적을 올리고 있었다.

우리는 기관 개발 파트너들과 좋은 관계를 맺고 있었다. 정보 보호 차원에서 여기에서 열거하지는 않겠지만 공동 투자에 참여한 12곳 정도의 파트너는 업계에서 누구나 알만한 기관들이었다. 대부분의 기관은 뉴욕에 기반을 두고 있지만, 다른 주나 대도시에 본사를 둔 곳들도 있다. 그중 일부는 글로벌 보험 회사이고, 일부는 대체 투자 운용 회사이며, 자체적으로 대규모 부동산 펀드를 조성한 민간 기업도 있었다.

지난 몇 년 동안 우리는 이들 그룹 중 한두 곳과 모든 투자를 함께 진행하는 방법이 없을까 고민했다. 주된 이유는 내가 선호하는 몇몇 그룹과 진행하면서 긍정적인 결과를 얻었기 때문이었다. 같은 그룹과 여러 건의 투자를 진행할 때 공통적으로 발생하는 문제는 "우리는 남동부 지역의 오피스 할당량을 모두 채웠기 때문에 이 거래가 좋아 보이지만 못할 것 같습니다"라고 말하거나 "캘리포니아와 텍사스에서 진행 중인 다른 세 건의 거래가 있어서 이번 건에 집중할 여유가 없습니다"라고 말하는 경우가 많다는 것이었다.

다른 경우에는 이러한 대형 투자자들이 제시하는 수익율 기준과 합작투자 조건이 고부가가치 오피스 투자에는 적합할 수 있지만 일반적으로 수익률이 낮은 산업용 부동산 투자에는 적합하지 않을 수 있다. 때로는 타이밍 문제가 발생하기도 하는데, 한 투자자 그룹에게 특정 산업용 부동산 투자를 제안했는데 그때는 거절했다가 90일 후에 와서 "혹시 산업용 부동산 투자 건이 있나요? 산업용 부동산 인수 및 개발을 원하는 고객사가 있어서요"라고 말하는 경우도 있었다. 바람이 어디로 불지 알 수 없는 것처럼 투자자들의 선호도와 방향도 어디로 향할지 알 수 없다. 따라서 다양한 지분 투자자들과 관계성을 유지하면서, 투자자의 자본 비용과 성향에 맞춰 그들에게 적절한 기회를 제공하는 것이 중요했다.

―――――――――

트리니티캐피털의 위상이 높아지면서 흥미로운 반전도 있었다. 트리니티파트너스는 수년 동안 글로벌 경쟁사인 CBRE 및 JLL과 정면으로 경쟁해 왔으며, 우리는 이들을 우호적인 경쟁자로 간주하고 있었다. 이제 트리니티캐피털은 부동산 소유주로 CBRE와 JLL의 가장 큰 투자 판매 고객 중 하나가 되었으며, 우리가 자산을 매각할 때마다 두 회사가 경쟁을 벌였다. 우리가 우리 자산을 매각할 때 트리니티파트너스를 주관사로 선정한 적은 거의 없다. 왜냐하면 우리의 합작투자 파트너들은 항상 가치 평가 및 매각 진행 작업을 독립적인 제3의 기관이 하기를 원했기 때문이었다.

이 투자 기간 동안 세 번째로 높은 자산 및 패밀리 오피스 부동산 투자 펀드의 잔액을 회수하고 투자자들에게 자본과 수익을 돌려줄 수 있었다. 트리니티 펀드III가 마감될 당시, 210만 스퀘어피트(5만 9천여 평)의 오피스 및 산업용 부동산에 총 2억 5백만 달러를 투자했다. 총 프로젝트 수준 수익률은 55.4%를 기록했으며, 수익 분배 후 투자자들이 얻은 순 IRR은 28.9%에 이르렀으며, 이는 우리가 그때까지 달성한 수익률 중 가장 높은 수치였다.

2010년대 전 기간 동안 사모펀드 부동산 투자 영역에서 우리가 이룬 성공이 현지에서 주목을 받기 시작했다. 창업 초창기에 우리가 선망했던 몇몇 대형 지역 디벨로퍼들도 사모펀드 부동산 플랫폼을 시작했지만 몇 년 동안 노력하다가 포기하고 본업인 부동산 디벨로퍼로 다시 돌아갔다. 이들 디벨로퍼들은 지금도 해당 분야에서 계속 뛰어난 성과를 거두고 있지만 인수와 개발 모두를 아우르는 데 있어서는 우리를 뛰어넘지 못하고 있다.

2019년 봄, 우리는 생명 과학 분야를 대상으로 해서 투자 전략을 다시 다각화했다. 적어도 처음부터 의도적으로 이렇게 한 것은 아니었고, 우연히 뛰어들었는데 결과적으로 적극적으로 투자하기로 결정했다. 이런 일이 일어난 시점은 리서치트라이앵글파크Research Triangle Park에 있던 65만 스퀘어피트(1만 8천여 평) 규모의 이전 노텔Nortel 캠퍼스를 인수하고 재개발하는 사업을 추진하

고 최종 선정되었을 때였다.

　이 프로젝트가 매력적으로 들릴 수 있으나 실제로 파크포인트^{Park Point}는 덩치만 크고 유지보수 비용이 많이 드는 곳으로, 기능상 쓸모가 거의 없고, 매우 오래되어서 유효 수명이 다 된 자산이었다. 캠퍼스에는 낡고 오래된 오피스 빌딩이 하나 있었고, 이 건물은 탈선된 열차처럼 보이는 두 동의 창고와 직접 연결되어 있었다.

　우리의 계획은 파크포인트를 개조해서 창의적인 사무실 공간으로 바꾸는 것이었다. 즉 효용성이 없는 큰 건물을 매입해서 테넌트들에게 어필할 수 있는 공간으로 재탄생시키는 것이었다. 우리는 이 건물을 롤리-더럼의 기술 테넌트들과 이와 관련된 오피스 시장을 주요 타켓으로 삼을 계획이었지만 실사 중반에 조사를 거친 결과 프로젝트의 절반 이상을 트라이앵글의 생명 과학 테넌트에게 판매하기로 결정했다.

　생명 과학 관련 기업들은 직원들이 일하는 사무실 공간과 실험실을 위한 창고 공간을 모두 사용하며, 여기에는 생명 공학, 제약, 의료 기기 제조업체, 디지털 헬스케어 회사, 유전체학 연구소를 포함한 다양한 유형의 기업이 포함된다. 이들 테넌트는 강력한 대학 시스템이 갖춰진 대도시 지역에 모이는 경향이 있는데 롤리-더럼 지역이 미국에서 네 번째로 많은 생명 과학 기업들이 집중되어 있으며, 이들 기업 중 다수가 더럼의 리서치트라이앵글파크^{Research Triangle Park}와 그 주변에 본사를 두고 있었다.

　우리는 이것이 부동산 산업에서 매우 특화된 분야라는 것을 알고 있었고, 이런 공간에 경험이 풍부한 투자자들이 몇 명 있었다. 신뢰할 수 있는 생명 과학 임대 사업자 겸 소유주가 되기 위해 우리 팀은 이런 자산을 테넌트들에게 매력적으로 보이게 만드는 방법을 최대한 많이 배워야 했다.

2년이 지난 지금 1억 5천만 달러 이상을 들여 파크포인트의 리노베이션 작업을 마무리 중에 있다. 35만 스퀘어피트(약 1만 평)를 장기 신용 테넌트들에게 임대했는데 이들은 모두 생명 과학 관련 기업이었다. 다시 한번, 행운이 우리의 성공에 큰 역할을 했다. 팬데믹이 닥쳤을 때 일반 오피스 임대는 매우 저조했다. 그러나 팬데믹 기간 동안 생명 과학 테넌트 수요가 크게 증가하는 상황을 몸소 체험했다.

　마지막 순간에 생명 과학 테넌트를 염두에 두지 않았다면 상당히 곤란한 상황에 처했을 것이다. 임대율이 56%로 임대 계획보다 훨씬 높지만 아직 갈 길이 멀다. 이것이 부동산 투자의 삶이다. 부동산 투자의 특성상 실제 거래가 일어나기 전까지는 투자 결과를 결코 알지 못하며, 초기 투자 이후 몇 년이 지나야 알 수 있는 경우가 많다.

―――――――

트리니티파트너스에서 반은퇴에 들어간 2019년 말, 트리니티캐피털에서도 반은퇴를 시작했다. 이제 속도를 늦추고 젊은이들에게 고삐를 넘겨줄 때가 되었기 때문에 트리니티캐피털의 운영권을 워커와 제프에게 모두 넘겼다. 워커는 지난 10년이 넘는 시간 동안 본인이 모든 능력을 갖추고 있다는 사실을 증명했고, 제프도 그의 독특한 능력으로 이전보다 회사를 더 발전시킬 수 있다는 것을 보여 주었다. 우리는 다시 1 + 1 + 1은 7이라는 기하급수 개념으로 돌아갔다. 단, 예전과 다른 점이 있다면 1 중 하나가 반은퇴에 들어간다는 점이었다. 하지만 이 방정식을 다시 완전하게 만들 완벽한 대안을 찾는 데는 오랜 시간이 걸리지 않았다.

팬데믹이 전 세계를 강타하기 약 6개월 전, 나는 트리니티캐피털 투자자들에게 보내는 '투자자 뉴스레터(가을호)'에서 부동산 강세장이 영원히 지속될 것이라는 데에 회의적인 의견을 피력한 바 있다. 부동산과 자본 시장은 뜨겁게 달아올랐고, 그 모멘텀은 팬데믹 직전인 2020년 초반까지 계속되었다.

반대 관점

트리니티캐피털 게리 체슨

2019년 9월

"이번에는 다르다." 최근의 수익률 곡선 역전이 다가오는 경기 침체를 정확하게 예측할 수 없는 이유를 설명하는 많은 기사의 제목입니다. 지난 50년 동안 미국의 경기 침체 때마다 수익률 곡선이 역전된 적이 있었지만 이번에는 그때들과 다르다는 것이 이들 기사의 요지입니다.

무엇보다, 소비자 신뢰도는 지난 19년 동안 가장 높은 수준입니다. 노동 시장이 매우 좋기 때문에 소비자들의 지출과 저축은 매우 기록적인 속도를 보이고 있습니다. 작년 한 해, 가계는 평균적으로 소득의 8.1%를 저축했고, 지난 3년 동안 급여는 매년 5%씩 증가했습니다. 이 정도면 누구나 자신감을 가지기에 충분합니다.

역사적으로 볼 때 금리가 낮으면 시장은 자신감을 보입니다. 주택담보 대출 시장의 금리 하락은 신규 및 기존 주택 가격의 기록적인 상승을 뒷받침하고 있습니다. 낮은 금리와 심각한 주택 공급

부족으로 인해, 지난 5년 동안 주택 가격과 가치가 급격히 상승하였으며, 2007년 금융위기 이전보다 훨씬 더 높은 수준으로 주택 가격이 올라갔습니다.

상업용 부동산 투자 세계에서 주식과 채권 시장의 실질 수익률 부족으로 인해 최근 몇 년 동안 부동산 같은 대체 자산군으로 자본이 몰리고 있습니다. 경제 회복 초기에 주식 자본은 주로 신중한 국내 투자자들로부터 유입되었습니다. 이후 우량 자본이 활성화되었고 그보다 더 늦게 국내 저금리 또는 마이너스 금리에 직면한 외국인 투자자들이 미국 시장에 적극적으로 투자하기 시작했습니다. 개인(고액 순자산가) 주식 자본은 어디에나 존재했으며, 이와는 별개로 현재의 부채 시장은 유동성이 가장 풍부하기 때문에 CRE 자산 가격의 추가 상승을 촉진하고 있습니다.

대부분의 사람들은 "지금이 몇 이닝인가요?" 또는 "이 사이클이 얼마나 더 진행될까요?"라는 질문조차 하지 않습니다. 왜냐하면 지금 같은 호황기가 영원히 지속될 것이라고 생각하기 때문입니다.

여담이지만 샬럿, 오스틴, 롤리, 내슈빌 같은 대도시와 미국의 모든 관문 도시에서 이런 호황기를 경험하고 있는 반면, 소도시와 농촌 지역은 상황이 전혀 다르며, 이로 인해 포퓰리즘 정치가 득세하고 있습니다. 우리는 아주 다른 두 개의 미국에 살고 있으며, 이것이 어제 오늘의 일은 아닙니다.

토비아스 칼라일^{Tobias Carlisle}은 그의 책 『주식시장을 더 이기는 마법의 멀티플(The Acquirer's Multiple)』에서 우리 시장을 지배하는 매우 강력한 힘인 평균회귀$^{\text{mean reversion}}$ 개념을 이야기합니다. 평균회귀는 모든 상황이 결국 정상으로 돌아간다는 개념입니다. 그는 "평균회귀는 저평가된 주식을 밀어올리고 고가 주식을 끌어내린다. 이는 주식 시장, 산업, 경제 전반에 작용한다. 이것이 바로 호황 뒤의 불황, 호황 뒤의 불황이라는 비즈니스 사이클이다"라고 말합니다.

그는 이어서 최고의 투자자들은 이것을 잘 알고 있다고 말합니다. 최고의 투자자들은 시장의 전환을 기대하고, 대중은 이러한 추세가 영원히 계속될 것이라고 생각합니다. 딥밸류투자자와 역투자자들은 전환이 시작되기 전에 반응합니다.

언제 '전환'할까요? 우리는 3년 동안 매년 '전환'을 예측해 왔지만, 하루에 두 번만 정확하게 맞는 고장난 시계처럼 계속해서 '전환' 시점을 예측하다 보면 언젠가는 맞을 것입니다. 나는 이 경제가 은퇴한 쿼터백으로 활발한 사업을 벌이고 있는 '톰 브래디$^{\text{Tom Brady}}$의 경제'라고 표현된다고 들었습니다. 향후 몇 년 동안 높은 수준의 실적을 지속할 수도 있고, 아니면 수명이 다되어 다음 달에 추락해서 소멸될 수도 있습니다. 무슨 일이 일어날지 아무도 모릅니다.

역발상의 투자자로서 우리는 다른 사람들이 공격적으로 매수할 때 매도하고, 다른 사람들이 두려움에 사로잡혀 매수하지 못할 때 매수하고 투자하는 것을 선호합니다. 그러나 훌륭한 역발상 투자 기회는 모든 사이클의 특정 시점에만 발생합니다. 따라서 우리는 항상 최고의 자산, 최고의 위치, 최고의 시장에 투자하면서 경기 사이클 내내 투자하는 방법을 배우기 위해 열심히 노력했습니다. 그리고 톰 브래디를 응원하지는 않지만, 이번 경제 사이클이 더 길게 이어지기를 바랍니다!

2019년이 저물면서, 경제 사이클이 길고 괄목할 만한 성장을 이어갈 것이라는 희망을 품는다. 그러나 이것이 영원히 지속될 수 없다는 것을 우리는 알고 있다. 또한 이것이 어떤 결말로 끝날지도 모르고, 가능성이 극히 낮지만 발생하면 엄청난 충격을 주는 블랙 스완인 코비드19(코로나 사태)라는 사건이 전 세계적인 팬데믹을 수반할 것이라고는 상상도 못했다. 옛날 말처럼 우리가 노력으로는 이런 상황을 만들지 못했을 것이다.

27

절반의 은퇴를 준비하다
2020~2021년

> 전환기에 있을 때 우리는 가장 온전히 살아 있다
>
> - 윌리엄 브릿지스

팬데믹 초기를 생각하면 먼 옛날인 것 같이 느껴지지만 당시에 전문가들은 4~6주 동안만 집에 있으면 된다고 했던 걸로 기억한다. 델타 변종이 나오면서 많은 기업들이 2021년 가을 회사 복귀 계획을 바꾸면서 4~6주가 4~6년이 되는 게 아닐지 궁금해 하기도 했다. 어쨌든 2020년에 오랫동안 재택근무를 하면서 은퇴가 어떤 느낌일지 미리 맛볼 수 있었다. 그리고 2018년과 2019년에 바쁘고 정신 없는 시간을 보냈는데 재택근무를 하면서 실제로 여유를 찾는 데 도움이 되었다. 이런 관점에서 볼 때 코로나 팬데믹이 나에게 어떤 점에서는 매우 유익했다.

아침에 일어나자마자 트리니티파트너스와 관련된 이슈들을 바로 걱정하지 않아도 된다는 점도 좋았다. 나는 여전히 트리니티파트너스 지사들을 연결하는 데 깊게 관여하고 있었지만, 샬럿 사무실 운영에는 전혀 관여하지 않았는데 그 점이 정말 좋았다. 나는 샬럿 사무실의 운영권을 넘긴 것을 단 하루도 후회하거나 의심을 품지 않았다.

개인적으로, 2020년 10월에 아내와 나는 사우스캐롤라이나주의 아일오브팜스Isle of Palms에 있는 장인 장모의 집을 샀다. 우리는 이 집을 허물고 햄린크릭Hamlin Creek 해변이 보이게 집을 새로 지은 다음에 완전히 은퇴하면 이곳에서 시간을 보낼 계획이었다. 공사는 2021년 9월에 시작했다.

트리니티캐피털은 2020년에 좋은 출발을 했다. 업계의 두 거대 기업 사이에 업스트림 인수합병이 있었고, 그 와중에 매우 재능 있는 한 산업용 부동산 디벨로퍼가 새로운 일자리를 찾고 있다는 소식이 워커에게 들려왔다. 워커는 그에게 연락해서 우리 회사에 합류할 의향이 있는지 확인했다.

마시 플리핀Massie Flippin은 40대 중반으로 리버티프라퍼티트러스트Liberty Property Trust에서 수년간 근무했는데 이 회사는 캐롤라이나주에서 물류 센터 개발 회사로 활발하게 활동했다. 2019년 말, 리버티는 물류 부동산 분야의 거대 기업인 프롤로지스Prologis에 인수된다는 발표가 있었다. 이에, 리버티에서 동부 해안 지역을 담당하던 마시는 새로운 회사를 찾아야 했다. 마시의 집은 샬럿이었고, 그는 우리 지역에서 성공한 산업 단지를 다수 개발했었으며, 버지니아주 리치몬드와 사우스캐롤라이나주 그린빌에 있는 다른 산업 단지들도 개발했었다. 놀랍게도, 그의 사회생활 초창기에 데이비드 앨런이 마시의 멘토이자 친한 친구였다.

마시가 트리니티캐피털에 합류하면서 산업용 부동산 개발에 대한 그의 깊은 전문 지식이 더해지면서 우리의 시너지 효과가 회복되었다. 문화적으로도 마시는 마치 손에 꼭 맞는 장갑처럼 잘 맞았고 곁에 있으면 편하고 호감이 갔다. 그가 누군지 주변에서 몇 년 전부터 들었지만 나는 오피스 전문이라서 업무상으로는 그와 마주친 적이 거의 없었다.

마시와 함께하고 얼마 되지 않아 코로나 팬데믹이 터졌고, 산업용 부동산 개발에 힘쏟는 일을 잠시 중단해야 할지 고민이 생겼지만 초기의 경제적 불확실성을 감수하더라도 계속 진행하기로 결정했다. 마시의 가장 큰 장점은 캐롤라이나에 있는 거의 모든 산업용 부지를 알고 있다는 것이었고, 이에 개발 작업을 매우 빠르게 시작할 수 있었다.

산업용 부동산 투자 분야와 입주 수요는 이미 뜨겁게 달아올라 있었고 조금 더 있으면 더 뜨거워질 것으로 전망되었다. 팬데믹 기간 동안 사람들이 집에 머물며 그 어느 때보다 많은 제품을 온라인으로 주문하는 상황에서 소매업체들은 다가오는 전자 상거래의 홍수에 대비하지 않으면 도태될 수 있다는 것을 알고 있었다. 산업용 부동산 투자자들과 우리와 경쟁하고 있는 디벨로퍼들도 이 사실을 알고 있었기 때문에 산업용 부동산으로 개발하기에 적합한 부지를 다른 곳보다 더 빨리 찾기 위한 경쟁에 우리도 뛰어들었다.

합류한 첫 해에 마시는 찰스턴, 롤리, 샬럿, 더럼, 내슈빌에서 개발 가능한 부지를 신속하게 확인했고 우리는 이 부지들을 인수했다. 그리고 부지와 건물에 대한 설계 작업을 마친 후 약 3억 달러를 들여 총 360만 스퀘어피트(10만여 평) 규모의 산업용 제품을 보관할 수 있는 물류센터를 건설하기 시작했다. 지난 몇 년 동안 캐롤라이나 변방에 머물렀던 트리니티캐피털이 이제는 캐롤라이나 산업용 부동산 개발 게임에서 유력 플레이어로 자리잡았다. 마시의 노력과 전문성 덕분에 향후 전개될 산업용 부동산 개발 프로젝트에 대한 우리의 입지가 매우 탄탄해졌다.

팬데믹이 한창이던 2020년 가을, 트리니티캐피털은 펀드 투자 모델로 돌아가기로 결정했다. 내가 은퇴를 앞두고 있었고, 고액 자산가와 패밀리 오피스 투자자들을 위한 자금 확보에 집중하고 있었기 때문에 워커와 제프는 지금이 펀드 모델로 돌아갈 적기라고 생각했다. 한편으로는 앞으로 진행될 활발한 투자 분야에 진출할 자본을 준비하려는 목적도 있었다.

2001년부터 2005년까지는 펀드 없이 고액 자산가 자본을 모아서 거래별로 투자했다. 그 후 2005년부터 2014년까지는 3개의 고액 자산가 및 패밀리 오피스 부동산 투자 펀드에 투자했다. 하지만 2015년부터는 시간이 많이 걸리는 펀드를 조성하지 않기로 했다. 주된 이유는 사람이 부족했고 펀드 조성에 대개 12~18개월이 걸렸기 때문이었다.

2015년부터 2020년까지는 거래가 있을 때마다 복잡하게 하지 않고 처음 세 펀드에 투자했던 상위 십여 명의 투자자들과 우리가 개인적으로 출자한 자본을 가지고 공동 투자 자본을 만들었고, 이 자본을 사용해서 기관 합작투자 파트너들과 공동 투자를 진행했다.

2020년 9월에 '트리니티캐피털 밸류펀드IV'를 위한 자금 모금 절차를 시작했다. 네 명의 파트너가 개인적으로 총 5백만 달러(약 65억 원)를 투자했고, 처음에는 3천 5백만 달러(약 455억 원)를 모금하려고 했지만 팬데믹이 한창이었기 때문에 투자자들이 얼마나 투자할지 전혀 감이 잡히지 않았다. 우리는 지난 19년 동안 우리가 이룬 성과가 모금에 큰 동력을 주기를 기대했다. 우리는 약 2천 2백만 스퀘어피트(약 62만 평)에 달하는 오피스 및 산업용 부동산에 31억 달러(약 4조 1천 4백억원)를 투자했으며, 평균 프로젝트 수준 수익률은 34.5%, 연간 순투자자 대비 수익률은 20.8%를 기록했다. 게다가 투자자 원금 손실이 한 번도 일어나지 않았다는 점도 큰 자랑거리였다.

앞에서 잠깐 이야기했는데 2002년에 만든 사업 계획 엑셀 파일에 '10년

안에 우리가 10억 달러(약 1조 3천억원) 가치의 오피스 및 산업용으로 구성된 상업용 부동산 포트폴리오를 소유할 것이며, 오피스 및 산업용 자산 규모는 1천 6백만 스퀘어피트(약 45만 평) 초과'라는 목표가 있었다. 그 당시에, 그 숫자는 터무니없는 목표였다. 그러나 지금은 그 수치를 돌파했고 지금도 계속 증가하고 있다. 이 글을 쓰는 현재, 우리는 약 2천 8백만 스퀘어피트(약 79만 평)에 41억 달러(약 5조 3천 3백억 원)를 투자했다.

처음 세 펀드를 모금할 때 내가 주도했기 때문에 이번에도 내가 주도했다. 두 회사에서 물러난 후 한동안 한가롭게 지내던 터에 펀딩에 다시 참여해서 즐거웠다. 마케팅팀은 세련된 전자 브로슈어를 준비했고, 미등록 부동산 오퍼링에 필요한 법적 서류를 작성하고, 목표 리스트를 만든 후 펀드 레이징 작업을 시작했다.

우리 눈앞에 펼쳐진 펀드 모금 환경은 상당히 놀라웠다. 약정이 쇄도했고 시작한지 30일 만에 2천 5백만 달러(약 324억 원)를 달성했다. 얼마 지나지 않아 3천 5백만 달러(약 454억 원)에 도달했고, 60일 만에 4천만 달러(약 519억 원)로 펀드를 마감하려고 할 때 개인 투자자 한 명이 천만 달러를 약정해서 최종적으로 5천만 달러(약 650억 원)로 마감했다.

앞선 펀드의 경우 경제 상황에 따라 모금에 12~18개월이 걸렸지만 이번에는 시작부터 끝까지 60일밖에 걸리지 않았다. 이 펀드가 이례적으로 성공한 데는 몇 가지 이유가 있었다고 생각한다. 첫째, 우리의 기존 실적이 뛰어났기 때문이었다. 둘째, 15년 동안 우리와 함께한 투자자들이 많았는데, 그들 중 많은 사람들이 자료를 읽어보지도 않고 그 자리에서 "참여하겠습니다!"라고 말하고 바로 투자에 참여했다.

셋째, 투자자들 중 상당수가 50대와 60대 초반이었는데, 이는 이들의 은퇴가 임박했다는 의미로 그 어느 때보다 돈이 많은 나이대였다. 경제적으로 지난 10년은 모든 투자자에게 좋은 시기였고, 투자자들의 유동성 수준도 매우 높았다. 그리고 2020년의 저금리 환경에서 모두가 수익률을 찾고 있었지만 아무도 해답을 주지 못했다. 그래서 우리가 네 번째 부동산 펀드를 제안했을 때 주식 시장의 가치 하락에 불안감을 느낀 투자자들이 앞다투어 투자에 뛰어들었다.

예상보다 더 빨리 펀드를 모금한 후 나는 다시 옆으로 물러나서 다른 매력적인 투자 기회를 찾는 트리니티캐피털 동료들을 응원했다. 워커와 제프는 우리가 시도하지 않았던 지역에서도 거래를 진행했는데 유타주 솔트레이크시티에 있는 10만 스퀘어피트(2천 8백여 평) 규모의 오피스 빌딩을 매입했고 이를 임차한 오피스 테넌트는 다시 임대를 주었다.

또한 애틀랜타에서도 첫 번째 거래가 진행되었으며, 임대율이 30%인 40만 스퀘어피트(1만 1천여 평) 규모의 오피스 빌딩을 인수했다. 이 건물에 한 테넌트를 유치하면서 건물의 임대율을 80%로 끌어올릴 수 있었다. 또한 2020년에는 네 번째 펀드로 롤리-더럼 지역에 있는 90만 스퀘어피트(2만 5천여 평)의 플렉스 파크를 매입하여 생명 과학 투자 플랫폼을 확장했다. 우리는 이곳을 생명 과학 테넌트가 주로 들어오는 파크로 만들 계획이었다.

2020년과 2021년에 트리니티파트너스는 팬데믹으로 인한 사무실 임대 경기 침체의 영향을 받았지만 2021년이 되자 사무실 경기가 살아날 조짐이 보이기 시작했다. 콜롬비아에 있는 새 지사는 이미 수익을 내고 있었는데 2년 만에 거둔 놀라운 성과였다. 2020년과 2021년은 에이전트나 부동산 관리자로서 최고의 해라고 할 수 없었지만 전 세계적인 팬데믹 상황임을 감안하면 예상보다는 훨씬 좋은 성과를 내고 있었다. 그리고 우리는 계속 성장해서

2021년에는 직원 수가 175명에 달했고, 4개의 지사에서 2천 6백만 스퀘어피트(73만여 평)가 넘는 부동산을 임대 및 관리하고 있었다.

2021년 가을로 접어들면서 연말에 은퇴를 공식적으로 발표하고 자연스럽게 사업을 정리하는 절차에 들어가기로 마음먹었다. 우리는 창립자인 나와 피터가 없는 트리니티파트너스가 어떤 모습일지, 특히 여러 면에서 네 지사를 하나로 묶어주는 연결 고리 역할을 했던 두 사람이 없으면 어떨지 논의를 하기 시작했다. 샬럿이 본사 역할을 하고 각 지사가 독립적으로 운영되고 있었지만 트리니티파트너스의 두 CEO가 떠나면서 회사 전체의 리더십 공백이 생길 것이므로 어떤 식으로든 이를 메우거나 조정해야 할 필요가 있었다.

피터는 이미 채플힐로 이사를 갔고, 2021년 여름 내내 마사 빈야드에서 보냈기 때문에 사실상 은퇴를 선언하고 한동안 사업에 참여하지 않은 상태였다. 나는 좀 더 정기적으로 회사에 나가긴 했지만, 트리니티파트너스에서 주도적인 역할을 하지 않았고, 트리니티캐피털에서도 옆에서만 돕는 역할을 했다. 이제 공식적으로 은퇴를 선언해도 이상하지 않은 시점이 되었다.

은퇴에 조금이라도 의심이 들 때마다 두 파트너인 데이비드와 피터가 더 이상 이곳에 없다는 사실을 계속 떠올렸다. 우리 셋의 완벽한 파트너십은 이제 만료되었으며, 두 회사 모두 성공 가도를 달리고 있었지만 두 사람 모두 없는 상황이 나에게는 어색했다.

상업용 부동산 업계에서 우리가 선택한 길을 되돌아보면서, 트리니티캐피털이 없었다면 나의 은퇴가 편안하기는 하지만 다소 소박했을 것이라는 생각이 든다. 트리니티캐피털의 투자 성공으로 불과 7~8년 전에 생각했던 것보다 몇 배에 달하는 금액을 가지고 은퇴할 것이다. 이는 나를 겸손하게 만들면서도 동시에 실감이 나지 않는 대목이기도 하다. 이는 부동산 투자를 하면서 꼭 이루고 싶었던 꿈이었는데, 이제 그 꿈이 현실이 되었다.

28

은퇴하다

일에서는 은퇴해도 인생에서는 은퇴하지 마세요
- M. K. SONI

은퇴를 생각하면서 은퇴 후 그리워질 게 많다는 것을 알았다. 먼저 동료들과의 관계가 가장 먼저 그리울 것이고, 그 다음으로 휴게실의 무료 간식(약 5년 전 내가 트리니티 샬럿 사무실에서 시작한 서비스)이 그 뒤를 이을 것이다. 은퇴가 나에게 쉽지 않을 거라는 걸 잘 알고 있다. 나는 24년 동안 기업가적 사명을 가지고 살았고, 그 사명이 끝나면 적응하는 데 상당한 시간이 필요할 것이다. 이제 나는 여러 회사를 창업한 사업가에서 완전한 은퇴자로 전환해야 한다.

무언가를 쫓아다니면서 아드레날린이 솟구치던 그 순간이 정말 많이 그리울 것 같다. 나는 여러 해 동안 에이전트 고객, 뽑고 싶은 직원, 매력적인 투자처, 테넌트를 계속 쫓아다녔다. 부동산 전문가에게 있어, 추격전에서 느끼는 스릴은 실제로 거래를 성사시킬 때 느끼는 스릴보다 훨씬 더 큰 만족감으로 와닿는다. 이 업계에 있는 많은 사람들은 대규모 임대 계약을 체결하거나 성공적인 투자 프로젝트를 성사시키고 나서 생각보다는 크게 만족스럽지 않고, 결국에는 거래가 무산되지 않았다는 사실에 안도하는 느낌을 더 크게 받은 경험을 했을 것이다. 동료들과 함께하는 추격전은 훨씬 더 흥미진진하다. 나는 파트너들의 에너지와 노력에 아드레날린이 뿜어져 나와서 나의 배터리를 재충전한 적이 셀 수 없을 정도로 많았으며 아마 그들도 그랬을 것으로 확신한다. 이것이 바로 팀의 일원이 되는 것을 특별하게 만드는 이유이기도 하다.

파트너나 동료와의 관계에서 가끔 갈등이 있기도 했다. 동료들에게 좌절하거나 화가 났던 사소한 일들을 여기서 자세히 언급하지 않겠다. 왜냐하면 그들의 결점보다 나의 결점이 훨씬 더 컸다는 것을 알고 있기 때문이다. 우리 모두는 완벽하지 않은 사람들과 함께 일하면서, 그 일에서 최선의 성과를 내는 가운데 함께 배우고 성장한다. 대학교 역사 수업 시간에 벤자민 프랭클린의 자서전을 읽은 적이 있는데, 그는 이렇게 말했다. "나는 어떤 사람에 대해 결코 나쁘게 말하지 않기로 결심했다. 심지어 진실의 문제가 걸려 있어도 그렇게 하지 않기로 했으며, 오히려 내가 들은 상대방의 과오를 변명하고 적절한 기회가 되면 내가 아는 모든 사람의 좋은 점을 사람들에게 이야기하기로 마음먹었다." 프랭클린의 이 생각은 내가 모든 사람에게서 좋은 점을 찾는 방법을 가르쳐 주었다. 데이비드 앨런과 피터 콘웨이의 경우 그들의 좋은 점을 굳이 열심히 찾을 필요가 없었다. 물론 트리니티의 다른 다른 동료도 마찬가지이다.

은퇴를 앞두고 보니 궁금한 점이 생겼다. 지난 24년의 경험을 대체할 수 있는 것은 무엇일까? 많은 사업가와 직장인은 자신의 정체성을 사업 성공과 결부시킨다. 그래서 그들은 자신이 은퇴할 수 없다고 생각한다. 왜냐하면 은퇴를 하면 지금까지의 그 사람으로서의 존재가 더 이상 남아 있지 않을 것이라고 여기기 때문이다. 나는 사람들이 이렇게 말하는 것을 들었다. "내가 이 일을 하지 않았다면 어떻게 되었을까?" 나는 직장에서의 영웅 숭배를 완전히 싫어하지만 '트리니티의 사람'이었던 시절은 그리울 것 같다. 하지만 설명할 수 없는 어떤 이유로, 옛 길이 끝나는 시점에 새로운 길의 두려움에 대한 끌림이 나의 마음 한구석에 자리하고 있다.

하지만 아직 완수하지 못한 일들이 남아 있다. 나는 앞으로 몇 년 동안 콜롬비아에 있는 트리니티파트너스의 파트너들에게 시장에서 투자 플랫폼을 구축하는 방법을 가르칠 계획이다. 그들이 지금은 주로 부동산 에이전트로 있지만 훨씬 더 많은 일을 할 수 있는 능력을 가지고 있다. 또한 젊은 친구들과 나의 경험과 지혜를 나누는 일은 매우 보람 있는 일이므로 트리니티의 많은 직원들과 멘토로서 계속 연락하며 지내고자 한다.

나는 수십 년 동안 굶주림과 공격성을 유지할 필요가 있다고 적극 주장해 왔다. 이렇게 하지 않을 거면 뒤로 물러나서 경쟁자들이 승리하는 것을 지켜보는 것이 낫기 때문이었다. 이제 실제로 그 단계를 밟을 때가 되었다. 피터, 데이비드 그리고 내가 두 회사와 상업용 부동산 업계에서 많은 사람들의 인생에 긍정적인 영향을 미친 것에 깊은 만족감을 느끼며 이제 은퇴하고자 한다. 우리가 미친 대부분의 영향력은 회사에서 우리가 만든 문화에서 비롯되었으며, 많은 동료들이 더 행복하고 더 성공적인 부동산 전문가가 될 수 있는 특별한 일터를 만들었다.

나는 우리 세 사람이 결혼 생활을 유지하면서 이 모든 성공을 이루었다는 사실이 정말 자랑스럽다. 나와 데이비드, 피터, 세 가족에는 9명의 자녀가 있으며, 1명을 제외하고 나머지는 모두 독립해서 자신들의 길을 걸어가고 있다. 이것만으로도 충분히 축하하고 자랑스러워할 만한 일이다. 우리가 세운

마스터 플랜에서 한 가지 빗나간 일은 데이비드가 너무 일찍 우리 곁을 떠난 것이었다. (데이비드, 대체 왜 그랬나요?) 피터는 종종 "데이비드가 트리니티의 지금 모습을 봤다면 얼마나 좋아했을까요?"라고 말하곤 했다.

정말 멋지지 않을까?

우리 중 많은 사람들은 돈, 성공, 중요하게 여기는 것을 전력을 다해 좇으며 인생에 주어진 대부분의 시간을 보내며, 사업가는 다른 사람들보다 훨씬 더 많이 집착한다. 그러면서 다음 목표로 세운 것을 성취하거나 무지개 끝에 놓여 있는 황금 항아리를 발견하면 이제 마법처럼 만족스럽고 행복한 시민이 될 것이라는 잘못된 믿음에 매몰되는 경향이 있다. 내가 생각하기에 모든 분야의 전문가들이 이 개념에서 벗어나기 위해 노력하지만 그렇게 되지 못하는 이유는 그들이 그 황금 항아리를 아직 찾지 못했기 때문일 수도 있지만 일이 없는 삶과 그로 인해 본인이 원하는 수준의 보상이 생기지 않는 것을 두려워하기 때문인 것 같다.

그동안 내가 사업가로 살았던 여정을 되돌아보면 그저 감사한 마음뿐이다. 이렇게 특별한 일에 참여할 수 있는 기회를 갖게 된 것에 정말 감사한다. 데이비드가 2009년에 피터와 나에게 보낸 이메일에 있던 다음 말은 나의 감사한 마음을 제대로 표현한다. "네, 우리는 투자한 것, 자산, 소유한 것, 심지어 우리 회사까지 잃을 수도 있습니다. 하지만 우리를 여기까지 오게 만든 우리의 모토인 정직, 겸손, 성실, 열망 그리고 경쟁 정신은 잃지 않을 것입니다. 이것들은 우리가 개인적인 삶과 사업적인 삶에서 함께 쓸 수 있었던 하나님의 선물입니다. 이것들을 결코 잃을 수는 없습니다."

이것이 내가 은퇴할 때 가져갈 보상이다. 돈도 많이 벌었지만, 그 어떤 금전적인 성공보다 이 원칙들을 훨씬 더 소중히 간직할 것이다. 아마도, 이 정도까지가 한계이고 그 이상은 아닐 수도 있다. 물론 더 노력은 할 것이다. 그러나 나는 여러 해 동안 탐욕스러운 자본가이자 두 회사를 만든 사업가로 살아왔고 그것은 어쩔 수 없는 사실이기도 하다.

여러분

부탁 하나 들어주실래요

이 책을 쓰면서 잡은 목표는 다음 세 부류의 사람들에게 교육상 도움을 주기 위해서입니다. 첫 번째 대상은 상업용 부동산 분야로 진입하려는 사람들입니다. 학생일 수도 있고 다른 분야 현업에 있으면서 상업용 부동산 분야로 오려는 사람일 수 있습니다. 두 번째 대상은 이미 상업용 부동산 분야에서 일하면서 자신만의 길을 찾아서 창업을 하려는 사람들입니다. 마지막으로 세 번째 대상은 부동산 투자에 관심이 있는 모든 사람들입니다.

이 책을 읽으면서 유익하다는 생각이 들었다면 여러분 주변에서 상업용 부동산 분야로 들어오고 싶어하거나 이 분야에 있으면서 조언이 필요할 만한 사람들에게 이 책을 공유해 주시면 감사하겠습니다. 인터넷 서점에서 선물을 할 수도 있고 책을 구매해서 직접 주셔도 좋습니다. 저의 소망은 엄청난 보상이 따르는 상업용 부동산 분야에서 무엇이 가능한지를 젊은 친구들이 볼 수 있도록 돕고 그들에게 영감을 주는 것입니다. 저의 이런 소망을 주변에 널리 퍼뜨려 주시기 바랍니다.

이 책의 판매 수익금 전액은 24장에서 언급한 노숙자 서비스 단체인 루프어보브(www.roofabove.org)에 기부됩니다. 저는 샬럿이 비교적 가까운 시일 내에 미국 주요 대도시들 중 만성 노숙자가 없는 최초의 도시가 될 것이라고 낙관하며, 이 책의 판매 수익금을 전액 기부하는 것이 '만성 노숙자 없는 샬럿'을 만드는 일에 한 걸음을 보탤 수 있을 것입니다.

이 일에 도움을 주고 싶다면 잠시 시간을 내서 인터넷 서점에 리뷰를 달아주십시오. 짧은 리뷰도 도움이 되며, 그것이 저에게는 큰 의미로 다가옵니다. 그렇게 해 주시면 이 책을 더 많이 파는 데 도움이 되고, 더 나아가서 이 책이 상업용 부동산 업계의 젊은 전문가들에게 더 많이 읽혀질 것이며, 궁극적으로 더 많은 기부금이 만들어져서 만성 노숙자에게 살 곳을 마련해 주는 데 크게 사용될 것입니다.

진심을 담아 감사드리며 글을 맺습니다

게리 체슨 드림

부동산 디벨로퍼와 투자자로 사는 법
호황과 불황에서 모두 살아남은 디벨로퍼의 이야기

초판1쇄 발행 2024년 04월 30일

지은이 게리 체슨(Gary Chesson)
옮긴이 박완희
펴낸이 김정은
디자인 장중하, 최용호
교정 교열 최용호

펴낸곳 차밍시티(서울프라퍼티인사이트)
주소 서울특별시 중구 세종대로 136, 3층
등록번호 제2022-000136호 **등록일자** 2022년 08월 22일
전화 02-857-4875 **팩스** 02-6442-4871 **전자우편** charmingcity@seoulpi.co.kr
홈페이지 https://seoulpi.co.kr

해당 책 판매를 통한 차밍시티의 순수익 10%는 도시의 문제 해결을 위해 기부됩니다.

값 20,000원
차밍시티 ISBN 979-11-979966-4-1 (03320)

차밍시티는 서울프라퍼티인사이트의 출판 브랜드입니다.
한국어판 출판권 © 서울프라퍼티인사이트(차밍시티), 2024
이 책의 한국어판 저작권은 듀란킴 에이전시를 통한 Gary Chesson과의 독점 계약으로 서울프라퍼티인사이트(차밍시티)에 있습니다. 저작권법에 의해 한국 내에서 보호를 받는 저작물이므로 무단 전재와 복제를 금합니다.